A mis queridas amigas e hijas
Katherine George Zaengle
y
Courtney George Seitz
quienes comparten mi profundo
deseo de llegar a ser
mujeres conforme al corazón de Dios.

Contenido

Una palabra de bienvenida

¡Imagine que viviéramos una vida tal que las personas opinaran de cada una de nosotras, ahora y mucho después que ya no estemos, que somos mujeres conforme al corazón de Dios!

Miles de años después que transitara esta tierra, aún pensamos en el rey David, el fiel niño pastor que mató a Goliat, el guerrero que con misericordia perdonó la vida del rey Saúl en más de una ocasión, el rey que danzó con gozo mientras regresaban el arca del pacto a Jerusalén, como "un hombre conforme al corazón de Dios" (1 Samuel 13:14).

Antes que proteste diciendo: "¡Pero ni siquiera estoy en la categoría del rey David!", permítame recordarle que él estaba lejos de ser perfecto. (Por ejemplo, ¿el nombre "Betsabé" le recuerda algo?) A pesar de su tendencia a olvidarse de consultar a Dios, de sus planes fríos y sangrientos para asesinar a Urías y así poder casarse con Betsabé, y a pesar de su menos que sólida paternidad, a David se le dio el título de "hombre conforme al corazón de Dios". Este hecho me alienta mucho a medida que continúo en la senda para convertirme en una mujer conforme al corazón de Dios.

También me alienta el hecho de que esta senda es, según las palabras de Richard Foster, "el camino de la gracia disciplinada".[1] Él continúa diciendo:

> Es disciplina, porque hay trabajo para que hagamos. Es gracia, porque la vida de Dios a la que entramos es un don que nunca podríamos ganar... Disciplina en y por sí misma

no nos justifica; sólo nos coloca delante de Dios.... La transformación... es la obra de Dios.[2]

Nuestra transformación para llegar a ser mujeres conforme al corazón de Dios, es realmente la obra de Dios. Sin embargo, lo que yo ofrezco aquí son las disciplinas que nosotras podemos aplicar para colocarnos delante de Dios, disciplinas en cuanto a nuestra vida devocional, nuestro esposo, nuestros hijos, nuestro hogar, nuestro crecimiento personal, y nuestro ministerio, para que Él pueda hacer la obra en nuestros corazones. Encontrará enseñanzas prácticas sobre lo que significa seguir a Dios en cada área de la vida, sobre lo que es alimentar una relación intensa con Dios, amar a su esposo, disfrutar a sus hijos, cuidar su hogar, experimentar un crecimiento personal, y ofrecerse a otros. Este es un viaje emocionante, y encontrará mucho gozo a lo largo del camino. Así que le invito a que me acompañe, a medida que cada una de nosotras procura ser la mujer que Dios nos ha llamado a ser, sabiendo que Él también nos capacitará para lograrlo, una mujer conforme al corazón de Dios.

En el amor de Cristo,

Elizabeth George
Granada Hills, California

Primera Parte

La búsqueda de Dios

1
Un corazón
devoto a Dios

Pero sólo una cosa es necesaria; y María
ha escogido la buena parte, la cual
no le será quitada.

Lucas 10:42

Lo había hecho miles de veces antes, pero dos días atrás fue diferente. Me refiero al paseo que tomo cada mañana cuando aún cae rocío. Mientras caminaba por mi vecindario, noté a una mujer que posiblemente tendría poco menos de treinta años, caminando por la acera del parque. Ella caminaba con la ayuda de un andador de aluminio y según parecía había sufrido un derrame cerebral. También caminaba un poco encorvada, señal que reflejaba osteoporosis.

¿Qué hizo que esa salida fuera diferente para mí? Bueno, justo tres días antes habíamos enterrado a mi suegra. Lois tenía poco menos de ochenta años cuando Dios la llamó a su lado... y al igual que esta señora, ella había usado un andador de aluminio... había sufrido de osteoporosis,... y también había sufrido un leve derrame cerebral...

Antes de divisar a la señora que me recordara a Lois, yo aún estaba llorando nuestra reciente pérdida y me encontraba algo deprimida. Ya había agotado los pocos pañuelos de papel que llevaba conmigo, y mi corazón y mi mente estaban llenos de pensamientos tales como: "¿Qué haremos el Día de Acción de Gracias? Siempre habíamos celebrado el Día de

Acción de Gracias en casa de Lois. Ella siempre preparaba el pavo, los condimentos, la salsa de arándano, y los pasteles caseros. ¿Cómo sería la reunión familiar sin ella?" No dejaba de pensar en estas cosas. Ella no estaría sentada en su lugar de costumbre en la iglesia el domingo, y yo ya no tendría razón para salirme de la autopista y dirigirme a su casa. Además, ya no era su casa... Y ahora, ¿quién estaría orando por nosotros? ¿En qué forma la ausencia de sus poderosas oraciones nos afectaría a todos, al ministerio de Jim, a mi ministerio, a la vida de las niñas, y a este libro?

Mientras yo miraba a esa querida y valiente mujer que luchaba por caminar, y recordaba la lucha de Lois contra el cáncer y la neumonía al final de su vida, me di cuenta de que estaba contemplando un aspecto duro de la realidad. Cada uno de nosotros tiene un cuerpo que algún día habrá de fallar, y que ese día no está necesariamente muy lejano.

¡Esto también me hizo recordar una vez más con cuánta intensidad deseo de corazón que mi vida, cada día y cada minuto de la misma, sea útil! Sin embargo, mientras yo veía esta escena y tenía estos pensamientos, me daba cuenta de que mi cumpleaños número cincuenta ya había pasado, y lo mismo sucedía con mi aniversario de bodas número treinta. Mis dos niñas pequeñas ya habían dejado de vivir en nuestra casa para mudarse a sus propias casas, donde tienen esposos a quienes amar y bebés propios a quienes cuidar. ¡Se me estaba acabando el tiempo!

Un cambio de corazón

¡Ahora, no quiero que piense que este libro es "depresivo"! Obviamente, esta no es la forma en la que deseo comenzar un libro que trata de la mujer conforme al corazón de Dios. Por lo tanto, estos pensamientos no marcan el final de mi caminata, o historia. Permítame contarle lo que sucedió.

Mientras continuaba caminando, comprendí que también necesitaba llevar mis pensamientos hacia delante. Había estado teniendo pensamientos terrenales, humanos, físicos y mundanos, en lugar de pensamientos de fe. ¡Mi perspectiva estaba errada! Nosotros como cristianos debemos caminar por fe, no por vista (2 Corintios 5:7), así que cambié el curso de mi mente y corazón, dirigiéndolos hacia arriba, y comencé a ajustar mi perspectiva para emparejarla con la de Dios para mi vida (y la vida de Lois, y la suya amada lectora), su perspectiva eterna abarca nuestro pasado y nuestro futuro al igual que nuestro presente.

Hubo un verso en particular de la Biblia que vino corriendo a mi rescate. Yo lo había memorizado hacía tiempo y desde entonces lo he aplicado a mi vida de muchas maneras. Las palabras estaban frescas en mi mente porque el pastor que había compartido la plataforma con mi esposo Jim (único hijo de Lois) lo citó en el servicio fúnebre cuando se refirió a la vida de Lois. Fueron palabras que Jesús habló referentes a María, la hermana de Lázaro y Marta. Él dijo: "Pero sólo una cosa es necesaria; y María ha escogido la buena parte, la cual no le será quitada" (Lucas 10:42).

Mientras yo meditaba en esta palabra de Dios para una de sus siervas, una mujer a quien Jesús estaba defendiendo de la crítica con esta declaración, me di cuenta de que estaba enfocando directamente en el significado mismo de "conforme al corazón de Dios", y fui confortada en gran manera.

Primero, fui consolada al respecto de Lois. Aunque su vida con nosotros había acabado, ella había logrado que cada día valiera por toda la eternidad. Ella había escogido con todo su corazón aquello que es necesario cada día: vivir cada día para Dios. Ella lo amó, lo adoró, caminó con Él y lo sirvió, anhelaba estar con Él en la eternidad. A pesar de padecer un cáncer doloroso y de haber quedado viuda dos veces, Lois conocía la verdadera paz y el gozo interior, ya que alimentaba

13

un corazón que tenía devoción por Dios. ¡No tengo duda de que la vida de mi suegra fue valiosa para el reino!

Yo también recibí consuelo en mi propia vida. ¡Después de todo, Dios conoce los deseos de mi corazón, en realidad, Él los ha puesto allí (Salmo 37:4)! Él conoce mis sueños y las oraciones que elevo para convertirme en la mujer que Él desea que yo sea. Él también sabe, que al soñar con estas cosas, no dejo de darme cuenta de que los años están pasando y de que cada vez queda menos tiempo para convertirme en esa mujer. Pero la paz de Dios se convirtió en la mía a medida que recordaba una vez más, que cuando día tras día escojo aquello que es necesario, aquello que nunca me será quitado, mi vida también es valiosa. Dios desea mi corazón por completo, y mi devoción. Cuando yo escojo dárselo a Él y vivir para Él por completo, mi vida es útil a sus ojos. ¡Él desea ser el número uno en mi vida, la prioridad sobre todas las prioridades!

Mi querida amiga y mujer conforme al corazón de Dios, soy confortada por su vida también, porque sé que usted se une a mí en mi vehemente deseo por las cosas de Dios. El ser una mujer de Dios, amarlo con fervor y con todo el corazón, es nuestro único deseo. Ya sea que esté dirigiendo un coche de bebé, un carro de supermercado, o un andador de aluminio; que usted sea soltera, casada, o viuda; que su reto sean ocho hijos o ninguno, que la vida le haya hecho cuidar hijos con sarampión, tener un esposo con cáncer, o padecer su propia osteoporosis, su vida es valiosa, cuenta con fuerza en la medida que enfrente sus retos con un corazón lleno de devoción a Dios.

Como dije anteriormente, no había planeado comenzar este libro con pensamientos semejantes. Pero debido a la vida que Lois escogió vivir cada día, comenzar con un tributo a ella es apropiado para un libro sobre la mujer conforme al corazón de Dios. Lois me mostró lo importante que es escoger amar a Dios y seguirlo... con todo el corazón... cada día...

mientras vivamos. ¡Cada día es valioso cuando somos devotos a Dios!

Un corazón devoto a Dios

El mirar más atentamente a María, una mujer que se sentó a los pies de Jesús y ganó su alabanza, nos revela el significado de un corazón devoto a Dios. ¿Qué hizo María que motivó que nuestro Salvador la alabara?

María discernió aquello que era necesario. Los sucesos que llevaron a que Jesús pronunciara esas palabras, nos presentan una escena que permite mirar dentro del corazón de Dios (Lucas 10:38-42). Jesús (posiblemente acompañado por sus discípulos) llegó a la casa de Marta, la hermana de María, para la cena. Estoy segura de que era un tiempo festivo y de gozo. ¡Imagínese a Dios hecho hombre y viniendo a cenar! Él era todo amor, cuidado, atención, y sabiduría. El estar en su presencia, la presencia de Dios, debió ser como estar en el cielo, pero aquí en la tierra.

Pero Marta, la hermana de María, no discernió el milagro de Dios hecho carne. Por consiguiente, ella estropeó su visita con su comportamiento. Ella fue más allá de lo que hubiese sido proveer comida con gracia y se involucró demasiado en su papel de anfitriona. Cuando Jesús comenzó a impartir palabras de vida, la Palabra de Dios hablada por el mismo Dios, María se escurrió de la cocina para sentarse en silencio a sus pies, pero Marta quedó abrumada por la ansiedad, la frustración y el enojo que sentía. Fue así que interrumpió al Maestro, su invitado, para decirle: "Señor, ¿no te da cuidado que mi hermana me deje servir sola? Dile, pues, que me ayude." Marta no logró discernir la prioridad e importancia del momento con Dios.

María, una mujer conforme al corazón de Dios, escogió aquello que es muestra de un corazón devoto: Ella sabía que era importante ponerle fin a su ocupación, detener toda actividad, y echar a un lado las cosas secundarias, para poder así concentrarse por completo en el Señor. A diferencia de su hermana, que estaba tan ocupada haciendo cosas *para* el Señor y que no logró pasar ningún tiempo *con* Él, María puso la adoración a la cabeza de su lista de tareas.

María escogió aquello que era necesario. Debido a que María era una mujer conforme al corazón de Dios, estaba preocupada con una cosa todo el tiempo: ¡Él! Sí, ella también sirvió. Ella también cumplió con las responsabilidades dadas por Dios. Pero había una decisión que María siempre tomaba, la decisión de hacer aquello que era más importante: Ella escogió pasar el tiempo adorando a Dios. Había aprendido que nada debía tomar el lugar del tiempo invertido en la presencia de Dios. En realidad, el tiempo usado en estar a sus pies abastece y enfoca todos los actos de servicio. Además, como señalara su Maestro, el tiempo que pasó escuchando y adorando a Dios nunca le podría ser quitado, ya que es un tiempo usado en la búsqueda eterna, un tiempo que gana dividendos permanentes y eternos. María escogió pasar ese tiempo precioso con Él.

Sí, ¿pero cómo?

¿Cómo usted y yo podemos convertirnos en mujeres devotas a Dios, que viven para Él y lo aman profundamente? ¿Qué podemos hacer para seguir el ejemplo de María y comenzar a tomar decisiones que le digan a todo el que observa, que nosotras somos mujeres conforme al corazón de Dios, decisiones que nos coloquen en una posición tal que Dios haga que nuestros corazones ardan por Él?

#1. Escoja los caminos de Dios en cada oportunidad. Comprométase a escoger en forma activa a Dios y sus caminos, como lo hiciera María, en cada decisión, palabra, pensamiento y respuesta. Este es un libro que trata el tema de vivir

conforme a las prioridades de Dios, y nosotras deseamos escoger aquello que refleje que Dios es nuestra prioridad más importante. Después de todo, la palabra "prioridad" significa "preferir". Nosotras deseamos escoger en forma prioritaria el camino de Dios en todas las cosas. Existen varias normas que nos ayudarán. Pese a que esto es sencillo, sé lo difícil que es bajar la guardia.

Proverbios 3:6. "Reconócelo en todos tus caminos, y él enderezará tus veredas". ¡Este bien podría ser el verso lema de este libro, y de la vida! Este verso tan amado describe dos pasos de una sociedad con Dios: Nuestra parte consiste en detenernos y reconocerlo a medida que caminamos, y su parte es dirigir nuestros caminos. Nosotros debemos consultar a Dios sobre cada decisión, palabra, pensamiento o respuesta. Antes de seguir adelante o de reaccionar siquiera, necesitamos detenernos y orar primero: "Señor, ¿qué deseas que haga, piense o diga aquí?"

¿Cómo se aplica Proverbios 3:6 en la vida diaria? Permítame compartir dos ejemplos. Me despierto y comienza mi día. Apenas comienzo a realizar las tareas rutinarias cuando ¡repentinamente surge una crisis! Suena el teléfono y se necesita tomar una decisión, o son malas noticias. Trato de recordar mentalmente, e incluso físicamente (como María lo hiciera), el hecho de detenerme y consultar a Dios. Oro: "Dios, ¿qué deseas que haga aquí?" Sencillamente hago una pausa en mi mente y en mi espíritu para reconocer a Dios. Esa es mi parte en esta sociedad.

Otro caso es cuando estoy haciendo mis actividades rutinarias, y casualmente me encuentro con alguien que me dice algo hiriente. Antes de responder algo (al menos esa es mi meta) o antes de aplicar la regla "ojo por ojo" (o una palabra por otra), trato nuevamente de detenerme... hacer una pausa... sentarme mentalmente en la presencia de Dios... y elevar mis pensamientos a Él: "Está bien, Dios, ¿qué quieres que haga aquí?" Incluso le pregunto: "¿Qué expresión deseas en mi rostro mientras escucho a esta persona decir estas cosas?" Yo reconozco a Dios. Esa es mi parte.

Cuando hago mi parte, Dios toma el control y hace su parte: ¡Él dirige mis pasos! A menudo, es casi como si el siguiente pensamiento que entra en mi mente viniera de Él. Debido a que le pido su dirección y que deseo hacer las cosas a su manera y no a la mía, Él dirige mi camino, me instruye y me enseña el camino que debo tomar (Salmo 32:8). El me guía sobre lo que debo hacer, cómo actuar y qué decir. Dios es fiel a sus promesas: "Entonces tus oídos oirán a tus espaldas palabra que diga: Este es el camino, andad por él..." (Isaías 30:21).

El dicho "lo bueno, lo mejor, lo óptimo". Quizás de niña escuchó a su maestra decir en la escuela: "Lo bueno, lo mejor, lo óptimo, nunca lo dejes como está, hasta que lo bueno sea mejor y lo mejor sea lo óptmo". Trato de aplicar este dicho en formas muy prácticas cuando tomo decisiones y escojo. Eso fue lo que hizo María. He aquí una manera en la que al hacer esto he sido beneficiada.

En Los Ángeles, todo el mundo pasa mucho tiempo en su automóvil, y yo no soy una excepción. Allí en el auto, a solas, puedo hacer lo que quiera. En el pasado, manejaba escuchando en la radio una estación de música suave. Esa era una buena decisión. Sin embargo, después de pensarlo un poco, decidí que una mejor elección (para mí) sería escuchar una estación de música clásica (algo que me apasiona). Después de pensar en mi decisión, decidí que la mejor sería escuchar una cinta de música cristiana alegre. Fue entonces que elevé de nuevo la escala de lo "bueno" y decidí escuchar cintas de sermones en su lugar, cintas de un hombre de Dios que enseña su Palabra al pueblo de Dios. El próximo paso que me pareció mejor aun fue escuchar cintas con pasajes de la Biblia. Finalmente, un día apagué la radio por completo y tomé lo que para mí fue la mejor decisión durante mi tiempo en el automóvil, ¡memorizar las Escrituras! ¡Lo bueno, lo mejor y lo óptimo para mí!

Al principio de mi conversión, escuché a una mujer mayor hablar sobre la decisión, semejante a la de María, que tomaba cada día tan pronto su esposo se iba a trabajar. Ella decía que podía hacer cualquier cosa que deseara, encender el televisor, mirar una novela, leer el periódico *Los Angeles Times,* pero que prefería tomar la Biblia y tener su tiempo de devoción. Allí estaba una mujer conforme al corazón de Dios, prestando mucha atención a lo que era bueno, mejor u óptimo, que ¡trataba de tomar las mejores decisiones!

Ese es nuestro reto también. El escoger a Dios y sus caminos profundiza nuestra devoción hacia Él.

Tener reverencia delante de Dios. Uno de mis pasajes favoritos termina con estas palabras: " Engañoso es el encanto y pasajera la belleza; *la mujer que teme al Señor* es digna de alabanza" (Proverbios 31:30 NIV, cursivas de la autora). ¡La reverencia a Dios es algo necesario para la mujer que desea ser conforme a su corazón!

La escritora y maestra de Biblia, Anne Ortlund, expresó su propio sobrecogimiento de Dios: "En mi corazón tengo un temor... añoro ser más piadosa cada día que pasa. Llámelo 'el temor del Señor' si desea, es estar sobrecogida delante de Él y muerta de miedo de cualquier pecado que pudiera estropear mi vida a esta altura".[1]

Este mismo corazón volcado hacia Dios, con temor de perder lo mejor de El a causa de decisiones fallidas, fue compartido por otra mujer a la que admiro, Carole Mayhall, de la organización cristiana de discipulado denominada The Navigators (Los Navegantes). En dos ocasiones he escuchado a Carole compartir mensajes en retiros de mujeres, y en ambas ocasiones dijo: "A diario vivo con (un) temor, un temor saludable si es que existe tal cosa. (Este es) que no llegue a alcanzar algo que Dios tenga para mí en esta vida. La verdad es que expande mi mente el contemplar todo lo que Él desea que tenga, y no deseo perder ni siquiera una de las riquezas de Dios. Ya sea por no tomar el tiempo de permitir que Él invada mi vida, o por no escuchar lo que me está diciendo, o por dejar que la rutina de aquellas cosas que me quitan minutos me lleven a la bancarrota de tiempo, y eviten que tenga la relación más emocionante y más plena de la vida".[2]

¿Tiene reverencia delante de Dios, con lo que Él desea hacer en usted, por usted y a través de usted?

#2. Comprométase con Dios a diario. Nuestra devoción a Dios se fortalece cuando nos ofrecemos a Él con un compromiso fresco cada día. Cada mañana, en una oración que salga del corazón, ya sea por escrito o silenciosa, comience su nuevo día con Dios, ofreciéndole todo lo que es, todo lo que tiene,... ahora,... para siempre,... y a diario. Presente todo en el altar de Dios, viviendo lo que un santo de la antigüedad llamó una "vida consagrada".[3] Dele a Dios su vida, su cuerpo (tal como está), su salud (o falta de la misma), su esposo, sus hijos (uno por uno), su hogar, sus posesiones. Alimente el hábito de poner estas bendiciones en las amorosas manos de Dios, para que Él haga con ellas como le plazca. Después de todo, ellas no son nuestras, ¡son de Él! Una oración diaria de compromiso, nos ayuda a dejar a un lado lo que pensamos son nuestros derechos sobre estos regalos. Como dice el dicho, "está bien que posea cosas, pero no permita que las cosas le posean a usted". Las siguientes palabras, extraídas de un devocionario del siglo diecinueve escrito por Andrew Murray, también me parecieron muy apropiadas: "Dios está listo para asumir la total responsabilidad sobre aquella vida que está entregada a Él por completo".[4]

Así que haga algún tipo de compromiso diario con Dios. Puede ser algo tan sencillo como esta oración, la primera de las siete reglas para vivir de F.B. Meyer: "Haga una consagración diaria, definitiva y audible, de usted mismo a Dios. Diga en voz alta: 'Señor, hoy me entrego a ti nuevamente'.[5]

Quizás, la oración de compromiso que más amo (y que he escrito en la primera página de mi Biblia) es la de Betty Scott Stam, una misionera que fue al interior de China. Ella y su esposo estaban siendo llevados por las calles de China hacia el lugar donde serían decapitados, mientras su bebé quedaba atrás en su cuna. Esta era su oración diaria:

> Señor, te entrego todos mis planes y propósitos personales, todos mis deseos y esperanzas personales, y acepto tu voluntad para mi vida. Me entrego a mí misma, mi tiempo, mi todo, para ser tuya para siempre. Lléname y séllame con tu Santo Espíritu. Úsame como tú desees, envíame a donde tú desees, obra todos tus deseos en mi vida, cueste lo que cueste, ahora y para siempre.[6]

En este caso, el costo fue alto. Este compromiso total a Dios le costó a Betty Stam su ministerio, su esposo, su hijo, su vida. Pero ese tipo de compromiso es en realidad nuestro llamamiento supremo como hijos suyos (Romanos 8:17).

#3. Cultive un corazón ardiente. Me siento particularmente desafiada a controlar la temperatura de mi propio corazón siempre que considero estas palabras dichas por Jesús: "Yo conozco tus obras, que ni eres frío ni caliente. ¡Ojalá fueses frío o caliente! Pero por cuanto eres tibio, y no frío ni caliente, te vomitaré de mi boca" (Apocalipsis 3:15-16). De acuerdo a la Escritura, ¿cuál es el tipo de corazón que Dios considera más detestable?

Piense en estos hechos escalofriantes: El tener un corazón frío significa estar decididamente bajo el nivel de lo normal; ¡no tener emociones, estar ajeno y sin conciencia de Dios! Luego está el corazón tibio. Está moderadamente caliente; ¡es indiferente! ¡Imagínese ser indiferente hacia Dios! Ser calientes –la tercera opción– debería ser nuestra condición. El tener una temperatura elevada está caracterizado por una actividad apasionada, emotiva, fogosa y entusiasta, y ¡así es el corazón de alguien comprometido con Dios!

¿Ha estado alguna vez en la presencia de una persona que tiene su corazón ardiente para con Dios? Yo sí. En una cena donde cada invitado aportaba un plato, se le pidió a Miguel que diera las gracias por los alimentos. ¡Bueno, cuando uno tiene un corazón ardiente para con Dios, nunca se puede conformar con sólo dar gracias en la oración! Postrado en su corazón y su alma, Miguel comenzó a orar con profunda adoración. Su pasión salía tronando por sus labios a medida que le daba gracias a Dios por su salvación, por el hecho de que él había sido transferido de las tinieblas hacia el reino de la luz, de que había estado perdido pero ahora era hallado, ciego pero ahora podía ver. Y así, Miguel siguió y siguió, hasta que francamente perdí mi apetito porque había encontrado otro alimento, ¡para mi alma! ¡El corazón ardiente de Miguel me hizo olvidar del alimento caliente para mi estómago!

Nuestro corazón para con Dios debería ser igual a una caldera que hierve. Nuestro corazón debería caracterizarse por la dádiva de Dios y una intensa emoción y pasión por nuestro Señor. Después de todo, cuando una caldera está hirviendo sobre la hornilla, ¡usted ya lo sabe!, se sobresalta y salpica. En realidad brinca de abajo arriba y de un lado al otro, siendo estimulada por su violento calor. Si se la tocara podría uno quemarse, ya que comparte el calor que lleva adentro. No hay manera de pasar por alto su fuego. De la misma manera, nosotras debiéramos ser intensas y estar entusiasmadas en cuanto a Dios, y Dios mismo alimentará ese fuego.

¡Eso es lo que deseo para usted, y para mí! Deseo la presencia de Jesús en nuestras vidas, para que así se marque la diferencia. Deseo que nosotras nos desbordemos con su bondad y alabanza. Deseo que nuestros labios hablen de las grandes cosas que Él ha hecho por nosotras (Lucas 1:49), que cuenten sus milagros (Salmo 96:3). "Que lo digan los redimidos del Señor, a quienes redimió del poder del adversario... (Salmo 107:2, NIV).

Respuestas del corazón

Querida hermana, ¿cómo evaluaría la condición de su corazón? Mi oración es que usted ya le haya entregado su corazón a Cristo, que haya comenzado una relación eterna con Dios por medio de su Hijo Jesús. Si ya lo ha hecho, dé gracias a Él ¡por el maravilloso privilegio de ser llamadas hijas de Dios!

Si no está segura de dónde está parada en su relación con Dios, o si sabe con certeza que está viviendo su vida alejada de Dios, confiese su pecado, invite a Jesús a que sea su Salvador, y al hacer esto, dele la bienvenida a Cristo a su vida y conviértase en una nueva criatura en Él (2 Corintios 5:17). Su oración puede ser de la siguiente manera: "Dios, deseo ser tu hija, una verdadera mujer conforme a tu corazón, una mujer que viva su vida en ti, por medio de ti, y para ti. Reconozco mi pecado y recibo a tu Hijo, Jesucristo, en mi necesitado corazón, dando gracias porque Él murió en la cruz por mis pecados. Gracias por darme tu fuerza para poder acercarme a tu corazón". Nuevamente le digo, abra su corazón, invite a Jesús a entrar en él, ¡y deje que Él le haga una mujer conforme al corazón de Dios!

Ahora puede comenzar, o comenzar de nuevo, a colocarse en una posición en la cual Dios pueda hacer crecer en usted un corazón devoto. Todos los ejercicios de este libro están diseñados para ayudarle a presentarse delante de Dios, para que Dios incline el corazón suyo, querida amiga, hacia Él. ¡Nuestra meta es no hacer otra cosa más que su voluntad! ¡En este momento haga una oración pidiendo más fervor!

❋ 2 ❋
Un corazón que permanece en la Palabra de Dios

Porque (usted) será como el árbol plantado
junto a las aguas, que junto a la corriente
echará sus raíces...

Jeremías 17:8

La Biblia habla de "un tiempo de plantar" (Eclesiastés 3:2) y para Jim, mi esposo, ese tiempo llegó como resultado del gran terremoto de 1994 aquí en el sur de California. Parte de la devastación que experimentamos en nuestro hogar (a sólo cinco kilómetros del epicentro del terremoto) fue la pérdida de la cerca de bloques.

Estuvimos por un año viéndonos y saludándonos con nuestros vecinos que están a sólo unos pocos pies de distancia, hasta que finalmente disfrutamos la bendición de tener las cercas nuevamente en su lugar. ¡Sin embargo, la cerca nueva era muy deprimente! ¡Tan desnuda! La anterior tenía su atractivo, había sido sazonada por la edad, cubierta de enredaderas de hiedras y rosas, las cuales servían como brazos amigables que abrazaban nuestro césped, el patio, la casa y a cualquiera que estuviera por allí disfrutando de su belleza. Su escondida fachada era rígida, pero funcionaba como un apoyo invisible para cosas mucho más hermosas, cosas vivas y florecientes que añadían fragancia, color y cierto ambiente a nuestro jardín. Y ahora nos veíamos obligados a comenzar todo de nuevo. ¡Era nuestro turno de plantar!

Así que Jim plantó... trece higueras trepadoras, cuya tarea sería suavizar el aspecto tosco de los muros nuevos. Doce de estas plantas, comenzaron con destreza a desplegar dedos mágicos que amablemente comenzaron a tomar posesión de la cerca. Una planta, sin embargo, lentamente se marchitó, se encogió, se secó, y finalmente murió.

El viernes en la tarde, cuando regresaba del trabajo, Jim escogió una planta de reemplazo del semillero, se cambió de ropas, sacó nuestra pala, y se inclinó sobre la higuera muerta, totalmente preparado para comenzar a cavar el terreno y así poner la mata nueva. Pero para su sorpresa, la pala no fue necesaria. Cuando tiró de la planta, esta cedió con facilidad y la sacó de la tierra. ¡No tenía raíces! Aunque la planta había disfrutado de todas las condiciones necesarias sobre la tierra, le faltaba algo debajo de la superficie. No tenía el sistema vital de raíces para extraer el alimento y la humedad necesarios de la tierra.

El caso de nuestro jardín ilustra una verdad espiritual para usted y para mí a medida que Dios hace crecer en nosotras un corazón de fe: ¡Debemos tener devoción para alimentar el sistema de raíces! Las raíces marcan la diferencia en cuanto a la salud de una planta, y su presencia o ausencia de las mismas, al final se hace evidente a toda persona. La planta crece o se marchita, prospera o muere, da flores o se debilita. La salud de cualquier cosa, ya sea la planta de un jardín o un corazón devoto a Dios, refleja lo que está sucediendo (¡o no está sucediendo!) debajo de la superficie.

Recibir vida de la Palabra de Dios

Si Dios ha de ser lo primero en nuestro corazón y la prioridad principal de nuestra vida, tenemos que desarrollar un sistema de raíces que estén profundamente arraigadas en Él. Al igual que una planta que tiene sus raíces escondidas bajo la tierra, usted y yo, fuera de la vista pública y a solas con Dios, debemos recibir de Él todo lo que necesitamos para vivir la vida abundante que ha prometido a sus hijos (Juan 10:10). Tenemos que vivir nuestras vidas cerca de Dios, o sea, ¡escondidos en Él! A medida que buscamos una vida más profunda en Cristo, hacemos bien en considerar algunos hechos en cuanto a las raíces.

Las raíces no se ven. Al igual que una hiedra trepadora o cualquier otra planta, sus raíces espirituales, están bajo la superficie, invisibles a los demás. Me refiero a su vida privada, su vida escondida, la vida secreta que usted disfruta con Dios, fuera de la vista del público. Un témpano de hielo flotante ilustra la importancia de lo que está escondido.

Cuando Jim y yo estuvimos enseñando en Alaska, un pescador comercial invitó a Jim a salir con él en su bote. José no sólo le mostró las águilas, focas, y ballenas a Jim, sino que también lo llevó cautelosamente alrededor de un témpano de hielo flotante. Le explicó que sólo una séptima parte del témpano es visible sobre la superficie, y cualquier pescador sabio sabe que no debe acercarse demasiado porque debajo se encuentran las otras seis partes restantes. Lo que era visible al ojo, sólo una fracción de la inmensa masa de hielo, ¡era suficiente como para evocar temor, asombro, miedo y respeto a cualquier marinero!

Y eso es lo que usted y yo deseamos para nuestras vidas. Deseamos que lo que las demás personas vean en nuestras vidas, la parte pública, provoque este tipo de asombro. Deseamos que nuestra fortaleza pública sea explicada por lo que está sucediendo en privado entre nosotras y Dios. Si nosotros alimentamos fielmente lo que está bajo la superficie en nuestra vida, ¡las personas se maravillarán de lo que ven de Dios en nosotras!

¡Pero es tan fácil que usted y yo entendamos todo esto al revés! Es fácil pensar que lo que importa en la vida del cristiano, ¡es el tiempo que se pasa en público con más y más personas cada vez! Tal parece que nosotras siempre estamos con gente: en el trabajo, en el recinto universitario, en los dormitorios, en los estudios bíblicos, gente con la que vivimos, o la de los cursos de discipulado o de compañerismo.

Pero la realidad es que "cuanto mayor sea la proporción de su día, de su vida, que pase escondida en silencio, en reflexión, en oración (en estudio), en programación y en preparación, mayor será la efectividad, el impacto y el poder de la parte pública de la misma".[1] Como escuché a un líder cristiano decir, usted no puede estar *con* las personas todo el tiempo y tener un ministerio *hacia* las personas. El impacto de su ministerio para con las personas estará en directa proporción al tiempo que usted pase alejada de las personas y cerca de Dios.

Nuestra efectividad en el Señor requiere de decisiones sabias en cuanto al tiempo. Llevo en mi Biblia una cita que me ayuda a tomar las decisiones que me permiten dejar un tiempo para desarrollar esta vida subterránea: "Nosotros no sólo debemos decir 'no' a las cosas que están mal y son pecado, sino a las cosas placenteras, que nos benefician y son buenas, pero que estorban y bloquean nuestras grandes obligaciones y nuestra principal tarea."[2] (¿Cuáles son "esas cosas placenteras que nos benefician y son buenas" en su caso?)

Nuestra efectividad para con el Señor también implica soledad. En su libro titulado *The Greatest Thing in the World,* por Henry Drummond, él hizo esta observación: "El talento se desarrolla en la soledad; el talento de la oración, de la fe, de la meditación, de ver lo que no se ve".[3] Para que nuestras raíces crezcan profundamente en Él, Dios nos llama a separarnos de este mundo.

Las raíces son para recibir. ¿Qué sucede cuando usted y yo nos separamos para estar con Dios en estudio y oración? Recibimos. Extraemos. Somos alimentadas y crecemos. Nos aseguramos el crecimiento y la salud espiritual. Cuando pasamos tiempo con Cristo, Él nos suple de fortaleza y nos anima a buscar sus caminos.

Yo llamo a este tiempo con Dios "el gran intercambio". ¡Separada del mundo y escondida de la vista pública, intercambio mis preocupaciones por su fortaleza, mis debilidades por sus soluciones, mis cargas por su libertad, mis frustraciones por su paz, mi confusión por su calma, mis esperanzas por sus promesas, mis aflicciones por su bálsamo de consuelo, mis preguntas por sus respuestas, mi confusión por su conocimiento, mi duda por su afirmación, mi nada por lo imponente de su ser, lo temporal por lo eterno, y lo imposible por lo posible!

Pude ver la realidad de este gran intercambio en el retiro anual de mujeres de nuestra iglesia. Mi compañera de cuarto y querida amiga estaba a cargo de este evento, al cual asistieron unas 500 mujeres. Karen manejó cada desafío con gracia y puso su genio administrativo a trabajar en cada crisis. Pero noté que mientras se acercaba el momento de comenzar cada sesión y el pánico se manifestaba entre las organizadoras que esperaban que las cosas salieran bien, Karen desaparecía. Algunas mujeres entraban corriendo a nuestra habitación, sin aliento, transpirando y hechas trizas, las cuales preguntaban: "Dónde está Karen? ¡Tenemos un problema!" Pero ella no aparecía por ninguna parte.

En una de esas misteriosas ocasiones, divisé a Karen caminando por el pasillo del hotel con su carpeta del retiro y su Biblia roja en la mano. Ella se había preparado con mucha anticipación para la sesión que se aproximaba. Había revisado con cuidado los planes, el itinerario, y los anuncios por última vez. Pero sentía la necesidad de una cosa más, un tiempo a solas con Dios. Necesitaba mirar algunas porciones preciosas de su poderosa Palabra y luego poner todo el evento por completo en sus manos por medio de la oración.

Una vez que Karen volvía a aparecer luego de su tiempo de búsqueda, yo no podía evitar notar el marcado contraste entre ella y las demás. A medida que la ansiedad de las otras mujeres crecía, Karen mostraba la perfecta paz de Dios. A medida que ellas se preocupaban, se angustiaban y dudaban, Karen sabía que todo estaba y estaría bien. Mientras las otras se marchitaban bajo la presión, la fortaleza de Karen, la fortaleza de Dios en ella, brillaba con una luz sobrenatural. Bajo la superficie y alejada del tumulto, había intercambiado sus necesidades por la provisión de Dios.

Las raíces son para almacenar. Las raíces sirven como una reserva de lo que necesitamos. Jeremías 17:7-8 nos dice que la persona que confía en el Señor "será como el árbol plantado junto a las aguas, que junto a la corriente echará sus raíces..." (verso 8). Esta alma confiada, cuyas raíces están recogiendo del agua que da vida, habrá de mostar varias cualidades.

Primero que todo, *no temerá* el fuerte calor, incluso cuando los días se conviertan en un largo año de sequía. En vez de eso, soportará el calor con hojas verdes (verso 8). ¡Las reservas que ella ha almacenado de la Palabra de Dios la sostendrá en medio de las difíciles pruebas, sin importar cuánto puedan durar las mismas!

También *llevará frutos con fidelidad.* No cesará de dar frutos incluso en tiempos de sequía (verso 8). Debido al alimento almacenado proveniente de Dios mismo, será como un árbol de vida, el cual produce a tiempo, e incluso fuera de tiempo en algunas ocasiones (Salmo 1:3).

A medida que usted y yo sacamos con regularidad el refrigerio necesario de la Palabra de Dios, Él crea en nosotras una reserva de esperanza y fortaleza en Él. Entonces, cuando los tiempos sean difíciles, no estaremos agotadas. No nos secaremos, no nos desintegraremos ni moriremos. No se nos acabará la gasolina, no tendremos un colapso, ni estaremos exhaustas, ni nos rendiremos. En vez de eso, solamente extenderemos nuestro brazo hacia la reserva escondida de refrigerio, y sacaremos de lo que Dios nos ha dado, aquello que necesitamos en ese preciso momento. Nosotras podremos ir de "poder en poder" (Salmo 84:7).

Esto es exactamente lo que me sucedió durante la enfermedad de mi suegra. Su hospitalización fue una crisis que retó mi resistencia. Mi esposo, su único hijo, estaba en el extranjero y literalmente incomunicado. A causa de las constantes demandas de esta difícil temporada, no tuve oportunidad de tener momentos formales de quietud. Mientras estaba en pie junto a la cama de Lois, asistiéndole en cada hora, no tenía otra opción más que sacar de mis reservas.

¿Y qué encontré almacenado allí? Como evidencia de la maravillosa gracia de Dios, encontré fortaleza en muchas Escrituras que había memorizado a través de los años. Obtuve energía espiritual de los salmos que leí, estudié, y sobre los que oré, en el comienzo de mi tiempo a solas con Dios. A medida que me conectaba con su poder por medio de la oración, experimenté la paz de Dios que sobrepasa todo entendimiento, guardando mi corazón (Filipenses 4:7). Y fui fortalecida por el ejemplo de mi Salvador y un grupo de hombres y mujeres en la Biblia que también habían extraído lo que necesitaron de parte de Dios. ¡Las raíces profundas en la verdad de Dios, son reservas que sin duda se necesitan cuando los tiempos son difíciles!

Las raíces son para apoyarse. A medida que crecemos, lo que está sobre la superficie se hace más pesado, ya que surgen muchas hojas y follaje, y si no tenemos un buen sistema de raíces no hay nada que lo sostenga debajo de la misma. Sin una fuerte red de raíces, tarde o temprano tendremos que estar atadas a una estaca, reforzadas o enderezadas, ¡hasta que el siguiente viento venga y nos caigamos nuevamente! Pero con raíces firmes y saludables, ¡no hay viento que nos derrumbe!

¡Sí, el apoyo de un sistema de raíces saludable es vital para estar firmes en el Señor! Recuerdo el proceso que se usaba en el pasado para hacer crecer los árboles que serían el mástil principal de los barcos militares y mercantes. Los grandes constructores de barcos primeramente seleccionaban un árbol localizado en la cima de una alta colina, y lo elegían como el mástil en potencia. Luego cortaban todos los árboles que estaban a su alrededor, que podían proteger al que se había escogido de la fuerza del viento. A medida que pasaban los años y los vientos daban con fuerza contra el árbol, este únicamente se fortalecía más y más, hasta que al fin era lo suficientemente fuerte para ser el mástil de un barco.[4] ¡Cuando nosotras tenemos un sistema de raíces sólido, también podemos obtener la fuerza necesaria para estar firmes, a pesar de las presiones de la vida!

Sí, ¿pero cómo?

¿Cómo hace una mujer para acercarse al corazón de Dios? ¿Qué podemos hacer nosotras para ponernos en una posición en la cual Dios pueda darnos crecimiento a cada una, hasta llegar a ser mujeres de extraordinaria resistencia?

1#. Desarrolle el hábito de acercarse a Dios. Sólo a través de la rutina, exponiéndose con frecuencia a la Palabra de Dios, es que usted y yo podemos extraer el alimento necesario para hacer crecer un corazón de fe. Sin embargo, yo sé por experiencia propia lo difícil que es desarrollar el hábito de acercarse a Dios y lo fácil que es salteárselo y fallar. ¡Por alguna razón, tiendo a pensar que pasaré un tiempo con Dios más tarde, o sólo fallaré el día de hoy, pero me pondré al día con Dios mañana!

He aprendido, sin embargo, que mis buenas intenciones no me llevan muy lejos. Personalmente me resulta fácil comenzar el día planeando tener un tiempo de devoción un poco más tarde, después de haber hecho algunas cosas alrededor de la casa, o algunas llamadas, o después de haber arreglado la cocina, encendido el lavaplatos, tendido las camas, recogido la ropa del suelo y, casi se me olvidaba, limpiar por encima del armario del baño. Repentinamente salgo corriendo, y de alguna forma nunca saco el tiempo para atender la relación más importante de mi vida, ¡mi relación con Dios! Por esa razón es que tengo que ser firme conmigo misma y tener por objetivo un tiempo habitual con Dios, ya sea que *sienta* el deseo o no, o que *parezca ser* el mejor uso de mi tiempo o no. ¡Necesito acercarme a Dios!

He aquí una pregunta para pensar: Si alguien le pidiera que describa el tiempo de meditación que tuvo esta mañana, ¿qué diría? Esta es precisamente la pregunta que Dawson Trotman, el fundador del ministerio *The Navigators*, le solía hacer a los hombres y mujeres que eran candidatos para la obra misionera. En una ocasión pasó cinco días entrevistando a candidatos para servir en las misiones en el extranjero. Invirtió media hora con cada uno de ellos, preguntándole específicamente sobre su vida de devoción. Con tristeza, sólo una persona de cada veintinueve entrevistadas dijo que su vida devocional era una constante en su vida, una fuente de fortaleza, dirección y refrigerio. A medida que Trotman continuó investigando la vida de esos hombres y mujeres que planeaban una vida de servicio a Dios, ¡descubrió que nunca antes, desde que conocieron al Señor, habían tenido una vida devocional constante![5] El desarrollar el hábito de acercarse a Dios de seguro ayuda a lograr que nuestra vida devocional sea lo que necesita ser, ¡y lo que Dios desea que sea!

#2. Planifique un tiempo personal para acercase a Dios. Como mujeres, estamos acostumbradas a planificar y programar los acontecimientos de la vida. Nosotras sabemos cómo planear las fiestas, bodas y retiros. En lo que a la planificación se refiere, el tiempo suyo para meditar no debería ser diferente, ¡especialmente si consideramos su valor eterno! Considere

qué clase de tiempo para meditar debería ser el ideal para usted. ¿Qué elementos harían que fuera un tiempo de calidad?

¿Cuándo? Recuerde uno de mis lemas: *Algo es mejor que nada.* ¡El único tiempo "malo" para tener su tiempo a solas con Dios, sería el no tener *ningún* tiempo! Así que escoja el momento que se ajuste a su estilo de vida. Algunas madres que deben amamantar a sus hijos, tienen su tiempo con Dios en medio de la noche. Algunas mujeres que trabajan fuera de su casa, tienen su tiempo durante el receso del almuerzo, en el auto, en el restaurante, o en sus propios escritorios. Mi querida suegra tenía el de ella durante la noche, en la cama, ya que el dolor hacía que no conciliara el sueño, y la Palabra de Dios le ayudaba a relajarse. Conozco otra mujer que toma su calendario cada domingo en la tarde, mira las actividades de la semana y luego marca una cita con Dios en el momento que mejor encuadre cada día. Hudson Taylor le dijo a un amigo, "el sol nunca se ha levantado sobre China sin que me encontrara orando".[6] ¿Cómo logró eso? "Para asegurar un tiempo de meditación y oración sin interrupciones, él siempre se levantaba muy temprano en la mañana, antes de la luz del día, y si la naturaleza así lo exigía, continuaba su descanso después de su tiempo de oración".[7] ¿Cuándo sería mejor para *usted*? Una vez que señale el mejor momento, ¡habrá tomado el primer paso importante!

¿Dónde? En este momento, mi lugar es mi cama, pero por muchos años usé la mesa del desayuno. Luego, por ciertas razones, me mudé a la sala y me apoderé del sofá y la mesa de café. Durante el verano, mi lugar es el patio. Nuevamente le digo, no importa dónde se encuentre con el Señor, ¡siempre y cuando lo haga! Tengo amistades que preparan sus escritorios y mesas como el lugar para estar a solas con Dios. Otra mujer transformó una mesa antigua para suplir sus necesidades durante ese tiempo. Un libro que leí sugería comprar material en la ferretería para hacerse uno mismo un escritorio.[8] Otra

mujer convirtió un armario de pasillo en su "armario de oración". Haga lo que necesite para crear un lugar específico que sea *su* lugar para encontrarse con el Señor.

¿Qué materiales pueden servir? Reúna las cosas básicas: Una buena luz de lectura, resaltadores, bolígrafos, lápices, marcadores, notas autoadhesivas, tarjetas, papel para escribir tamaño legal, una libreta de oración, y una caja de pañuelos de papel. Podría agregar un himnario para darle dirección a su canto o un grabador para escuchar canciones de alabanza o enseñanzas cristianas. Quizás necesite sus versículos memorizados, un diario, un itinerario de lectura bíblica, un libro devocionario, o algunos libros de referencia. Lo que vaya a necesitar, asegúrese de que esté allí.

Haga lo que sea necesario, querida amiga que aspira acercarse al corazón de Dios, haga lo necesario para estar a solas con Dios, para que su corazón y el de Dios estén en una misma sintonía. Como lo escribiera una santa muy sabia, "Cada creyente puede y debe tener su tiempo en el que esté realmente a solas con Dios. ¡Oh, qué maravilloso pensamiento, tener a Dios todo para mí sola, y saber que Dios me tiene completamente a solas para Él!"[9]

#3. ¡Sueñe con ser una mujer conforme al corazón de Dios! La motivación es fundamental en lo que se refiere a nutrir un corazón devoto, y el soñar nos ayuda a motivarnos. Para que pueda despertar a la seriedad de la vida diaria, y encuentre una renovada urgencia sobre su caminar con el Señor, *describa el tipo de mujer que desearía ser en lo espiritual de aquí a un año*. Permita que su respuesta le ponga alas a sus sueños.

¿Se da cuenta de que durante un año podría atacar el área débil de su vida cristiana y obtener la victoria? Podría llegar a leer toda la Biblia, estar lista para el campo misionero, ser discipulada por una mujer mayor, o usted misma discipular a una menor (Tito 2:3-5). Podría terminar un entrenamiento de consejería o algún entrenamiento de evangelización, terminar un curso de un año de escuela bíblica, memorizar veinte versos de la Biblia, escoja usted misma el número. (Después de su conversión, Dawson Trotman comenzó a memorizar un versículo por día durante los primeros tres años de su vida cristiana, ¡eso significa 1000 versículos![10]) Podría llegar a leer doce libros cristianos de calidad. Sueñe, ¡y hágalo!

Lo próximo, *describa el tipo de mujer espiritual que desearía ser dentro de diez años.* Escriba su edad actual, aquí en el margen, y escriba debajo la edad que tendrá dentro de diez años. Imagínese qué traerán estos años intermedios, ¡y verá que necesitará de Dios para los sucesos que deba enfrentar! Necesitará de Dios para que le ayude a vencer áreas de pecado y a crecer espiritualmente. Necesitará de Él para ayudarle a ser esposa... o a ser soltera... o cuando llegue a ser viuda. Necesitará de Dios para que le ayude a ser una madre, no importa cuáles sean las edades de sus hijos. Necesitará de Dios si desea ser su tipo de hija, nuera, o suegra. Necesitará de Dios para que le ayude a servir a otros con éxito. Necesitará de Dios mientras cuida a sus padres ancianos. Necesitará de Dios a medida que usted misma se acerque a la vejez. Y necesitará de Dios cuando muera.

¿Cree que pueda ser esa mujer? ¡Con la gracia de Dios y su fortaleza sí puede! Esa es la función de Él en su vida, querida lectora. Pero también serán importantes sus propios esfuerzos. La Escritura dice: "*(Usted)* sobre toda cosa guardada, guarda tu corazón; porque de él mana la vida" (Proverbios 4:23, cursivas de la autora). *Usted* determina algunos elementos del corazón. *Usted* decide lo que hará o no hará, si va a crecer o no. *Usted* también decide la rapidez en la que va a crecer, el promedio de fallos y aciertos, el promedio de sarampión (una erupción súbita aquí y allá), el promedio de los cinco minutos al día, o de los treinta minutos al día. *Usted* decide si desea ser un hongo, que aparece durante la noche y se marchita al primer indicio de viento o calor, o un árbol de cedro, que dura y dura y dura, haciéndose más fuerte y poderoso cada año que pasa. Como dice mi esposo cuando de continuo desafía a los hombres en *The Master's Seminary*, Dios le llevará tan lejos como *usted* desee ir, y tan rápido como *usted* desee ir". ¿Cuán lejos... y cuán rápido... desea *usted* caminar para convertirse en la mujer de sus sueños?

Respuesta del corazón

Bueno, aquí estamos, mujeres conforme al corazón de Dios, soñando con tener "¡más amor hacia ti, Cristo, más amor hacia ti!" Aquí estamos, de pie en el centro mismo del corazón de Dios y de la Palabra de Dios. Ciertamente, los tesoros de la Palabra de Dios son insondables (Romanos 11:33). Su Palabra y su consejo permanecen para siempre, los pensamientos de su corazón por todas las generaciones (Salmo 33:11). Por ella nosotros hemos nacido de nuevo (1 Pedro 1:23); por ella crecemos (1 Pedro 2:2); y por ella caminamos por la vida a medida que nos alumbra el camino ante nuestros pies (Salmo 119:105). ¡Ciertamente, el acercarse a la Palabra de Dios debiera ser algo de suma importancia para nosotros cada día! ¡Qué gozo descubrimos cuando llegamos a amarla más que el alimento para nuestros cuerpos (Job 23:12)!

Recorté y mantuve el obituario de un compositor que se obligó a trabajar en su música al menos 600 horas cada año, el cual anotaba en un diario el progreso realizado cada día.[11] Pasó toda su vida en algo bueno, sin embargo era algo temporal, no tenía un valor eterno. Ahora, imagínese qué tipo de transformación ocurriría en su corazón si pasara cada vez más tiempo, a diario, acercándose a Dios por medio de su Palabra, invirtiendo el tiempo en algo eterno, ¡que tiene el valor de cambiar vidas! Proponga en su corazón pasar más tiempo cerca del corazón de Dios, invirtiendo más tiempo en su Palabra.

❋ 3 ❋
Un corazón comprometido
a orar

A las montañas levanto mis ojos; ¿de dónde ha
de venir mi ayuda, mi ayuda proviene del Señor,
creador del cielo y de la tierra.

Salmo 121:1-2 NIV

Recuerdo ese día especial con gran claridad. Cumplía diez años de vida espiritual, y era un momento de cambios significativos para mí.

Después de haber dejado a mis dos hijas en la escuela y haber llevado a mi esposo Jim al trabajo, me senté en mi viejo escritorio, en mi sala de estar, estaba a solas en casa, con el único sonido del tictac de mi reloj de pared. Allí estaba, descansando delante de Dios y regocijándome por esos diez años como hija de Dios, entonces pensé nuevamente en ese tiempo. Aunque en ocasiones hubo momentos duros, la gran misericordia de Dios, su sabiduría en cada circunstancia, y su cuidado en dirigirme y mantenerme fueron cosas muy obvias.

Me estremecí al recordar cómo había sido mi vida sin Él, y entonces, sobrecogida por la emoción y las lágrimas de gozo, levanté mi corazón en un momento de agradecimiento a Dios. Aún con un corazón lleno de gratitud, enjugué mis lágrimas, di un gran suspiro y oré: "Señor, ¿qué ves que le falta a mi vida cristiana? Al comenzar una nueva década contigo, ¿qué aspecto debo atender?" Pareció como si Dios me respondiera de inmediato, haciéndome recordar un área de gran lucha y fracaso personal, ¡mi vida de oración!

Cómo había intentado orar. Pero cada nuevo esfuerzo duraba, cuando mucho, unos pocos días. Yo separaba tiempo para Dios, para leer mi Biblia, y luego diligentemente inclinaba mi cabeza sólo para murmurar unas pocas palabras generales que fundamentalmente se resumían en: "Dios, por favor bendice a mi familia y a mí en el día de hoy". Con seguridad que Dios tenía la intención de que la oración fuera algo más que eso, pero parecía que yo no podía lograrlo.

Sin embargo, en ese cumpleaños espiritual, tomé un pequeño libro con hojas en blanco que mi hija Katherine me había dado por el Día de las Madres cuatro meses antes. Había estado sobre la mesa de café, sin usar, porque no sabía qué hacer con él. Sin embargo, inmediatamente supe con exactitud cómo darle uso. Llena de resolución, convicción y deseo, escribí en la primera página estas palabras que surgieron directamente de mi corazón: "Deseo y me propongo pasar los próximos diez años (si es la voluntad del Señor) desarrollando una vida de oración significativa".

Son palabras sencillas, las cuales escribí y sobre las cuales oré porque tenía un simple deseo dentro de mi corazón. ¡Pero ese día, esas sencillas palabras y ese pequeño libro en blanco hicieron posible un comienzo emocionante en mi aventura de procurar un corazón conforme al corazón de Dios! Mi nuevo compromiso de oración puso en acción la reorganización de toda mi vida, cada parte, persona y meta en la misma.

Cuando decidí aprender más sobre el maravilloso privilegio de orar, en realidad esperaba encontrarme con una tarea penosa y monótona. Pero a medida que continuaba con mi compromiso de desarrollar una vida de oración significativa, fui sorprendida por las bendiciones que comenzaron a florecer en mi corazón. Como nos dice un himno famoso, "cuenta tus bendiciones, nómbralas una por una". Yo deseo nombrar unas cuantas bendiciones de la oración ahora, porque son bendiciones que usted también puede conocer a medida que cultive un corazón de oración.

Bendición #1: Una comunión más profunda con Dios

Aunque ya había oído que la oración profundizaría mi relación con Dios, nunca había experimentado eso. Pero cuando comencé a tener un tiempo de oración con frecuencia, a diario y sin prisa (cuando me prolongué en la comunión íntima con Dios, la comunión más íntima que podemos tener con Él), ¡esa relación más profunda fue mía! Cuando usted y yo tenemos comunión por medio de la oración con Dios y experimentamos esa relación más profunda, crecemos espiritualmente en innumerables formas.

La oración aumenta la fe. Conozco por experiencia que esto es cierto. Lo vi por mí misma cuando seguí los consejos que escuché en una ocasión. Cuando unos padres le preguntaron al doctor Howard Hendricks del Seminario Teológico de Dallas, cómo enseñar a sus hijos en la fe, él les respondió: "Hagan que ellos mantengan una lista de oración". Y eso fue exactamente lo que yo hice. Como un niño, escribí una lista de oración en mi libreta especial y comencé a llevar mis preocupaciones a Dios, mi Padre, cada día. ¡Quedé sorprendida cuando por primera vez presté cuidadosa atención a cómo Él responde una petición tras otra!

La oración provee un lugar donde dejar las cargas. Los problemas y las tristezas son una realidad de la vida (Juan 16:33), sin embargo, yo no sabía cómo manejarlas más allá del versículo de la Escritura que nos instruye a dejar toda ansiedad y carga en Dios (1 Pedro 5:7). Así que, armada con este consejo, me remangué mi ropa y me dispuse a trabajar, llevando mis ansiedades a Dios en oración. Pronto se hizo algo natural en mí el comenzar cada día entregándole todas mis ansiedades de la vida a Dios en oración, y me levantaba aliviada, libre de muchas cargas pesadas. La autora y compañera de oración Corrie Ten Boom, ofrece una vívida imagen de este privilegio: "Como el camello se inclina delante de su amo para que él le quite su carga, de igual forma inclínese usted y permita que el Maestro tome su carga".[1]

La oración nos enseña que Dios siempre está cerca. Un versículo que recité miles de veces durante los miles de estremecimientos que siguieron al terremoto de Northridge en 1994, fue el Salmo 46:1: "Dios es nuestro amparo y fortaleza, *nuestro pronto auxilio* en las tribulaciones" (énfasis añadido). Dios siempre está cerca, pero mientras más yo oraba, más se me hacía realidad esta verdad. Comencé a comprender el hecho de su omnipresencia, la realidad de que Él siempre está presente con su pueblo, ¡incluyéndome a mí y a usted! Encontré que las palabras de Oswald Chambers eran ciertas: "El propósito de la oración es el de revelar que la presencia de Dios es la misma en todo tiempo y en cada condición".[2] El cultivar un corazón de oración es una manera segura de experimentar la presencia de Dios.

La oración nos capacita a no entrar en pánico. Jesús enseñó a sus discípulos que debían orar siempre y no desmayar (Lucas 18:1). Buscar a Dios frente a cada necesidad durante mi tiempo regular de oración, arraigó en mí el hábito de orar, y pronto me encontraba reemplazando mi tendencia a entrar en pánico frente al primer síntoma de algún problema, con la fortaleza de Dios, ¡y cambiaba de actitud al instante, por medio de la oración!

La oración cambia las vidas. Posiblemente ha escuchado el dicho "La oración cambia las cosas". Después de intentar tener una vida de oración más frecuente, pienso que sería más exacto decir: "¡La oración *nos* cambia!" Los hombres del Masters Seminar, donde ministra mi esposo, también han visto que esto es así. A todo estudiante se le exige que tome una clase sobre la oración, y el profesor les pide que oren una hora al día durante el tiempo que dura el semestre. No es de sorprenderse que por medio de la evaluación que hacen los estudiantes, uno se entere que de los tres años pasados en el seminario, casi todos dicen que la clase de oración realmente cambió sus vidas.

Bendición #2: Mayor pureza

Sí, la oración cambia las vidas, y uno de los principales cambios es mayor pureza. El convertirse en una persona pura implica un proceso de crecimiento espiritual, y el tomar con seriedad la confesión de pecados durante el tiempo de oración estimula ese proceso, llevándonos a que purguemos nuestra vida de prácticas que desagradan a Dios. Eso es lo que me sucedió cuando comencé a trabajar en mi vida de oración.

Para mí, el chisme era una lucha seria. Aunque yo sabía que Dios habló en forma específica a las mujeres para que no anduvieran en chismes (1 Timoteo 3:11 y Tito 2:3), yo de igual forma lo hacía. Sintiendo convicción por mi desobediencia y siendo consciente de que el chisme no le agradaba a Dios, probé algunos remedios prácticos, como el poner pequeñas notas en el teléfono ("¿Es cierto, es algo bondadoso, es beneficioso?") y poner normas para mi conversación. Incluso oraba cada día para no chismear. ¡Y aún así chismeaba!

El cambio real se dio cuando comencé no sólo a orar acerca del chisme, sino a confesarlo como pecado cada vez que lo practicaba. Un día, aproximadamente un mes después que tomé en serio la confesión, llegué al tope de mi frustración. Estaba tan cansada de fracasar, cansada de ofender a mi Señor, y cansada de confesar el pecado del chisme cada día, que me sometí a Dios para una cirugía más radical (Mateo 5:29-30) y le pedí que cortara el chisme de mi vida. El Espíritu Santo me guió a esa decisión, guió la cirugía y me ha dado poder durante el proceso de purificación. Permítame decirle rápidamente que he tenido mis caídas, pero con todo, ese día marcó un cambio decisivo para mí. La purificación, el purgar mi vida de un gran pecado (1 Juan 3:3), se llevó a cabo en parte debido a que yo confronté mi pecado con regularidad en oración. ¿Puede ver el proceso? El pecado llevó a la confesión, la cual llevó a que el mismo fuera purgado.

Bendición #3: Confianza al tomar decisiones

¿Cómo toma sus decisiones? Sé cómo yo solía tomar decisiones, antes de aprender a orar por las mismas. Quizás usted pueda identificarse conmigo. El teléfono sonaba a eso de las 9:00 de la mañana, era una mujer que me pedía que hablara en su iglesia, y debido a que yo recién terminaba de comer unos huevos revueltos con tostadas, acababa de tomar las pastillas para mi tiroides con una taza de café, y que había caminado un poco, me sentía llena de energías y respondía: "¡Seguro! ¿Cuándo desea que vaya?" A las cuatro de la tarde el teléfono sonaba nuevamente, otra mujer me estaba llamando con la misma petición básicamente, pero debido a que era el fin de un largo día y yo estaba cansada y lista para descansar, le respondía a la señora: "¡De ninguna manera!" (¡Mis palabras en realidad estaban más llenas de gracia, pero esas eran las palabras en las que yo pensaba!)

¿Por qué respondía con tanta diferencia? ¿Qué criterio usaba para esas decisiones? En una palabra, me basaba en mis *sentimientos*. Mientras me sentía llena de energía y fresca en la mañana, mi respuesta era sí. Tarde en la noche, cuando estaba cansada, mi respuesta era no. Mis decisiones estaban basadas en cómo me sentía en ese momento. No estaba tomando decisiones espirituales, ¡estaba tomando decisiones físicas!

Esta táctica de tomar decisiones cambió al comenzar a escribir en mi pequeña libreta cada decisión que necesitaba tomar. Desarrollé un lema personal, *No tomes decisiones sin orar.* Cualquier opción que surgía, pedía un tiempo para poder orar por el asunto. Mientras más importante era la decisión, más tiempo pedía yo para orar. Si no había tiempo para que orara por el asunto, por lo general la respuesta era no, porque deseaba estar segura de que mis decisiones en realidad eran lo que Dios había escogido para mí. Y seguí esta técnica para todo, invitaciones a despedidas de soltera, bodas, almuerzos; oportunidades de ministerio; problemas, ideas, crisis, necesidades, sueños. Escribí cada decisión que necesitaba tomar y llevaba cada una a Dios en oración.

¡Imagínese la diferencia que esta decisión puede marcar en la vida de una mujer! El principio de *no tomar decisiones sin orar* evita que me apresure y me comprometa antes de consultar con Dios. Me cuida de querer agradar a las personas (Gálatas 1:10), y ha puesto fin a mi práctica de hacer compromisos y luego llamar para cancelarlos. Otro beneficio que surge de orar primero por mis decisiones, es que le ha puesto fin a mi tendencia de poner en duda mis compromisos. A medida que los eventos en mi calendario se acercan, no siento temor, o reservas, o resentimientos; no me pregunto: "¿Cómo me metí en esto? ¿Qué estaba pensando cuando dije que lo iba a hacer? ¡Quisiera no haber aceptado!" En vez de eso, experimento una sólida confianza, confianza en Dios, y la emoción de anticipar lo que Él hará en estos eventos. Seguiré decidiendo que una mujer conforme al corazón de Dios es una mujer que hará *Su* voluntad (Hechos 13:22), ¡no la suya propia! ¡La máxima de *no tomar decisiones sin orar* me ha ayudado a lograr eso!

Bendición #4: Mejorar las relaciones

Como es de comprender, la oración, especialmente la oración por personas cercanas a nosotros, fortalece nuestros lazos con estas queridas personas, pero como una busca el corazón de Dios, se obtiene como resultado una mejoría en las relaciones con las personas en general. ¿Cómo sucede esto? Los siguientes principios espirituales, que descubrí a medida que comencé a orar con regularidad, me ayudan a responder esta pregunta.

- *Usted no puede pensar en usted misma y en los demás al mismo tiempo* - A medida que usted y yo satisfagamos nuestras necesidades personales por medio de la oración a Dios en privado, podremos levantar la mirada y enfocar nuestra atención hacia fuera, lejos de nosotras, hacia otras personas más bien.

- *Usted no puede odiar a la persona por la que está orando* - Jesús nos instruyó a que oráramos por nuestros enemigos (Mateo 5:44), y Dios cambia nuestros corazones mientras lo hacemos.

- *Usted no puede descuidar a la persona por la que está orando* - Cuando nos entregamos en oración por las demás personas, nos vemos involucradas de forma maravillosa en sus vidas.

Se estará poniendo fin al egocentrismo, se disolverá una voluntad enfermiza, y se acabará el abandono, estos son los resultados de orar por alguien, inevitablemente mejorará nuestra relación con él o ella.

Bendición #5: Contentamiento

Habiendo sido la esposa de alguien que estuvo en el seminario durante diez años, enfrenté grandes desafíos en el área del contentamiento, y una gran fuente de frustración fueron nuestras finanzas. Cuando vivíamos en una pequeña casa, con paredes a las que se le estaban cayendo la pintura y un techo en la sala a punto de derrumbarse (y todo el salario de Jim era destinado para la matrícula, la renta y la comida), Dios lidió conmigo. Yo necesitaba desesperadamente su victoria en el área de los deseos de mi corazón y mis sueños para nuestro hogar y vidas, y esas necesidades me obligaron a buscarlo en oración. Una y otra vez, día tras día, ponía todo en las manos de Dios, dejando que fuera su trabajo el suplir esas necesidades, y entonces nació otro principio de oración: *Si Él no lo suple, ¡usted no lo necesita!* A través de los años, Dios ha suplido con fidelidad las muchas necesidades de nuestra familia. Nosotros hemos experimentado la realidad de la promesa de Dios, que nada bueno nos será retenido a aquellos que andamos en integridad (Salmo 84:11), y usted también puede experimentarlo.

Bendición #6: Confianza en Dios

El Dr. James Dobson ha escrito, "Créalo o no, para la mayoría de las mujeres que terminaron su encuesta, el problema más perturbador es la baja autoestima. Más del cincuenta por ciento... marcaron este punto sobre las demás opciones de la lista, y ochenta por ciento lo pusieron entre los cinco primeros".[3] ¡Estas mujeres (y quizás usted sea una de ellas) podrían beneficiarse con la tremenda confianza en *Dios* que yo comencé a disfrutar a medida que seguía cultivando un corazón de oración! ¡Y es algo mucho mejor que la autoconfianza o la autoestima!

La confianza en Dios viene a medida que el Espíritu Santo obra en nosotras. Cuando oramos y tomamos decisiones que honran a Dios, el Espíritu Santo nos llena de su poder para ministrar. Cuando somos llenas de la bondad de Dios, somos capaces de, con confianza y efectividad, compartir de su amor y gozo. A medida que como mujeres de oración nos expongamos al toque transformador del Espíritu Santo, encontraremos su vida divina en nosotras, la cual se desbordará hacia las vidas de los demás.

También, como resultado de aplicar el principio *no tome decisiones sin orar*, nosotras experimentamos una seguridad divina en cada paso que damos. En cuanto a los eventos por los que hemos orado y nos hemos comprometido a participar, podemos disfrutar la seguridad que son la voluntad de Dios, y por lo tanto, podemos entrar en ellos con deleite, expectativa y entusiasmo. ¡Podemos sinceramente servir al Señor con regocijo (Salmo 100:2), no con pesadumbre! ¡Nos podemos deleitar en hacer la voluntad de Dios (Salmo 40:8), en lugar de verla con espanto!

Bendición #7: El ministerio de la oración

Cuando leí el libro de Edith Schaeffer, *Common Sense Christian Living,* me encontré con un concepto que cambió mi vida ¡y mi vida de oración! A medida que habla sobre la oración, la señora Schaeffer enfoca el hecho asombroso que la oración marca una diferencia en la historia. Ella escribió: "El interceder por otras personas marca la diferencia en la historia de la vida de otras personas".[4] Mirando la vida del apóstol Pablo, ella notó que él siempre estaba pidiendo a otros que oraran por él porque él esperaba "que sucediera algo diferente... como respuesta a la oración. Pablo esperaba que la historia fuera diferente ya que la intercesión era tomada como una tarea importante".[5]

Esta madura comprensión de la oración me animó en dos formas diferentes. Primero, pude asirme del poder de la oración para cambiar vidas. Yo sabía por experiencia que la oración había cambiado mi vida, pero... ¿la vida de los demás? Esa idea era nueva para mí. Me parecía imposible, pero la señora Schaeffer me aseguró que incluso yo, una cristiana joven, podía tener un papel en los caminos misteriosos de Dios. ¡Ella me ayudó a creer que mis oraciones infantiles podían de alguna forma marcar la diferencia en la historia!

La segunda revelación fue el reconocer la oración como un ministerio, una idea importante para mí. En ese momento, yo era una mamá con dos pequeños en casa, y me sentía excluida en la iglesia. Luchaba porque no podía asistir a todos los maravillosos estudios para mujeres y eventos, aunque sabía que mi lugar estaba en casa. Al enfrentarme con el hecho de que la oración es un ministerio, esto puso fin a mis sentimientos de inutilidad e inefectividad. La libreta con las páginas en blanco que me dio Katherine, fue fundamental para el comienzo de mi ministerio de oración. Usé esa libreta para anotar los nombres de nuestros obreros en la iglesia, los misioneros que conocíamos y las peticiones compartidas en la escuela dominical. ¡Mi corazón se elevó a lo alto al unirme a Dios en el ministerio vital de la oración!

No hay tiempo ni espacio para enumerar las muchas bendiciones que pueden ser suyas y mías al orar. ¡Yo sólo he compartido muy pocas! Pero sé que, a medida que usted doble sus rodillas y corazón delante de Dios y comience a cultivar un corazón de oración, ¡probará y conocerá que Dios es bueno! (Salmo 34:8).

Sí, ¿pero cómo?

¿Cómo podemos nosotras cultivar un corazón de oración y disfrutar las bendiciones que acompañan una vida comprometida y devota a la oración? He aquí algunos cortos pensamientos.

- Comience un diario de oración para registrar las peticiones y respuestas a medida que lleva a cabo su viaje personal de oración.

- Separe algún tiempo cada día para estar a solas con el Señor en oración y recuerde que –*algo es mejor que nada*. Comience con lo pequeño, ¡y observe las poderosas consecuencias!

- Ore siempre (Efesios 6:18) y en todos los lugares, disfrutando la presencia de Dios dondequiera que vaya (Josué 1:9)

- ¡Ore con fidelidad por otras personas, incluyendo a sus enemigos! (Mateo 5:44).

- Tome en serio el poderoso privilegio del ministerio de la oración.

Respuesta del corazón

¡Primero lo primero! Por supuesto que usted y yo deseamos que nuestra relación con Dios esté en la posición de reinado en nuestros corazones. Sé que al igual que yo, usted desea caminar cerca de Él y que su fragancia impregne toda su vida y refresque a todo aquel que cruce su camino. Esto sucede cuando se encuentra con Dios en oración, postrada en su alma y con corazón humilde.

Así que mi amada amiga de oración, no importa dónde estemos, si en casa o en otro país, en el auto o en la ducha, en una silla de ruedas o en el hospital, sentadas a solas o en una habitación con miles de personas, usted y yo podemos estar a tono con Dios por medio de la oración. Nosotras también podemos elevar a un sinnúmero de personas hacia el cielo y con confianza pedir a nuestro Dios omnipotente que marque una diferencia en sus vidas. ¡Oro para que usted tome en serio este poderoso privilegio!

Ahora, piense sobre el asunto: ¿Piensa que orar, aunque sea tan solo cinco minutos al día, podría cambiar su vida? ¡Lo puede hacer! El estar en la presencia de Dios aumentará su fe, proveerá un lugar donde pueda dejar sus cargas, le recordará que Dios siempre está cerca, y le ayudará a no tener pánico. Es una manera en la que Dios ha provisto que nosotras tengamos comunión con Él, y cuando usted acepte su invitación a comulgar con Él, transformará su corazón y cambiará su vida.

❋ 4 ❋
Un corazón que obedece

He hallado a David hijo de Isaí, varón
conforme a mi corazón, quien hará
todo lo que yo quiero.

Hechos 13:22

El observar a mis hijas crecer y transformarse en mujeres responsables, ha sido un continuo deleite para mí como madre. Ahora que ya son adultas y se han aventurado por sí mismas, espero y oro que les haya dado suficiente de lo básico como para que puedan edificar sus vidas en lo fundamental de la fe, del hogar y de la cocina. ¡Una noche, sin embargo, yo no estaba muy segura de esto!

Durante varios años, Katherine disfrutó la alegría y compañerismo de compartir un apartamento con varias amigas jóvenes de nuestra iglesia. Parte de la aventura era cocinar para el grupo la noche que le tocaba. Pero cuando ella comenzó a salir con Paul, ambos pasaban muchas noches en nuestra casa simplemente "pasando un rato" con Jim y conmigo. Una de esas noches, Katherine decidió sacar nuestra receta manchada y vieja (favorita de nuestro tiempo como familia), y hornear algunos bizcochitos de chocolate y nueces para completar nuestra noche. Hacía mucho tiempo que yo no preparaba esta receta, así que ¡casi no podíamos esperar a que se enfriaran lo suficiente para comerlos, juntamente con un gran vaso de leche fría!

Finalmente, cada uno de nosotros tenía un gran bizcocho de chocolate y nueces para morder, pero después de probarlo sabíamos que no le daríamos una segunda mordida. Le faltaba algo. No deseando herir los sentimientos de Katherine, tomamos turnos para decir algo como... "Hummm, esto sabe diferente..." o "Realmente *huele* bien..." y "Kath, gracias por hacer los bizcochitos". Finalmente, le pregunté si ella había dejado afuera algún ingrediente. Con todo el mayor placer del mundo, respondió alegremente: "¡Sí, no le eché sal!" En el apartamento he estado aprendiendo a cocinar sin sal porque es perjudicial par la salud". Esos bizcochitos tuvieron que ser echados a la basura a causa de que le faltaba sólo un ingrediente, una pequeña cucharadita de sal, eso impidió que se pudieran comer.

De la misma forma que los bizcochitos requerían varios ingredientes para que se convirtieran en lo que nosotros deseábamos que fueran, hay varios ingredientes fundamentales para que nosotras nos convirtamos en mujeres conforme al corazón de Dios. Ya hemos hablado sobre la devoción a Dios, la devoción a Su Palabra, y la devoción a la oración. Pero es necesario otro ingrediente, tan importante como la sal en los bizcochitos, para que usted se convierta en una mujer según el corazón de Dios, se trata de la obediencia. El corazón en el que Dios se deleita es un corazón obediente, cooperador y que le responde a Él y a sus mandamientos, un corazón que obedece.

Dos clases de corazones

El título para este libro, *Una mujer conforme al corazón de Dios*, sale de la descripción de Dios sobre el rey David: "He hallado a David ... varón conforme a mi corazón, quien hará todo lo que yo quiero" (Hechos 13:22). Hablando por Dios, el profeta Samuel regañó a Saúl, el rey que gobernaba Israel, por no haber obedecido las instrucciones específicas de Dios (1 Samuel 13). Una y otra vez en 1 Samuel, Saúl sobrepasó sus límites, aquellos que Dios le había puesto. En varias ocasiones desobedeció a Dios en forma específica. Aunque tuvo mucho cuidado de ofrecerle sacrificios a Dios, Saúl no le ofreció a Dios el supremo sacrificio, la obediencia de un corazón completamente devoto a Él (1 Samuel 15:22). Claramente, Saúl no obedeció a Dios ni a sus leyes.

Finalmente, después de un grave acto de desobediencia, Dios envió a Samuel a donde estaba Saúl con un doble mensaje: "Pero ahora te digo que tu reino no permanecerá" y "el Señor ya está buscando un hombre más de su agrado" (1 Samuel 13:14 NIV). Dios estaba diciendo: "Saúl, como rey estás acabado. Yo he soportado tus rebeliones y tu corazón desobediente por bastante tiempo, pero ahora he encontrado precisamente al hombre que me va a servir. Este hombre que tomará tu lugar es un hombre con un corazón obediente, un hombre con un corazón que me responde, un hombre que seguirá todas mis órdenes, cumplirá todos mis deseos, y hará toda mi voluntad".

Aquí podemos ver dos clases de corazones muy diferentes; el corazón de David y el corazón de Saúl.

- En su corazón, David estaba dispuesto a obedecer, pero Saúl estaba satisfecho con simples actos externos de sacrificio.

- David sirvió a Dios. Saúl se sirvió a sí mismo e hizo las cosas a su manera.

- David estaba preocupado por seguir la voluntad de Dios, pero a Saúl le importaba sólo su propia voluntad.

- El corazón de David estaba centrado en Dios; el de Saúl estaba centrado en Saúl.

- Aunque David no siempre obedeció a Dios, él tenía lo que era importante a fin de cuentas, un corazón conforme al de Dios. En marcado contraste, la devoción de Saúl hacia Dios era impulsiva y esporádica.

- Aunque David era bien conocido por sus habilidades físicas y por su fuerza como guerrero, con humildad dependía de Dios, confiando en Él y reconociéndolo una y otra vez, *"El Señor* es la fortaleza de mi vida" (Salmo 27:1, cursivas del autor). Saúl, por otro lado, era orgulloso: Dependía de sus propias habilidades, su propia sabiduría y juicio, y su brazo de carne.

Dios le dio a ambos reyes la oportunidad de guiar a Israel, pero al final, ellos caminaron por sendas diferentes, Saúl se alejó de Dios y David se acercó a Él. El corazón de Saúl no respondía a la voluntad de Dios, mientras que el de David tenía devoción por obedecer. Ellos fueron como dos músicos diferentes, uno era como aquel que se sienta al piano y lo golpea, un poco aquí, un poco allá, (cualquiera puede tocar "notas"), y el otro era como el estudiante que se sienta por horas, siendo un estudiante disciplinado, fiel y dedicado. El primero crea sonidos inmaduros, irregulares, discordantes, que se desvanecen, mientras que el otro aprende, crece, sobresale, y eleva los corazones y las almas de los demás mientras él se sintoniza a sí mismo con la música del Todopoderoso. La música de Saúl, su andar con el Señor, era impulsiva, transitoria y no desarrollada. Pero David, el dulce salmista de Israel, le ofrecía a Dios las melodías más puras de un amor devoto y una comprometida obediencia. ¡Ciertamente, su corazón era un corazón conforme al corazón de Dios!

Sí, ¿pero cómo?

¿Cómo podemos imitar el corazón de David en nuestra devoción a Dios? ¿Qué podemos hacer para que Dios pueda crear en nosotras un corazón comprometido y obediente? Un corazón comprometido a hacer la voluntad de Dios es un ingrediente importante cuando se trata de manifestar nuestro amor hacia Él.

Dios nos llama a cuidar nuestro corazón. Como notamos anteriormente, Dios nos dice "sobre toda cosa guardada, guarda tu corazón; porque de él mana la vida" (Proverbios 4:23). A medida que transitamos el camino de la vida, Dios dice que tenemos que examinar la senda de nuestros pies (verso 26) y mirar hacia lo que tenemos delante, no hacia la derecha o la izquierda (verso 27), debemos seguir las sendas establecidas por Dios (verso 26). Dios dice que la clave para vivir una vida de obediencia, una vida que se mantenga en sus caminos, es el corazón. Si cuidamos nuestro corazón, si con diligencia lo atendemos y lo cuidamos, entonces todas las demás cosas, las acciones, lo que "entra y lo que sale" de la vida será manejado a la manera de Dios.[1] Un corazón que responde a Dios y a sus caminos, conducirá hacia una vida de obediencia, y estas normas ya probadas pueden ayudarnos a permanecer en la senda de Dios.

Concéntrese en hacer lo que es correcto. Cuando Dios miró el corazón de David, vio allí lo que desea ver en nosotros: Un corazón que va a hacer su voluntad y que ama a Dios por completo, le busca a través de su Palabra y la oración, vigilando y esperando, dispuesto siempre a hacer todo lo que Él diga y preparado para actuar tan pronto Él exprese su deseo. Tal corazón, suave y dócil, se concentrará en hacer lo correcto.

¿Pero qué sucede con esas situaciones en las que usted no está segura de qué es lo correcto? En su corazón, usted desea hacer lo que es correcto, ¡pero no está segura de saber qué es lo correcto! No haga nada hasta que le haya pedido dirección a Dios y sepa qué es lo correcto. Tome tiempo para orar, para pensar, para buscar en las Escrituras, y para pedir el consejo de alguien con más experiencia en Cristo. Si una persona le está pidiendo que haga algo sobre lo que no está seguro, dígale sencillamente: "Tengo que pensar un poco acerca del asunto. Le haré saber después". No haga nada hasta que no sepa qué es lo que se deba hacer.

Además, considere las siguientes Escrituras. Se nos dice: "Reconócelo en todos tus caminos, y él enderezará tus veredas" (Proverbios 3:6). Esa es una promesa. También sabemos que "si alguno de vosotros tiene falta de sabiduría, pídala a Dios,... y le será dada" (Santiago 1:5). Esa es otra promesa. También viva la verdad de Santiago 4:17: "y al que sabe hacer lo bueno, y no lo hace, le es pecado". Mire directamente al rostro de Dios y ore: "Yo no deseo pecar, así que necesito saber qué es lo correcto, ¡lo que es bueno hacer!" Deje que Dios le guíe en su camino para que así pueda estar segura de que está haciendo lo correcto. Resumiendo, cuando tenga dudas, ¡mejor no haga nada! (Romanos 14:23).

Deje de hacer lo que está mal. En el preciso segundo en que piense o haga cualquier cosa contraria al corazón de Dios, ¡deténgase de inmediato! (Tal acción es fundamental para poder entrenar su corazón a que responda a Dios.) Sólo póngale freno a la actividad. Si es el chisme, deténgalo. Si es un pensamiento no digno, deténgalo (Filipenses 4:8). Si hay una chispa de enojo en su corazón, deténgala antes que actúe al respecto. Si ya ha dicho una palabra que no edifica, deténgase antes de que diga otra. Si le ha dicho que sí a algo, pero no siente paz por la decisión, deténgala. O si se ha involucrado en una situación que resultó ser algo que usted no planeaba, ¡deténgala y sálgase de ella!

Todos hemos tenido experiencias como estas; suceden todo los días. La manera en que responda revelará qué es lo que hay en el centro de su corazón. El cesar una actividad o proceso de pensamiento antes que el pecado progrese y tome ventaja, hará girar su corazón de regreso hacia Dios y le pondrá a usted nuevamente en su camino. Así que clame al Señor. Él le dará fortaleza, no importa cuál sea la tentación, no importa cuál sea el peligro en el camino (Hebreos 2:18).

Confiese cualquier cosa mala. Debido a que Cristo cubrió nuestros pecados por su sangre por medio de su muerte, usted y yo somos perdonados. (Puede que nosotras no nos *sintamos* perdonadas, pero usted y yo sólo necesitamos *saber* que lo somos.) Sin embargo, aún seguimos pecando. Así que, cuando hago algo contrario a la Palabra de Dios, lo reconozco en mi corazón: '¡Esto está mal, es pecado! ¡Yo no puedo hacer esto!' Después de todo: "Si decimos que no tenemos pecado, nos engañamos a nosotros mismos, y la verdad no está en nosotros" (1 Juan 1:8). Así que yo llamo al pecado "pecado", y al hacer esto entreno mi corazón a responder a la convicción del Espíritu de Dios.

Cuando usted y yo confesamos nuestros pecados de esta manera, Dios "es fiel y justo para perdonar nuestros pecados, y limpiarnos de toda maldad" (1 Juan 1:9), ¡y mientras más rápido lo confesemos mejor! Cuando confiese sus pecados, ¡asegúrese de rechazarlos también! Proverbios 28:13 nos advierte, "El que encubre sus pecados no prosperará; mas el que los *confiesa y* se aparta alcanzará misericordia (énfasis añadido). No sea como el campesino que dijo:

—Quiero confesar que le robé heno a mi vecino.

Y cuando el pastor le preguntó:

—¿Cuánto robó?

El campesino le respondió:

—Robé medio fardo, pero vamos a dejarlo en un fardo entero, ya que esta noche regreso por la otra mitad.

Aclare las cosas con los demás. La confesión arregla las cosas delante de Dios, pero si hemos herido a otra persona, tenemos que aclarar las cosas con esa persona también. Cuando sea apropiado, debemos admitir nuestro mal comportamiento a la persona involucrada. Yo tuve que hacer eso la primera mañana que canté en el coro de nuestra iglesia. Una dulce mujer se me acercó, sonriendo, y preguntó: "¿Eres tú uno de los nuevos integrantes?" Por alguna razón, le respondí en forma cortante: "No, pero soy *una de las nuevas* integrantes". Mientras decía esas palabras, de inmediato sentí la convicción, ¡pero estábamos caminando en fila para ir a cantar, a adorar! Canté con dificultad todos esos conmovedores (¡y que dan convicción!) himnos sobre nuestro precioso Jesús. Finalmente regresé al cuarto del coro y me disculpé. Esperé hasta que la mujer a la que yo había ofendido llegara y le dije: "Realmente tengo una boca muy afilada, ¿cierto? ¡Siento mucho haber respondido a sus bondadosas palabras con semejante tontería! Por favor, ¿podría perdonarme?"

Siga adelante lo antes posible. Nuestro enemigo Satanás, se deleita cuando nuestros fracasos a la obediencia a Dios nos mantienen alejados de su servicio. Usted y yo fácilmente podríamos revolcarnos en el hecho de que le hemos fallado a Dios, y así dejar que nuestras emociones eviten que perseveremos y le sigamos a Él. Nosotras sabemos que hemos sido perdonadas: Hemos dejado nuestro mal comportamiento, hemos reconocido y confesado nuestros pecados, hemos abandonado nuestros pensamientos o acciones y aclarado la situación. Pero aún nos decimos a nosotras mismas: "¡No puedo creer que yo dijera eso, pensara eso, o actuara de esa manera! ¿Cómo pude haber hecho eso? No soy digna. Soy totalmente inadecuada para servir a Dios".

Cuando ese es el caso, necesitamos volvernos hacia otra verdad de la Palabra de Dios y dejar que ella nos levante, nos sacuda, nos refresque, y nos ponga de regreso en su camino. Susurrándonos su dirección divina en nuestro oído, Dios nos anima, a aquellos que hemos confesado nuestra desobediencia y hemos sido perdonados, para que hagamos como Pablo, "...olvidando ciertamente lo que queda atrás, y extendiéndome a lo que está delante, prosigo a la meta, al premio del supremo llamamiento de Dios en Cristo Jesús" (Filipenses 3:13-14). Una vez que hemos reconocido y lidiado con nuestro fracaso de seguir a Dios con todo el corazón, una vez que hemos lidiado con nuestros actos de desobediencia, usted y yo tenemos que olvidar esas cosas del pasado y seguir hacia delante. Debemos recordar las lecciones aprendidas, ¡pero adiestramos nuestros corazones para obedecer, precisamente obedeciendo el mandamiento de Dios de seguir adelante!

Respuesta del corazón

Ahora, querida seguidora de Dios, hemos llegado al final de la primera sección de este libro, y lo que hemos aprendido sobre nuestro corazón, nos ayudará a tener la determinación de seguir el camino que Dios pone delante de nosotras en los próximos capítulos. En las páginas que siguen, nos prepararemos para examinar otros aspectos de nuestra ocupada y complicada vida diaria. Pero antes de dejar este enfoque sobre nuestra relación con Dios, usted y yo necesitamos evaluar seriamente nuestro propio corazón.

La obediencia es un pie de apoyo fundamental en la senda de la voluntad de Dios, en el camino que estará siguiendo como mujer conforme a su corazón. El afirmarse aquí le capacitará para responder más adelante a lo que Dios le diga. Así que, considere ahora mismo si su corazón está por completo en las manos de Dios. ¿Ha entregado su voluntad a Él y la ha puesto a los pies de la cruz de su Hijo? Cuando Dios mira su corazón, ¿puede ver con facilidad su disposición para obedecerlo a Él?

En los días de Saúl, Dios declaró que Él estaba buscando un corazón que le obedeciera, que hiciera toda su voluntad. ¿Esas palabras describen su corazón querida lectora? ¿Es el deseo de Dios su deseo? ¿Su corazón busca seguir firmemente el corazón de Dios (Salmo 63:8), cerca de Él, pisándole sus talones, literalmente aferrado a Él?[2]

¿Puede distinguir algún comportamiento en su vida que demande que su corazón responda con confesión y con un cambio, que lo lleve a colocarse dentro del camino de la obediencia? Si es así, deténgase ahora mismo, reconozca esa área de desobediencia, confiese ese pecado, escoja abandonar ese comportamiento y luego vuelva a entrar al camino correcto de Dios, el camino de la belleza, la paz y el gozo. En la medida que desee todo lo que Dios desea, ame todo lo que Él ama, y se humille bajo su poderosa mano (1 Pedro 5:6), entonces su corazón en realidad será un corazón conforme al de Dios. ¡Qué pensamiento tan bendito!

Segunda Parte

En busca de
las prioridades
de Dios

❋ 5 ❋
Un corazón que sirve

Le haré ayuda idónea para él.
Génesis 2:18

Era un brillante día otoñal en la Universidad de Oklahoma. Mientras yo me apresuraba para llegar a la primera clase que tenía después del almuerzo, él llamó mi atención nuevamente. Sonreía a medida que se acercaba hacia donde yo estaba. Todos los lunes, miércoles y viernes, nuestros caminos parecían cruzarse mientras él también se apresuraba para llegar a su clase. Su nombre, Jim George, me era desconocido en ese momento, pero parecía ser en extremo agradable, era bien parecido, ¡y me encantaba su sonrisa! Bueno, era evidente que él también se había fijado en mí, porque poco tiempo después una amiga mutua preparó una cita a ciegas para ambos.

Esto ocurrió en noviembre de 1964. El Día de los Enamorados nos comprometimos, y nuestra boda fue el primer fin de semana luego de terminar el colegio, 1ro de junio de 1965. Eso fue hace treinta y cinco años, y desearía poder decir: "Fueron unos maravillosos, dichosos y felices treinta y cinco años", pero no puedo. Verá, nosotros comenzamos nuestro matrimonio sin Dios, y eso equivale a momentos difíciles. Desde el comienzo tropezamos, discutimos, y nos decepcionamos el uno al otro. A causa de no haber encontrado satisfacción en nuestro matrimonio, vertimos nuestras vidas en diferentes causas, amistades, pasatiempos y metas intelectuales. El tener dos hijos tampoco llenó el vacío que cada uno de nosotros sentía. Nuestra vida matrimonial fue monótona durante ocho frustrantes años, hasta que por un acto de la gracia de Dios, nos convertimos en una familia cristiana, una familia cuya cabeza o centro es Jesucristo, una familia con la Biblia como nuestra guía.

El dar nuestra vida a Jesucristo marcó una tremenda diferencia dentro de nuestros corazones, ¿pero cómo podría Cristo cambiar nuestro matrimonio? Cada uno de nosotros había recibido una nueva vida en Cristo, ¿pero qué íbamos a hacer con la tensión en nuestro matrimonio, y por consiguiente en nuestro hogar?

Yo tenía mucho que aprender sobre cómo ser una mujer, una esposa, y una madre que agradara a Dios, y por fortuna, poco tiempo después de haber hecho a Jesús mi Señor y Salvador, tuve en mis manos un calendario que me ayudó a leer a través de la Biblia. El 1ro de enero de 1974, comencé a seguir ese programa, y mientras leía hice algo que le recomiendo a ustedes hacer también. Marqué cada pasaje que me hablaba como mujer con un marcador rosado.

Bueno, Dios comenzó a trabajar en mi transformación ese mismo día. El 1ro de enero, mi primer día de lectura, tropecé con mi primera tarea como esposa cristiana: Habría de servir a Jim. Marqué en rosado estas palabras: "...No es bueno que el hombre esté solo; le daré ayuda idónea para él" (Génesis 2:18).

Llamada a servir

Una mujer conforme al corazón de Dios es una mujer que con cuidado cultiva un espíritu de servidumbre, ya sea que esté casada o no. El seguir los pasos de Jesús querida amiga, quien "no vino para ser servido sino para servir" (Mateo 20:28), requiere que durante toda la vida se le preste atención a la actitud del corazón referente al servicio; y esa actitud y servicio comienza en el hogar, con su familia, en especial (si está casada) con su esposo. Dios ha diseñado que la mujer sea la ayuda idónea de su esposo. Así que el primer paso de mi sendero de mil millas para convertirme en una esposa piadosa era el comenzar a entender que tenía *la misión de Dios de ayudar a mi esposo.*

¿Y en qué consiste esta "ayuda" de Génesis 2:18? Tomé prestados algunos libros de estudio bíblicos de Jim, y aprendí que una ayuda idónea es aquella que comparte las responsabilidades del hombre, responde a su naturaleza con comprensión y amor, y de todo corazón coopera con él para lograr el plan de Dios.[1] Anne Ortlund habla de convertirse en un equipo con su esposo, señalando que al ser un equipo se elimina cualquier sentido de competencia entre los cónyuges. Al escribir sobre esta sociedad del matrimonio, ella describe a una esposa como alguien que apoya con solidez y da respaldo a su esposo. Ella dice: "No tengo ningún deseo de correr a la par de Raúl, dejando así de golpe la pista de la competencia. Deseo estar detrás de él, animándolo".[2]

Yo puedo decir con honestidad que me convertí en una mejor esposa y mejor cristiana cuando me convertí en una mejor ayuda idónea. El darme cuenta *que estaba en una misión de parte de Dios para ayudar a mi esposo* abrió mis ojos. De acuerdo al plan de Dios, yo no debía competir con Jim. En lugar de hacerlo, debía apoyarlo y respaldarlo. Él es el que se supone que gane, y se supone que yo debo contribuir para que su victoria sea algo posible.

El leer sobre Mamie Eisenhower, la esposa del que fuera presidente, Dwight D. Eisenhower, me brindó más revelación sobre lo que significa ser una ayuda idónea. Julie Nixon Eisenhower explicaba: "Mamie había interpretado su papel como un apoyo emocional para su esposo... ella no tenía ningún interés en promoverse a sí misma. Por sobre las otras cosas, ella era la mujer detrás del hombre, la mujer que con orgullo declaró: 'Ike es mi carrera'".[3]

A medida que Dios gravó en mi corazón la importancia de un espíritu de servicio, en especial en mi papel como ayuda idónea para mi esposo, yo escribí una oración de compromiso.

Al hacerlo, di unos cuantos pasos hacia atrás, para asegurarme de que en mi corazón, Jim estaba claramente delante y yo definitivamente detrás de él para ayudarlo. Ese día, y en esa oración a Dios, comencé una vida de servicio a Jim que ha continuado por más de dos décadas. Ciertamente tengo muchas cosas personales que hacer, pero mi principal propósito y mi papel para cada día, es ayudar a Jim a compartir sus responsabilidades, responder a su naturaleza y cooperar de todo corazón con él en el plan de Dios para nuestra vida juntos.

Sí, ¿pero cómo?

¿Cómo podemos desarrollar un corazón comprometido a servir, un corazón con la intención de emular a Cristo en el servicio a otra persona? ¿Qué puede hacer una mujer para que Dios pueda crear en ella un corazón comprometido a ayudar a su esposo? Considere estas sugerencias.

Tenga el compromiso de ayudar a su esposo. ¿Se convertirá en una ayuda o no? ¿Seguirá o no el plan de Dios de ayudar a su esposo? ¿Hará o no de su esposo su carrera? La decisión es suya. Y cuando se decida, puede que desee escribir su propia oración de compromiso con Dios. Deje que sus palabras reflejen la decisión de ayudar a su esposo, de ser un equipo con él, y que el ayudarlo a él sea su carrera.

Una mujer conforme al corazón de Dios cumple por completo su compromiso de ayudar a su esposo, borrando primero cualquier cuenta pendiente. Ella escribió: "Me di cuenta de que necesitaba pedirle al Señor y a mi esposo que me perdonaran. También necesitaba comenzar a aplicar la Palabra de Dios en nuestro matrimonio". Con eso en mente, comenzó a alimentar un corazón comprometido al servicio.

Concéntrese en su esposo. Dios desea que nosotras las esposas concentremos nuestras energías y esfuerzos en nuestros esposos, en *sus* tareas, *sus* metas, *sus* responsabilidades.

Yo sé que esto puede resultar un área de lucha, ya que nuestra naturaleza pecaminosa grita: "¡Yo primero!" Sin embargo, Dios desea que le digamos a nuestros esposos: "¡Tú primero!" Así que a menudo hágase esta pregunta respecto a su matrimonio: "¿quién es el número uno?"

Una manera práctica en la que yo trato de concentrarme en Jim y sus responsabilidades es haciéndole dos preguntas cada día: "¿Qué puedo hacer por ti? y ¿qué puedo hacer para ayudarte a uses tu tiempo mejor en el día de hoy?" Puede que se preocupe (como yo lo hice al principio) por los pedidos que su esposo pudiera hacerle que consuman mucho de su tiempo. Pero tengo que decirle que la primera vez que le hice a Jim estas preguntas, ¡lo único que él quería era que le cosiera un botón en su abrigo deportivo preferido! ¡Eso fue todo! Y para mí no fue nada engorroso sacar una aguja e hilo y hacer de Jim mi prioridad humana número uno, sólo con coser un pequeño botón.

En ocasiones, sin embargo, las peticiones son mayores, la semana pasada por ejemplo fue una semana de "mayores" demandas, ya que Jim se estaba preparando para viajar a Alemania por cinco meses con su unidad de las Reservas Armadas. Los días estuvieron llenos de tareas físicas, con cosas como ir rápidamente hasta la caja de seguridad por los testamentos, certificados de nacimiento, y la licencia de matrimonio; visitar al dentista; extraer sangre; conseguir los registros de hipotecas, pasaportes, y preparar el correo electrónico, juntamente con arreglar la casa y organizar su trabajo antes que él saliera del país; ¡y todo esto a medida que la fecha de vencimiento para la entrega de mi libro se acercaba! Sin embargo, aun cuando a veces no me gustan las respuestas que Jim da a mis dos preguntas (¡sus respuestas pueden cambiar el itinerario de mi día por completo!), deseo que él sea mi prioridad humana número uno y que él sepa que lo es. Después de todo, esa es mi tarea de parte de Dios, el hacerle su vida más fácil, ayudándole.

Incluso si usted no tiene esposo, igualmente puede alimentar un corazón de servicio cristiano al enfocarse en servir y ayudar a otras personas. Ya sea que esté casada o no, el servir a las personas que están a su alrededor le agrada a Dios y permite que el mundo vea a Cristo.

Evalúe sus acciones: "¿Esto ayudará o entorpecerá a mi esposo?" Permítame darle un sencillo ejemplo. El jefe de su esposo le pide que salga en viaje de negocios, y a usted le molesta y lo castiga porque debe ir. ¿Eso actitud ayuda o estorba a su esposo? Esa sencilla pregunta puede resultar un buen lente a través del cual vemos cómo actuamos en nuestro matrimonio.

Una de mis heroínas es Ruth Graham, esposa del evangelista Billy Graham. Cuando mi esposo era estudiante de seminario a jornada completa *y* obrero a jornada completa en la iglesia y viajaba mucho con nuestro pastor de misiones, yo aproveché ese tiempo para leer todo libro que pude encontrar sobre la señora Graham. A causa de que su famoso esposo estaba ausente del hogar unos diez meses del año, aprendí mucho de ella referente al estar sola. Preste atención a esta sabia declaración: "Tenemos que aprender a darle poca importancia a las cosas que se alejan y mayor importancia a las cosas que se acercan".[4] Estas palabras de ánimo de una colega me han convertido en una mejor ayuda para Jim a medida que él se prepara para cada viaje (¡incluyendo sus cinco meses en Alemania!) y ha disminuido mi urgencia de molestarlo o castigarlo.

Permítame darle otro ejemplo. Su esposo le ha dicho el estado del presupuesto económico, pero usted desea algo de inmediato y está presionando para obtenerlo. Por experiencia, yo conozco esa situación. Nosotros habíamos vivido en nuestra casa (¡aquella con la pintura que se caía y el techo desnivelado!) por más de una década, y finalmente ya era tiempo de hacer algunas remodelaciones. ¡Yo estaba en éxtasis! Para mí, lo que había estado faltando en nuestra pequeña y encantadora casa durante todos estos años era una chimenea de leña; y esta era nuestra oportunidad de instalar una. Pero Jim se sentó y me mostró con claridad que no había suficiente dinero en nuestro préstamo como para añadir una. Sin embargo, ¡yo deseaba esa chimenea! Así que decía cosas como: "¿No sería esta una noche maravillosa para contemplar el fuego de la chimenea?", o "¡Imagínate! ¡Si tuviéramos una chimenea de leña, podríamos poner algunos leños y cenar frente a una cálida hoguera!" Pero entonces me pregunté: ¿Liz, estás ayudando o estorbando? Supe la respuesta inmediatamente (¡y usted también!). Un día, Dios me ayudó a comprender que estaba acosando a Jim y prometí delante del Señor no mencionarle la chimenea nuevamente. Escribí ese compromiso en una oración a Dios, y estoy agradecida de la gracia de Dios, ¡*nunca* más mencioné la chimenea!

Otro ejemplo. Su esposo piensa que se deben mudar para poder así proveer mejor a la familia, y usted no quiere hacerlo o declara firmemente: "¡No a ese lugar!" Siendo pastor, mi esposo aconsejó a una pareja en esta situación. El esposo era chofer de camiones y deseaba cambiar su empleo debido al desgaste y distanciamiento que el mismo traía a su matrimonio (fue por ese motivo que vinieron en un principio en busca de consejería). Finalmente, a él se le presentó una oportunidad de empleo muy buena a medio estado de distancia, donde podrían comprar una casa y comenzar su familia. Mariela, sin embargo, no deseaba mudarse. Ella amaba su empleo y era la próxima para obtener un ascenso importante. Pero al darse cuenta de que el plan de Dios era que ella debía ayudar a su esposo, el cual estaba tratando, por medio de otro empleo, proveer mejor *financieramente*, y deseaba en forma espiritual mejorar la situación de su matrimonio, comprendió que debía ayudar y no estorbar el liderazgo de él. Así que se mudaron, y ¡cuán abundante bendición tenía Dios esperando para esta preciosa pareja en su nuevo pueblo!

Otro ejemplo más. Su esposo desea tener un tiempo diario para leer la Biblia juntos como familia, pero usted no, o no quiere estudiar lo que él ha escogido, o no se levanta nunca lo suficientemente temprano como para tener el desayuno listo a tiempo para que puedan tener el devocional familiar. En la mayoría de las familias, la esposa es, por lo general, la responsable del itinerario en el hogar durante la mañana. Y a causa de que ella controla el itinerario, tiene la habilidad de hacer que se dé o no el tiempo para la adoración familiar. Si su corazón está comprometido al servicio, tiene el poder de ayudar a su esposo a cumplir esta meta y cualquier otra. ¿Está su corazón comprometido a servir, especialmente a servir a su esposo?

Respuesta del corazón

Ayuda. Es una tarea simple y noble, ¡y se cosecha gran recompensa! El vivir la misión de Dios ciertamente beneficia a nuestros esposos y a cualquier otra persona que sirvamos, pero nosotras también nos beneficiamos mientras aprendemos a servir como el mismo Cristo lo hizo. Ser una sierva es una señal de madurez cristiana; es la marca verdadera de Cristo (Filipenses 2:7), quien sirvió hasta el punto de la muerte (Mateo 20:28). Así que, ¿cómo se califica usted como ayudante? En su matrimonio, ¿se ve a sí misma como parte de un equipo, libre de toda acción, pensamientos o deseos de competencia? ¿Es su esposo su principal carrera? ¿Es el ayudar a su esposo la preocupación principal de su corazón y el enfoque principal de su energía? ¿Ha comprometido su vida y su corazón a seguir el plan que Dios tiene para usted? ¿El plan de ayudar y no estorbar a su esposo? A medida que usted y yo promovamos el bienestar de nuestros esposos, y el de otras personas que Dios haya puesto en nuestras vidas, ¡nuestro servicio glorificará a Dios!

6

Un corazón que se somete

Las casadas estén sujetas a sus propios maridos...

Efesios 5:22

Habiendo comenzado a transitar la ruta que me convertiría más y más en la ayuda para mi esposo, continué leyendo mi Biblia. A medida que lo hacía, descubrí más cosas sobre mi papel como esposa, y vi otras cualidades que necesitaba, si es que quería llegar a ser el tipo de esposa que Dios deseaba que fuera. De hecho, el número de veces que mi marcador rosado marcó las páginas me mostraba que tenía mucho trabajo por delante. El otro aspecto importante que noté fue *que tenía la misión de parte de Dios de someterme a mi esposo.*

Siendo una nueva cristiana, el concepto de la sumisión me pareció algo extraño, y tuve que investigar un poco. Cuando lo hice, descubrí que en la Biblia la "sumisión" *(hupotasso)* es básicamente un término militar que significa colocarse bajo el comando de otra persona. Esta actitud del corazón se vive por medio de la sujeción y la obediencia,[1] dejando que las cosas sean juzgadas por otra persona, cediéndolas o remitiéndolas a la opinión o autoridad de otra persona.[2]

Como ya dije, el concepto me era extraño y tenía dudas en mi corazón. Pero seguí estudiando (y orando para ser una mujer y esposa conforme al corazón de Dios), y ciertas revelaciones de la Biblia me ayudaron a entender mejor la actitud del corazón referente a la sumisión que Dios desea en sus mujeres.

Los hechos sobre la sumisión

Primeramente, el hecho es que el estilo de vida cristiano, tanto para el hombre como para la mujer, involucra la sumisión. Usted y yo somos llamadas a someternos unos a otros (Efesios 5:21). El deseo de Dios para nosotras, estemos casadas o no, seamos jóvenes o mayores, es que honremos, sirvamos, y nos sujetemos el uno al otro. Nosotras reflejamos el carácter de Cristo en la medida que nos alejamos del egoísmo y actuamos con honor hacia otras personas, remitiéndonos a ellas. El corazón del pueblo de Dios, de sus mujeres y de su iglesia, debe ser un corazón dispuesto a someterse, dedicado a honrar y ceder a otros.

En lo que al matrimonio se refiere, Dios estableció por el bien del *orden* que el esposo dirija y que la esposa siga. Para que el matrimonio camine bien, Dios ha dicho: "Ahora bien, quiero que entiendan que Cristo es cabeza de todo hombre, mientras que el hombre es cabeza de la mujer y Dios es cabeza de Cristo" (1 Corintios 11:3).

Pero no se alarme. El liderazgo del hombre no significa que nosotras las esposas no podemos ofrecer consejos sabios (Proverbios 31:26) o hacer preguntas aclaratorias durante el proceso de la toma de decisiones. Sin embargo, el liderazgo del esposo sí implica que él es responsable de la decisión final. La autora Elisabeth Elliot describe el liderazgo de su padre durante su infancia: "'Jefe de familia' no significaba que nuestro padre gritaba órdenes, que hacía su voluntad sin consideración alguna, y que demandaba sumisión de su esposa. Sólo significaba que él era, a la larga, el único responsable."[3] Al fin y al cabo, el esposo tiene que rendir cuentas a Dios por sus decisiones como líder y nosotras tenemos que darle cuentas a Dios de cómo nos sometimos a ese liderazgo. Nuestros esposos le responden a Dios por su liderazgo y nosotras por cómo seguimos ese liderazgo. Ahora le pregunto, ¿cuál de estas responsabilidades le agradaría más?

Las instrucciones de Dios de que el hombre sea líder y a la mujer seguidora, obtienen como resultado tanto una *belleza* como un orden. Recuerdo de niña haber visto una "cabeza" de chivo disecada en un museo, ¡lo único raro era que tenía dos cabezas! Era anormal, grotesco, una atracción rara, una curiosidad, ¡y así lo es el matrimonio con dos cabezas! Pero Dios, el artista perfecto, diseñó el matrimonio para ser algo hermoso, natural y funcional al darle una sola cabeza, el esposo. ¡Gracias Señor, el matrimonio es tu obra de arte!

La decisión de someterse

Otro pasaje marcado con rosado me enseñó que yo tenía la responsabilidad de someterme o no. Decía: "Esposas sométanse (o sujétese) a sus propios esposos como al Señor". (Efesios 5:22).[4]

La sumisión es una decisión de la esposa. Ella decide si se somete a su esposo o no. Nadie puede hacerlo por ella, y nadie puede hacer que ella lo haga. Su esposo no puede forzar su sumisión, su iglesia no puede forzarla a que se someta, su pastor no puede forzarla a que se someta, ni lo puede hacer un consejero. Ella misma debe decidir someterse a su esposo.

Yo me sorprendí y crecí como mujer cristiana cuando leí sobre cuatro mujeres como usted y yo, que se reunían semanalmente a estudiar la Biblia. Una semana se tropezaron con 1 Corintios 11:3, un verso que trata del liderazgo del esposo en el matrimonio. Este es el verso que acabamos de ver que nos dice: "Ahora bien, quiero que entiendan que Cristo es cabeza de todo hombre, mientras que el hombre es cabeza de la mujer y Dios es cabeza de Cristo". El enfrentarse cara a cara con el plan de Dios las hizo tomar algunas decisiones.

La líder de esa noche leyó (el verso) en voz alta, hizo una pausa, y leyó de nuevo... Cada una de esas mujeres (era notorio a todas) eran la cabeza en su matrimonio...

Alguien dijo débilmente: "¿Acaso San Pablo dice algo más sobre liderazgo y sumisión?" Se consultó un índice, y se leyeron las otras declaraciones Paulinas (Colosenses 3:18; Efesios 5:22f; 1 Timoteo 2:11f). Hubo un poco de discusión. Finalmente la líder dijo: "Bueno, muchachas, ¿qué hacemos?" Otra persona dijo: "Tenemos que hacerlo..."

Luego vino el milagro. En menos de un año, las cuatro mujeres, con asombro y deleite se estaban contando unas a otras, y a casi cualquier otra mujer que conocían, lo que había sucedido. Los esposos, los cuatro, en silencio habían ocupado su lugar... y sin excepción alguna, cada una de las mujeres sintió que su matrimonio había entrado en una nueva dimensión de felicidad y de gozo que nunca habían tenido antes. La dimensión de hacer lo correcto.

Viendo esto tan asombroso que nadie creía posible... las cuatro esposas un día se dieron cuenta de una verdad aun más asombrosa: Sus esposos nunca habían demandado y nunca demandarían el liderazgo; sólo podía ser un regalo gratuito de la esposa hacia el esposo.[5]

¿Está ofreciendo el regalo del liderazgo a su esposo a través de la actitud de un corazón sometido? ¿Está experimentando la seguridad que proviene de la decisión de seguir el plan de Dios para su matrimonio?

El quien de la sumisión

El "quien" de la sumisión está claro en Efesios 5:22, "Esposas, sométanse a *sus propios esposos"* (Efesios 22, cursivas de la autora), no a otras personas que admiremos o respetemos. Y esta es una distinción importante.

Una mujer cristiana, casada con un hombre que no era creyente, vino a mí pidiendo consejo. Susana deseaba renunciar a su trabajo y asistir a una universidad bíblica durante cuatro años para así prepararse y dedicarse a la obra cristiana a tiempo completo. Después de decirme los deseos de su corazón le pregunté:

—Bueno, Susana, ¿qué dice tu esposo sobre esto?

Ella me respondió de inmediato:

—Él no desea que yo lo haga.

—¿Por qué Susana? —exclamé—, ¡Dios ha hablado!

Como ves, el plan de Dios para el matrimonio es que cada esposa honre y se someta a su esposo. Cuando Susana comentó sus sueños con su pastor y su jefe cristiano, ambos le dijeron que prosiguiera con sus planes. Ella estaba muy dispuesta a seguir la guía de otras personas. Pero la Biblia es clara: Nosotras debemos someternos a nuestros propios esposos, no al líder de una iglesia, no a otras personas que respetamos, ni siquiera a nuestro propio padre.

En ocasiones somos tentadas a echar a un lado el plan de Dios, diciendo: "Mi esposo no está caminando con Dios, así que no tengo que someterme a él" o "Mi esposo no es cristiano, así que no tengo que someterme a él". El apóstol Pedro escribió las siguientes palabras para ayudar a las mujeres que estaban precisamente en esa situación, mujeres con esposos incrédulos y/o desobedientes: "Asimismo vosotras, mujeres, estad sujetas a vuestros maridos; para que también los que no creen a la palabra, sean ganados sin palabra por la conducta de sus esposas" (1 Pedro 3:1). En otras palabras, nuestra sujeción a nuestros esposos, sea él cristiano o no, esté obedeciendo él a Dios o no, ¡predica un sermón más amoroso y poderoso que el que nuestra boca pudiera decir en cualquier ocasión!

Es importante que mencionemos aquí la excepción que existe referente a seguir el consejo del esposo, la cual se presenta si él le pidiera que infrinja algo de lo que enseña la Palabra de Dios. Si él le pide que haga algo ilegal o inmoral, vaya a un pastor de su confianza y siga el consejo que reciba allí.

El cómo de la sumisión

Además de aclarar el quién, Efesios 5:22 también nos da el "cómo" de la sumisión: "Esposas, sométanse (o sujétense) a sus propios esposos *como al Señor"* (cursivas de la autora). Tan pronto como dejé de someterme a Jim y comencé a pensar en someterme al Señor, mi lucha referente a la sumisión se fue calmando poco a poco. En mi propia mente puse a Jim a un lado, y eso me permitió quedar frente al rostro del Señor. De pronto, el "cómo" de la sumisión se convirtió en algo mucho más sencillo, ¡y fácil! Mi sumisión no tenía nada que ver con Jim, y tenía todo que ver con el Señor. Como lo dice una Escritura familiar, "Y todo lo que hagáis (incluyendo el someterme a mi esposo), hacedlo de corazón, *como para el Señor* y no para los hombres" (Colosenses 3:23, cursivas de la autora). ¡Qué bendición el poder aplicar esta Escritura para honrar, someterse y seguir a Jim!

El alcance de la sumisión

¿Pero cuál es el alcance de nuestra sumisión a nuestros esposos? ¿En qué asuntos, decisiones y situaciones debemos someternos? En dos palabras, ¡en todo! "Así como la iglesia se somete a Cristo, también las esposas deben someterse a sus esposos en *todo"* (Efesios 5:24, cursivas de la autora). La Escritura es clara: "¡En todo!" Así que, siempre que soy tentada a decir: "Sí, pero..." o "que tal si...", trato de recordar estas dos pequeñas palabras: "en todo". Esas dos palabras abarcan por igual los asuntos grandes y los pequeños.

Después del masivo derrumbe originado por el terremoto de 1994 en California, Jim y yo fuimos juntos a elegir lámparas para reemplazar aquellas que se habían roto. Estábamos contentos de haber encontrado una lámpara de mesa, de cristal de Tiffany. Sin embargo, cuando llevamos nuestra lámpara a casa, mi corazón se cayó al suelo al abrir la caja y ver sus colores desteñidos. Los verdes y rosados nunca combinarían con el verde brillante de nuestra biblioteca, pero Jim pensó que se veía bien y dijo que no había razón para devolverla. No fue fácil, pero no dije nada, considerando esto como otra oportunidad de someterme a mi esposo,... como al Señor,... en todo,... y sin decir una palabra.

Admito que la lámpara es algo diminuto, pero estas cosas pequeñas son un buen lugar para comenzar a someterse "en todo". Llegaremos a otras cosas más grandes, más adelante, pero en este momento pídale a Dios que le dé la gracia de someterse cuando surja la próxima pequeñez en su camino.

La fuerza para someterse

¿Conoce la razón principal de por qué nosotras las esposas no nos sometemos a nuestros esposos? Dios dice que es por *temor*. Sentimos temor de lo que pueda suceder si nuestros esposos hacen las cosas a su manera, en lugar de la nuestra. Claro que más allá del llamado de Dios para que nos sometamos, se encuentra un llamado más profundo y fundamental a vivir una vida de fe en Él. Así se adornaban en tiempos antiguos las santas mujeres de la Biblia que *esperaban en Dios,* cada una sumisa a su esposo, y nosotras podemos seguir sus pasos si hacemos el bien y vivimos *sin ningún temor* (1 Pedro 3:4-6).

La fe es lo opuesto al temor (Marcos 4:40), ¿pero cómo encuadra la fe con la sumisión? Es por fe que usted y yo creemos que Dios obra directamente en nuestra vida por medio de nuestro esposo. Es por la fe en nuestro Dios soberano que nosotras nos sometemos a nuestros esposos, confiando que Dios conoce sus decisiones y el resultado final de esas decisiones, y confiando que Dios redime, si no es Él quien guía esas decisiones. Así que es por la fe en Dios que nuestro temor es disipado y nosotras podemos recibir la fuerza para someternos. A medida que usted aprende más sobre el someterse a su esposo, ¿por qué no le pide a Dios, como lo hicieran los discípulos, que le aumente su fe? (Lucas 17:5). La fe en Dios nos concede la fuerza de obedecer y someternos a nuestros esposos.

El motivo de la sumisión

Quizás la Escritura que llegó más profundo a mi corazón cuando el llamado de Dios a la sumisión estaba echando raíces fue esta: "que enseñen a las mujeres jóvenes a... ser... sujetas a sus maridos, *para que la Palabra de Dios no sea blasfemada* (sea desacreditada, deshonrada)" (Tito 2:4-5, cursivas de la autora). Mientras meditaba en estos versos, la idea de someterme a mi esposo de pronto brincó hacia el ámbito celestial, yendo por encima de toda excusa terrenal, pobre, egoísta y carnal, que no deseaba someterse a Jim.

¡Una vez más se me hizo claro que mi sumisión no tenía nada que ver con Jim y tenía todo que ver con Dios! Él ha instituido la sumisión, ha ordenado la sumisión, y ¡El recibe honra cuando yo lo hago! Mi obediencia a mi esposo le testifica a todos los que están observando que la Palabra de Dios y sus caminos son rectos. ¡Este llamado a la sumisión es en realidad un gran llamado!

Sí, ¿pero cómo?

¿Cómo se somete una esposa a su marido? He aquí algunos pasos que yo he tomado.

Dedique su corazón a honrar a su esposo. Un cambio requiere una decisión, y ese en definitiva es el caso de la sumisión. Usted y yo tenemos que tomar la decisión de someternos a nuestro esposo, tomar la decisión de practicar la sumisión, y dedicar nuestro corazón para honrar a Dios y a nuestro esposo de esta manera.

Acuérdese de respetarlo. La sumisión fluye de la actitud fundamental de respeto del corazón. Dios dice: "y que la esposa *respete* a su esposo" (Efesios 5:33, cursiva de la autora). Dios no nos dice que *sintamos* respeto, sino que *mostremos* respeto, que actuemos con respeto. Una buena forma de medir nuestro respeto para con nuestros esposos es respondiendo a la pregunta: *¿Estoy tratando a mi esposo como trataría al mismo Cristo?*

Usted muestra su respeto a su esposo en los pequeños momentos cotidianos. Por ejemplo, ¿le pide a su esposo que le haga algo, o más bien se lo ordena? ¿Se detiene, lo observa y lo escucha cuando él le está hablando? Cuando habla de él, ¿lo hace con respeto?

Responda a las palabras y acciones de su esposo en forma positiva. ¡Oooh, la sumisión me fue algo dificultoso! Yo era estudiante en los años sesenta, una década de protesta contra toda autoridad, y fui parte del movimiento de liberación femenina en los setenta. Así que cuando me convertí, tenía mucho que aprender de Dios y de las amorosas mujeres que encontré en mi iglesia.

Sin embargo, los viejos hábitos son difíciles de vencer. Yo embestía, bufaba, pataleaba, y peleaba con Jim sobre todo, en qué carril debía conducir, si comprábamos o no los panecillos dulces camino a la iglesia los domingos en la mañana, su método de disciplinar a los hijos contra el mío, cómo íbamos a manejar *su* ministerio. Nuestras luchas eran algo de continuo. Yo sabía lo que la Escritura decía (¡incluso me había memorizado los pasajes que habíamos estado considerando!), pero aún no podía someterme. Para mí, el progreso comenzó a manifestarse con la implementación de una respuesta positiva. Me entrené, sí, me entrené a mí misma para responder en forma positiva a cualquier cosa y a todo lo que mi esposo dijera o hiciera. Y el entrenamiento fue un proceso de dos fases.

Primera fase: ¡No diga nada! ¿Ha estado alguna vez en la presencia de una mujer que no respeta a su esposo? Lo regaña, lo corrige y está en desacuerdo con él en público. Ella le corrige y pelea con él por cualquier cosa mínima ("No, Juan, no fue hace ocho años; fue hace siete años"). O lo detiene, le interrumpe, o lo que es peor, termina sus oraciones por él.

Obviamente que ser capaz de no decir nada es una gran mejoría sobre ese tipo de comportamiento. ¡Mantener el silencio también es un paso gigantesco hacia la sumisión! ¡Todo lo que tenemos que hacer para dar una respuesta positiva es mantener nuestra boca cerrada y no decir nada! Me llevó algún tiempo, pero al fin comprendí que mi boca no tiene que estar siempre moviéndose. No tengo que expresar siempre mis opiniones, en especial después que Jim ha tomado una decisión. ¿Para qué hablar pensamientos de los cuales después me voy a arrepentir?

Segunda fase: Responda con palabras positivas. Después que dominé bastante bien el no decir nada en la Primera fase, me gradué y pasé a la Segunda fase, donde comencé a responder con palabras positivas. Escogí decir: "¡Por supuesto!" (entre signos de exclamación y con una voz melodiosa). Así que comencé a usar esta respuesta positiva y decía ¡por supuesto! en las pequeñas cosas.

Mi querida amiga Débora también escogió decir "¡por supuesto!", y permítame decirle algo que sucedió en su familia como resultado de esto. Al esposo de Débora le encanta ir al Club Price, un almacén de descuento, repleto de gente y ruidoso, y en muchas ocasiones él anunciaba después de la cena: "¡Vayamos todos al Club Price!" Bueno, Débora, con tres hijos, uno de ellos un bebé en ese entonces, hubiera podido presentar un caso magistral en contra de llevar a toda la familia hasta el Club Price después de haber oscurecido cuandoal día siguiente los niños tenían que ir a la escuela; pero no lo hizo. Ella tampoco retó nunca el liderazgo de Dumas frente a su pequeña familia. En vez de eso, sólo sonrió y respondió: "¡Por supuesto!", y puso a todos en el automóvil para dar otro viaje al Club Price.

Muchos años después, mientras cada uno de los miembros de la familia de Débora compartían en la cena del Día de Acción de Gracias sobre las cosas favoritas que hicieron como familia, los tres hijos ya grandes dijeron: "¡Ir como familia al Club Price!" La unidad familiar, la diversión, y los buenos recuerdos surgieron a causa del dulce corazón (y palabra) sumiso de Débora.

Una vez que haya comenzado a responder en forma positiva a las cosas pequeñas, pronto encontrará que se vuelve algo fácil e incluso natural el responder en forma positiva a cosas más y más grandes, como el comprar un automóvil, cambiar de trabajo, y mudarse de casa. Yo misma me sorprendí una mañana a las 5:30 A.M. cuando sonó el teléfono. Jim estaba llamando desde Singapur, donde estaba viajando con nuestro pastor de misiones. No me dijo: "Hola, ¿cómo estás? ¿Cómo están los niños? Te extraño tanto, te amo tanto, no puedo esperar para volverte a ver". En vez de eso, dijo sin consideración: "¿Qué te parecería mudarte a Singapur y ministrar?" Y de mi boca salió: "Por supuesto", seguido de, "¿dónde queda?"

Quizás fue debido a que era muy temprano, o que sentía la ausencia de Jim, o la sorpresa... O quizás fue a causa de que en los últimos diez años yo había crecido en el área de la sumisión. Cualquiera que sea la razón, mi entrenamiento en la sumisión y en responder de forma positiva pagó dividendos. Dios me dio la gracia de decir: "¡por supesto!" (Finalmente fuimos a Singapur y servimos allí por espacio de un año. Fue una experiencia maravillosa para nuestras hijas de diez y once años como también lo fuera para Jim y para mí. ¡A los cuatro nos gustó tanto que deseábamos pasar el resto de nuestras vidas allí!)

Pregúntese sobre cada palabra, acción o actitud que tenga: "¿Estoy doblegándome o resistiéndome?" Cuando la tensión se acumule en su corazón y esté resistiéndose o

81

dudando de la dirección de su esposo, pregúntese: "¿Estoy doblegándome o resistiéndome?" Su respuesta señalará el problema. ¡Ya he dicho bastante!

Respuesta del corazón

Querida amiga, ¡no permita que este vistazo a las normas de Dios para el matrimonio sea un ejercicio frío! Estamos hablando principalmente sobre ¡una respuesta del *corazón*! Su esposo será su compañero de por vida. Como quiera que sea, él es el don bueno y perfecto de Dios para usted, parte del plan de Dios para su desempeño personal y lo más importante, para su desarrollo espiritual. Su carácter cristiano se vuelve evidente cada vez que de corazón escoge ceder, doblegarse, honrar y someterse a su esposo. El someterse a su esposo es una forma en la que como mujer conforme al corazón de Dios, usted honra a Dios. Así que le animo a que haga como hice yo, transfiera la idea de la sumisión del ámbito humano hacia el celestial. Mire de pleno al maravilloso rostro de Dios y luego sométase a su esposo como al Señor.

¿Qué sucede si usted no tiene esposo? Dios nos da a cada una de nosotras, sus hijas, un sinnúmero de oportunidades cada día para desarrollar un corazón que honra a otras personas. Basándose en el honor a Dios, usted puede darle preferencia a otras personas en su vida (Romanos 12:10). Su dedicación para honrar a otras personas honra a Dios y le otorga una belleza a su vida que refleja un corazón conforme al de Dios.

❋ 7 ❋
Un corazón que ama

Primera parte

Que enseñen a las mujeres jóvenes a amar
a sus maridos...

Tito 2:4

A medida que seguía leyendo y me aproximaba al fin del Nuevo Testamento, ¡no me imaginaba que Dios había guardado para el final su revelación más emocionante sobre el ser esposa! En la breve carta de Tito, descubrí *que después de Dios, yo debía tener en mi corazón a mi esposo en primer lugar.* Esa es la clara aplicación de la instrucción de Dios para las mujeres mayores en la iglesia, que deben enseñar a las más jóvenes cómo ser mujeres conforme al corazón de Dios. La primera cosa que las casadas deben aprender y practicar es el amar a sus esposos (versos 3-4).

Un amor con sentimientos, pero práctico a la vez

Cuando leí Tito 2:4 en mi Biblia, pensé: "¡Bueno, por supuesto que yo amo a mi esposo!" Pero para estar segura de lo que Dios quería decir, hice otro paseo por la biblioteca de Jim. ¡Lo que encontré en ese bendito paseo me reveló otro aspecto de mi misión de trabajo de parte de Dios! Permítame explicar.

Dios nos ama *(agapeo)* a usted y a mí en forma incondicional, sin importar nuestros exabruptos, y ciertamente nosotras, las esposas, tenemos que amar a nuestros esposos con ese tipo de amor incondicional. Sin embargo, cuando Dios nos instruyó que "amáramos" a nuestros esposos en Tito 2:4, la palabra que utiliza es *phileo*, que significa amor de *amigos*, ¡un amor que aprecia, disfruta y *gusta* del esposo! Nosotras debemos valorarlo y edificar una amistad con él.[1] Debemos ver a nuestros esposos como nuestros mejores amigos y desear estar con ellos más que con cualquier otra persona.

Sí, ¿pero cómo?

¿Cómo es que una esposa puede alimentar un corazón de amor, un corazón preparado para apoyar a su esposo en forma práctica "hasta que la muerte los separe"?

Decida hacer de su esposo su relación humana número uno. La relación con nuestro esposo debe ser más importante que las relaciones que nosotras disfrutamos con nuestros padres, amigos, un buen vecino, un hermano o hermana, la mejor amiga e incluso nuestros hijos, ¡y la manera en que usamos nuestro tiempo debe reflejar nuestro orden de prioridades!

Aprendí mucho sobre este tipo de decisiones mientras leía un libro escrito por una madre y su hija ya casada, Jill Briscoe y Judy Goltz. Justo antes de que su hija se casara, Jill se sentó con ella y le dijo que una vez que estuviese casada, no podría venir corriendo a casa, ya que no dependía más de los padres, ¡para nada!

Entonces la hija escribió: "Al principio de nuestro matrimonio (el de Greg y yo), casi de forma automática estiraba el brazo hacia el teléfono siempre que tenía cierto problema o muy buenas noticias que compartir. Pero por lo general, mamá, antes de terminar de marcar tu número, me daba cuenta de lo que estaba haciendo, y me aseguraba de que Greg lo supiera primero antes de llamarte a ti".

Judy también le preguntó a su madre: "¿Recuerdas la ocasión cuando Greg y yo tuvimos una discusión de recién casados y yo te llamé en un mar de lágrimas? Lo primero que me dijiste fue: '¿Judy, Greg sabe que me estás llamando?'"[2]

Yo digo: ¡bravo! por esta madre que de forma voluntaria desocupa el lugar número uno en la relación con su hija ¡y le muestra la forma de hacer de su marido su relación humana número uno! Después de todo, Dios dice que debemos "dejar y unirnos", dejar a nuestros padres y unirnos a nuestro cónyuge (Génesis 2:24). Cuando los padres están involucrados en el matrimonio de los hijos, cuando los mandamientos de Dios no son obedecidos y Sus prioridades para las relaciones no son obedecidas, surgen problemas.

En el libro *Building a Great Marriage*, la maestra bíblica Anne Ortlund sugiere que las parejas consideren firmar un acuerdo que diga con claridad la condición entre las dos partes del matrimonio y los padres. Se podría redactar de la siguiente forma: "Ya no tengo que darle cuenta a mis padres. He sido liberada de esa autoridad, para estar sujeta, con gozo y seguridad a mi cónyuge".[3] Un pastor de mi iglesia incluye promesas para los padres durante la ceremonia de bodas: ¡Ellos básicamente prometen *mantenerse fuera* del matrimonio de la nueva pareja!

Siempre que aconsejo a una joven casada, la animo con entusiasmo a hablar con su mamá y con su suegra sobre recetas, habilidades, manualidades, intereses, la Biblia y el crecimiento espiritual. ¡Pero soy enfática cuando le digo que no hable con ninguna de las dos mujeres sobre su esposo! (Y eso sirve desde el otro ángulo también. Las madres y las suegras no deberían hablar de sus esposos con sus nueras e hijas.)

Poner a su esposo como número uno le llevará un tiempo, ya que tal vez deba lidiar con padres que suelen caer de visita.

Aprenda a no hacer planes con ninguna de las dos parejas de padres (o de hecho, con ninguna persona) sin preguntarle primero al señor Número Uno, y acostúmbrese a sobrellevar expectativas tales como: "Obviamente pasarán la Navidad con nosotros, ¿verdad? O, ¿nos visitarás todos los domingos?... O, ¿me llamarás a diario?" Su esposo tiene que ser el Número Uno, entiéndalo. ¡Y las demás personas también lo deben saber!

Comience a escoger a su esposo sobre todas las demás relaciones humanas. Nuevamente, esto incluye a sus hijos. Dos psicólogos dijeron: "El punto donde muchos matrimonios se descarrilan es que se SOBRE-invierte en los hijos y se SUB-invierte en el matrimonio".[4] A menudo leo esta historia de la vida real.

"Es demasiado tarde ya"

La carta de hoy tendrá un tono sombrío. Estoy a punto de contarle una historia triste... de una mujer que puso a sus hijos por delante de su esposo...

Durante estos dos últimos años él se ha sentido particularmente solo. ¿La razón? Su esposa se ha encadenado literalmente a su hija menor. Ella es una de esas madres que no sueltan a su hija por nada del mundo, y este año, cuando la menor ingresó en la universidad, se "despegó"... Ahora la señora está volteándose hacia el esposo, con esperanza...

¿Cuándo fue la última vez que estuvieron cerca? El no puede recordarlo, así como tampoco puede olvidar la amargura. Durante todos esos años en segundo lugar, tuvo que vivir una vida por su cuenta. Tuvo que hacerlo..., no parece correcto, y por supuesto que no lo es. Pero... todos esos años su esposa le había estado hablando *a* él, o *hacia* él, pero en raras ocasiones habló *con* él... Piense en el buen tiempo que podrían estar disfrutando ahora si hubieran cultivado una amistad.

Conozco demasiados hombres que, cuando llegaron sus hijos, se volvieron hacia una senda solitaria. Y cuando uno ha caminado por mucho tiempo a solas, es difícil regresar a vivir con alguien más. Ha pasado tanto tiempo solo, que parecería más fácil decir: "Es demasiado tarde ya..."

Usted sería sabia si siguiera revisando sus prioridades... Usted *puede* ser ambas cosas, madre y esposa. Pero la mujer sabia recuerda que comenzó y terminará como esposa.[5]

Evalúe su estilo de vida, ¿estoy malcriando a mi esposo? Precisamente de eso se trata el amar a su esposo, ¡malcriarlo! He aquí nueve formas verificadas para entrenarse en el fino arte de empapar a su esposo con el amor de una amiga.

#1. Ore por él a diario

El apóstol Santiago observa: "...La oración eficaz del justo puede mucho" (Santiago 5:16). ¡Seguramente sucede lo mismo con las oraciones de una esposa justa por su esposo! Para poder orar por su esposo en forma eficiente y con regularidad, cree una página para él en su diario personal. Escriba su nombre como encabezado y luego enumere los aspectos de su vida que desea presentar delante de Dios con fidelidad, sus dones espirituales, su participación en el ministerio, cualquier proyecto o fecha límite en el trabajo, su crecimiento espiritual, tanto en el hogar como en la iglesia y su itinerario para cada día.

Si su esposo no es cristiano, el proyecto principal de oración es rogarle a Dios que toque la vida de su amado con su gracia salvadora. Permita que la verdad de la propia Palabra de Dios sea la sustancia de sus oraciones, use verdades como las siguientes, que Dios "no quiere que nadie perezca sino que todos se arrepientan (2 Pedro 3:9) y que "Él quiere que todos sean salvos y lleguen a conocer la verdad" (1 Timoteo 2:4). El papel de Dios es salvar a su esposo; el suyo es orar fervientemente a medida que continúa sometién-dose con amor a él (1 Pedro 3:1-6).

A medida que usted invierta su tiempo, su corazón y su vida en oración por su esposo, despertará un día y encontrará que las discusiones decrecen y que hay un delicado e incluso cálido sentimiento en su corazón hacia su esposo. En realidad, *¡es imposible que odie o sea indiferente hacia una persona por la que está orando!*

Además, Jesús enseña: "Porque donde esté vuestro teso-ro, allí estará también vuestro corazón" (Mateo 6:21). El concentrarse en su esposo al orar, le ayudará a concentrarse en él en su corazón, sus pensamientos y sus acciones. Tam-bién le sorprenderá el fruto que nacerá en su propia vida como producto de esta oración, el fruto de la comprensión, la alegría, la paciencia, la ayuda y la calma. Mientras usted oraba por su esposo, ¡Dios cambió su propio corazón!

#2. Planee algo para él diariamente

Es un hecho que nada sucede porque sí, ¡incluyendo un gran matrimonio! No importa lo mucho que usted y yo podamos desear ser una esposa que apoye a su esposo con amor, tal apoyo amoroso sólo se logra cuando se planea. Como la Biblia dice: "Los planes bien pensados son ¡pura ganancia!" (Proverbios 21:5).[6] He aquí algunos planes que le ayudarán a mostrarle a su esposo, y al mundo que observa, que ¡él es su principal prioridad humana!

Planifique actos especiales de bondad. Cada mañana le pregunto a Dios: "¿Qué puedo hacer hoy por Jim, que le va a ayudar, animar, hacerlo sentir especial, o aliviar su carga?" Las respuestas a esa pregunta incluyen coser ese botón que le falta, hacer una diligencia por él, hacer algo de su lista de "arreglos", incluso reemplazar medias viejas y rotas con unas nuevas. Deje que Dios sea su guía.

Planifique cenas especiales - Esto quiere decir cenas que a *él* le gusten. Reciba una lección de Luisa, una amiga mía, que me escribió desde su nueva casa en Oklahoma, donde su esposo tiene sus raíces:

> Un día estaba limpiando mi archivo de recetas de comidas en la mesa de la cocina, y ponía todas mis recetas en dos montones; uno lo iba a guardar y el otro lo iba a tirar. Esteban entró y se sentó a la mesa conmigo, tomó el montón más cercano a él y comenzó a revisarlo.
>
> "¡Oh querida, esta me fascina!... Y aquí está una de mis favoritas, que hace mucho tiempo no preparas... Recuerdo la noche que hiciste esta... Hmmm, ¡me preguntó qué pasó con esta!" Esteban continuó haciendo comentarios por el estilo.
>
> Liz, ¡Él estaba revisando el montón que yo iba a tirar! Había tomado la decisión de dejar de servir carne roja a mi familia. Pero ahora he vuelto a incluir en mi recetario todas esas recetas de "carne y papas" y he incluido una noche a la semana para servir platos de carne roja.

Planifique momentos especiales a solas - Estos momentos definitivamente tienen que ser planeados. Para poder tener momentos a solas entre nosotros cuando los niños eran chicos, yo ahorraba de mi presupuesto para la comida, cosa de que Jim y yo pudiéramos contratar a una niñera cada semana por dos horas. En nuestra cita, cruzábamos la calle a la acera del frente, entrábamos a McDonalds, ordenábamos dos cafés (y nos llenaban las tazas un sin límite de veces) y por alrededor de un dólar, hablábamos todo lo que deseábamos durante dos horas completas.

A medida que los niños crecieron y sus actividades fuera de casa aumentaron, Jim y yo implementamos la política de *aprovechar todo tiempo que estuviéramos a solas*, ya que era fácil dejar pasar los momentos especiales sin usarlos y desperdiciar esas oportunidades de hacer de nuestro tiempo a solas una celebración de amor.

A medida que nuestros hijos estaban creciendo, Jim y yo también planeamos una escapada como pareja cada tres meses, una práctica que continuamos haciendo incluso en nuestro nido vacío. Esos viajes demandaban mucha investigación, ahorro y tiempo para planearlos (negociábamos el servicio de niñera con nuestras amistades), pero esos apreciados momentos, con seguridad, valieron la pena. Regresábamos veinticuatro horas más tarde, renovados y con un fresco compromiso mutuo y hacia nuestro matrimonio.

Planifique cenas especiales a solas. De nuevo, el planear es fundamental, y mi vecina Teresa es una experta en esto. Cada jueves ella preparaba la "noche de los perros calientes" para sus tres varones. Durante toda la semana promocionaba la noche de los perros calientes, ¡al punto que los niños casi no podían esperar para comerlos el jueves a las 4:30 P.M.! Después de devorar su deliciosa cena, ellos ni siquiera notaban cuando eran llevados deprisa a la bañera a las 5:30 P.M. Y para las 6:30 P.M. ya se les había leído una historia, se había orado con ellos y las luces estaban apagadas. Entonces, Teresa sacaba su mantel de lino, sus servilletas, dos platos de loza fina, con sus cubiertos de plata y su cristalería. Ponía algunos leños en la chimenea y encendía las velas, después sacaba una olla de alimentos del horno. Las velas estaban encendidas, la luz en penumbras y ¡abracadabra!, una cena especial para dos.

Planifique llevar a los niños a la cama temprano. Planifique llevar a sus hijos pequeños a la cama temprano cada noche, para que así pueda tener algún tiempo significativo con su esposo, sin la competencia de los niños. Tener un horario temprano para que vayan a la cama es una forma práctica de escoger la compañía de su esposo sobre las distracciones e interrupciones de los pequeños. Si usted está evitando estos preciosos y cómodos momentos a solas con su

esposo, pregúntese el porqué, y luego planifique para reme-
diar la situación.

Planifique ir a la cama al mismo tiempo que su esposo.
Yo sé que un ave nocturna puede estar casada con un pájaro
madrugador, pero de ser posible, ajuste su itinerario al de su
esposo. El hacer esto les ayudará a convertirse en un equipo,
y le dará a usted mayores oportunidades para ayudarlo a salir
temprano cada mañana hacia el trabajo, y a mantener el
itinerario familiar y alimentar también el amor físico en su
matrimonio. Nuevamente le digo que la planificación es algo
fundamental.

Como dijera al principio de este capítulo, nosotras debemos ver a nuestros esposos como nuestro mejor amigo y
debemos trabajar en edificar esa amistad con él. Esa labor
necesita ser planeada, pero las recompensas definitivamente
valen el esfuerzo ya que fluyen de un corazón que ama.

Pausa del corazón

¿Por qué no hacer una pausa y orar por su esposo, su
amigo número uno, ahora mismo? Dele gracias a Dios por el
amor que Él ha puesto en su corazón para su esposo y pídale
su ayuda para compartirlo con él. Una vez que haya dicho
"amén", planifique hacer algo especial para su esposo en el
día de hoy, algo que le envíe un mensaje de amistad desde su
corazón hacia el de él.

¡Y luego prepare su corazón para descubrir, en el próximo
capítulo, más formas de derramar su amor en él!

❋8❋

Un corazón que ama

Segunda parte

Que enseñen a las mujeres jóvenes a amar a sus maridos...

Tito 2:4

¿Qué podemos hacer nosotras para mostrarles a nuestros esposos un amor afectuoso, amistoso y permisivo? Le prometí nueve sugerencias, y aquí están las otras. ¡Susurre una oración a favor de su esposo a medida que considera estas maneras para demostrarle que le importa!

#3. Prepárese para él a diario

El prepararse para la llegada de su esposo a casa a diario, le muestra a él que es una prioridad y comunica que usted tiene un corazón de amor.

Prepare la casa. Tome unos minutos antes que su esposo llegue a casa para recoger las cosas rápidamente. Haga que los niños ayuden guardando sus juguetes. La meta no es lograr la perfección, sino más bien causar una impresión de orden y limpieza. Muchas de mis amigas encienden velas de olor, cortan y preparan un ramo de flores del jardín, ponen música suave, prenden la chimenea e incluso hornean algo para que cuando el hombre de la casa llegue al hogar experimente una variedad de sensaciones, las cuales en conjunto le comunican: "Estamos contentos de que estés en casa".

Prepare su apariencia. Si estuviese esperando visita, se arreglaría un poco, ¿cierto? Su esposo, su prioridad humana número uno, es mucho más importante que una visita, ¡así que él debe recibir el mejor tratamiento de todos! Péinese, retoque su maquillaje, y cámbiese de ropa para que no vea el mismo y viejo conjunto deportivo que tenía puesto cuando él se fue en la mañana. Póngase colores brillantes, un poco de lápiz labial, y un poco de perfume (el perfume regocija el corazón [Proverbios 27:9]). Después de todo, la persona más importante de su vida está a punto de entrar por la puerta.

También prepare a los niños. En su libro clásico *What is a family?*, Edith Schaeffer señala: "Las personas se molestan con mucha facilidad con niños que lucen desaliñados. Es bueno... enfrentarse al hecho de que toda la familia habrá de tratarse en forma diferente si están vestidos para la ocasión, cualquiera sea la misma".[1] Las caras y narices sucias y el cabello caído sobre el rostro no forman el mejor "¡Comité de Bienvenida al Hogar!"

Prepare su saludo. Es posible que tenga una idea aproximada de cuándo llega su esposo a casa cada día luego del trabajo. Así que póngale calor a su bienvenida mientras espera que llegue. Por ejemplo, si ya está oscuro, encienda la luz de la entrada. En nuestra casa, yo miraba por la ventana del frente hasta que veía que Jim entraba en su auto. Luego, motivadas por mi "¡papá está en casa!", las niñas salían corriendo por la puerta conmigo para saludarlo.

También asegúrese de planear sus palabras de saludo. Su saludo será más fructífero si así lo hace. "El corazón del justo piensa para responder..." (Proverbios 15:28), y "la buena palabra lo alegra [al corazón] (Proverbios 12:25). El momento en que su esposo llega a casa no es el más adecuado para preguntar: "¿Dónde has estado? ¿Por qué llegas tan tarde? ¿Por qué no llamaste? ¿Recogiste la leche?" Tampoco es el momento de comenzar a enumerar los problemas del día. Así que pídale a Dios que le dé las palabras correctas, palabras que sean positivas y de bienvenida, ¡palabras que se concentren en su esposo y su estado mental, en lugar del suyo querida amiga! Lo primero que usted diga cuando su esposo llegue al hogar puede preparar la atmósfera para toda la noche.

Prepare también a los niños para recibir a su papá. Asegúrese de que el televisor esté apagado. Dele a los niños más pequeños una merienda si eso les ayuda a eliminar la queja y el mal humor mientras esperan a su papá, y la cena. Aprenda de una querida tira cómica que tengo, de una mamá y sus dos hijos que están de pie en la sala con una lista de cosas para hacer. La mamá anuncia: "Su papá estará en casa en cualquier momento, repasemos la lista: Control remoto del televisor, marcado; almohadas cómodas, marcado; cena, marcado; la compañía del fiel canino, marcado; la familia que le admira, ¡marcado!"¿Cómo le va a su familia en el área de la admiración?

Prepare la mesa. Tenga la comida tan lista como le sea posible. Incluso si aún no ha comenzado a preparar la cena, ¡una mesa preparada es una promesa de lo que se aproxima!

"¡El rey está en el castillo!" Los países con monarcas izan la bandera real sobre su palacio cuando el rey se encuentra en la residencia, y el corretear de los pies de los siervos puede ser escuchado por todo el castillo durante su estadía. El adoptar esta actitud y este método (¡haga que los niños se le unan!) le ayudará a mimar y amar a su rey cuando él llega a la casa.

"¡La fiesta!" Cierta vez, en una entrevista, la pareja de Hollywood, Mel Brooks y Anne Bancroft hablaron sobre su matrimonio de 30 años, y Anne Bancroft en especial describió la llegada de su esposo a casa. Cada noche, ella se sentaba en

su silla favorita y esperaba pendiente al sonido del auto de su esposo, el ruido de las gomas en la entrada de gravilla, el silencio del motor, el golpe de la puerta del auto, y el tintineo de las llaves mientras él la introducía en el cerrojo de la puerta. El pestillo se abría, ella se aferraba de los brazos de su silla con ambas manos y pensaba: *¡Qué bueno, la fiesta está a punto de comenzar!*

Bueno, usted y yo no estamos casadas con Mel Brooks, pero ambas podemos trabajar en este tipo de actitud del corazón. Igual que la señora Bancroft, podemos regocijarnos en que la mejor parte del día ha llegado cuando nuestro esposo llega a casa y ¡la fiesta está a punto de comenzar!

Despida a todas las visitas. Termine toda visita con bastante tiempo antes de la llegada de su esposo al hogar. Él no necesita llegar a una casa ruidosa, llena de mamás y niños. ¡Después de todo, él es el rey!

Manténgase alejada del teléfono. De seguro va a herir los sentimientos de alguien si se encuentra en el teléfono cuando su esposo entre por la puerta de regreso del trabajo, ya sean los sentimientos de él, cuando usted haga muecas y trate de comunicarle con el rostro, o haga señales con las manos esbozando un leve saludo, o herirá los sentimientos de la persona al otro lado del teléfono, cuando le anuncie en forma abrupta: "¡Debo terminar! Mi esposo está en casa", y entonces cuelgue. Usted sabe cuándo su esposo llega a casa generalmente, así que prepare una hora para dejar de hacer y recibir llamadas telefónicas.

Como esposas con un corazón lleno de amor hacia Dios y hacia el esposo especial que Él nos ha dado a cada una, usted y yo tenemos el privilegio de poder prepararnos para su llegada a casa y de derramar nuestro amor sobre él. Derrame el amor de Dios, que ya ha sido derramado en su corazón (Romanos 5:5), ¡cuando su esposo entre por la puerta de su casa! Como dijera Martín Lutero, "Que la esposa haga que su esposo esté feliz de llegar a casa". ¡Asegúrese de que él no sea tratado ni recibido como el hombre que escribió las siguientes palabras!

La llegada a casa

Sabe, cuando regreso a casa después del trabajo, la única que se comporta como si le importara es mi perra. A ella sí le alegra verme y me lo hace saber.... Siempre entro por la puerta trasera porque Dora está en la cocina para ese entonces... pero me mira con una mirada de sorpresa y me dice: "¿Ya llegaste?" En cierta forma me hace sentir como si yo hubiese hecho algo malo, sencillamente por llegar a casa. Antes trataba de saludar a los niños, pero ya no lo hago. Tal parece que me meto entre ellos y la televisión en el minuto más inoportuno.... Así que ahora, me cargo a la pequeña Laika, mi perra, la pongo bajo mis brazos y salgo al patio. Actúo como si no me importara, y quizás no debiera importarme en realidad, pero me importa. Me da la sensación de que para lo único que estoy aquí es para pagar las cuentas y mantener la casa en forma. Sabe, pienso que si las cuentas estuvieran pagadas y no se rompiera nada, de seguro podría estar fuera toda una semana y nadie ni siquiera lo notaría. [2]

Sé que en algunos matrimonios la esposa llega al hogar después del marido. Si en su caso es así, ¿qué puede hacer para prepararse para su esposo?

Prepárese durante todo el camino a casa. Póngase un poco de lápiz labial y péinese. Use el viaje a casa para planear esas palabras alentadoras de saludo, y luego dígalas con una sonrisa, un abrazo y un beso, ¡por supuesto! Planifique sentarse y acurrucarse unos minutos para compartir los sucesos del día. Tenga algo en mente para la cena que sea simple y de poca tensión, que la deje con más energías para su esposo. Aunque esté cansada, puede encender velas, encender la chimenea y quizás tararear y reírse.

Ore durante todo el camino a casa. La oración es la preparación más importante del corazón. Durante su tiempo de oración, deje atrás los sucesos y las personas de su día y vuelva su corazón hacia el hogar y su precioso esposo. Ore por su saludo, sus palabras, su tiempo en la cena y su noche. Pídale a Dios fortaleza física y energía. Deje a un lado toda esperanza y expectativa de recibir ayuda de su esposo. Si la recibe, alabe a Dios profundamente, pero comience la noche con la disposición de dar sin esperar nada a cambio (Lucas 6:35). Reafirme ante Dios que su amado esposo es el número uno y pídale su gozo para servirle.

#4. Complázcalo

Si su esposo es el rey del castillo, de seguro que se deleitará en complacerlo. Y esto significa prestar cuidadosa atención a sus deseos, sus gustos, y lo que no le gusta, y esto requiere un poco de esfuerzo.

Mi amiga Gabriela está casada con un fanático del deporte, especialmente el béisbol, así que, después de años de discutir sobre su hábito de mirar los deportes en la televisión cada sábado, decidió unirse a su esposo en su particular "gusto". Es así que la semana antes de la Serie Mundial, Gabriela compró dos camisetas y gorras de los Dodger de Los Àngeles Durante el juego, sirvió una cena de perros calientes de un pie de largo, al estilo Dodger. ¡Ambos se divirtieron mucho con el evento!

Sonia, otra amiga mía, tuvo un desafío mayor en lo que se refiere a complacer a su esposo. Gustavo es bombero en el Departamento de Bomberos de Los Àngeles, y le "gusta" el desayuno granjero de tocino, huevos, papitas fritas y tostadas antes de salir a trabajar. Así que Sonia se levanta a las cuatro de la mañana para prepararle el desayuno que él necesita antes de salir a trabajar a las cinco.

A mi Jim le "gusta" que el salero y el pimentero estén en la mesa. Al esposo de Mónica le "gusta" leer el periódico en la mañana antes de salir al trabajo. Cuando el esposo de Elena llega a casa a descansar, "no le gusta" ver los juguetes regados alrededor de la sala. Al esposo de Claudia "no le gusta" que el techo de la nevera esté sucio, ¡algo que sólo él puede ver! ¿Qué le gusta y no le gusta a su esposo, querida amiga? ¿Y qué está haciendo usted en respuesta a sus gustos?

#5. Cuide su tiempo con él

Haga de su esposo la prioridad humana número uno cuando planifique su tiempo, en vez de tratarlo como una niñera y salir disparada por la puerta para ir de compras tan pronto él llegue a la casa.

Una esposa y madre lo describió de esta manera: "Esta semana que pasó hice un pequeño cambio en la rutina de mi semana para poder poner a mi esposo en el lugar prioritario. Por lo general, hago las compras de la comida en las noches, mientras mi esposo vigila a nuestro hijo de dos años. He hecho esto desde que mi hijo era lo suficientemente grande como para tomar las cosas que yo ponía en la canasta. Pensaba que al hacer las compras en la noche, no tendría que cuidarme de que las cosas salieran lanzadas de la canasta, ni que fuesen estrujadas o batidas. También podía hacerlo mucho más rápido si iba sola, ahorrando así mi tiempo. Sin embargo, la semana pasada me di cuenta de que este no era el mejor uso del tiempo de mi esposo, así que salí de compras durante el día. No me llevó mucho más tiempo, y mi esposo parece haberlo apreciado."

Considere lo siguiente como un principio general, no importa por cuántas décadas haya estado casada: *Si mi esposo está en casa, yo estoy en casa.* Mi amiga Alba tuvo que escoger entre el tiempo con su esposo y el tiempo de nuestro estudio bíblico de damas, ¡cuando el día libre de él cayó el mismo día del estudio! Alba oró... y escogió estar con Santiago. Escogió correctamente para alimentar su relación humana número uno, ella nunca asistió al estudio bíblico de los miércoles en la mañana.

Estar en la casa con su esposo en las noches es importante también. Es fácil llenar las noches con cosas buenas y dejar de disfrutar lo mejor, el tiempo con su esposo. Una mujer dijo que ella no sabía dónde estaba su esposo durante las noches. Pero una noche ella se quedó en casa, ¡y allí estaba él![3]

La señora de Billy Graham es una esposa que conoce el valor de proteger el tiempo con su esposo. Después de visitar a Ruth Graham en su casa, el reportero que la entrevistaba reportó: "Todo está dirigido hacia Billy cuando él está en Montreat (su casa). Ruth rehúsa tener un itinerario firme cuando Billy está allí... La rutina diaria se elabora cuidadosamente basada en su esposo..."[4]

Un vecino de los Graham escribió: "Debido a que Ruth está fuera de circulación cuando Billy llega a casa, sus amigas le llaman 'La Plaga'"[5] ¿Qué le parecería tener una meta así?

#6. Ámelo físicamente

Lea 1 Corintios 7:3-5. Un principio fundamental para el matrimonio es "rendir afecto" al cónyuge. El Cantar de los Cantares detalla el amor físico en el matrimonio y Proverbios 5:19 dice que nuestro esposo debe estar borracho con nuestro amor sexual.

Recuerdo escuchar la opinión de Dios en cuanto al amor físico en un seminario al que asistí cuando era nueva en el cristianismo. Quedé tan impresionada (y con convicción) que fui directo a casa y le anuncié a Jim, ¡que estaba disponible a él físicamente en cualquier momento por el resto de nuestras vidas juntos! Puede que esta haya sido una reacción extremista, pero deseaba actuar de acuerdo a la Palabra de Dios, y Jim entendió el mensaje.

#7. Una reacción positiva hacia él

Hemos hablado de escoger palabras positivas en respuesta a él, una palabra o frase como "¡por supuesto!", "¡bueno!", "¡no hay problema!", "¡entendido!", "¡está bien!", "¡tremendo!",

"¡seguro!", "¡lo que tú quieras, querido!" y "¡súper!" (¿nota los signos de admiración?) Imagínese la falta de tensión en un hogar donde los pensamientos, las decisiones y las palabras del esposo sean recibidas con dulzura en lugar de con resistencia, negativismo o un regaño.

Su respuesta inmediata y llena de gracia crea una atmósfera que no representa ninguna amenaza para la comunicación o para formular preguntas tales como: "¿cuándo consideraríamos hacer eso?", "¿cómo pagaríamos algo así?", "¿qué implicaría esto para los niños?", y "¿hay alguna otra información que necesitemos?" Compare su respuesta a un emparedado que estuviera preparando. La primera rebanada de pan sería su respuesta inicial, un positivo "¡por supuesto!" Las cosas sobre ese pan (la carne, lechuga, tomate, etc.), serían preguntas que usted hace para clarificar, preguntas como las que acabo de mencionar. La última rebanada de pan sería su respuesta de sumisión, otro positivo "¡por suspuesto!" Déjeme contarle del emparedado que hice una vez.

Una mañana temprano, mientras me secaba el cabello con un secador eléctrico, Jim me preguntó si podía ayudarlo a encontrar algo. Mi primer pensamiento (en la carne) fue: "¿Acaso no escuchas? ¡Me estoy secando el cabello!" Una opción menos egoísta, y mejor, era gritar por encima del ruido del secador: "Seguro! En seguida estoy contigo, tan pronto termine de secarme el cabello". Pero Dios me dio la sabiduría para optar por lo menos egoísta, y lo mejor: Le dije: "¡Seguro!", (la primera rebanada de pan) mientras apagaba el secador. Luego le pregunté a mi esposo (he aquí el relleno de las dos rebanadas de pan): "¿Necesitas que haga eso ahora mismo, o tengo tiempo de secarme el cabello?" Aunque hice la pregunta, estaba dispuesta a hacer cualquier cosa que Jim dijera (la segunda rebanada de pan, la de la sumisión). Me detuve para poder comunicarme con Jim, indicando mi disposición de servirle. Por supuesto que él me dejó terminar con el cabello, pero el punto era mi disponibilidad y deseo de

responderle a él. Mi respuesta sencilla pero positiva, significaba que no había lucha de poder, ni ningún resentimiento, ni
ninguna palabra de amargura en voz alta, y era una forma
mucho mejor de comenzar nuestro día.

#8. Alábelo

Tengo muy pocos "nunca" en mi vida, pero un "nunca"
fundamental es el de nunca criticar o hablar en forma negativa
sobre mi esposo con nadie. En vez de eso, trato de seguir el
consejo sabio y práctico de una mujer piadosa de nuestra
iglesia. Lorena sonríe y dice: "Damas, nunca dejen pasar una
oportunidad de bendecir a sus esposos en público". (¡Y yo
añado, tampoco olviden bendecirlos frente a frente también!)

Si se sorprende criticando a su esposo, rápidamente cierre
la boca y haga estas tres cosas:

- Revise su corazón. "El odio despierta rencillas, pero el
  amor cubrirá todas las faltas" (Proverbios 10:12). Algo
  está fuera de lugar en nuestro corazón, ya que "un
  corazón de amor pone una cortina privada sobre las
  faltas y fracasos de los demás... El amor no es chismo-
  so".[6]

- Busque una solución. Si un área seria en la vida de su
  esposo necesita atención, siga un mejor camino que el
  de criticarlo. En vez de eso, dedíquese a orar, y si
  necesita hablar, hágalo después de mucha preparación
  y con palabras de gracia, dulces y edificantes (Efesios
  4:29; Proverbios 16:21-24). También puede que necesite hablar con un consejero, pero recuerde que su
  tiempo con el consejero no es para ventilar las cosas de
  su esposo, sino para recibir ayuda para *usted misma*
  para que pueda lidiar con el problema con eficacia.

- Póngase una meta. Tome la resolución de no hablar en forma destructiva sobre su esposo, sino de bendecirlo en cada oportunidad.

El bendecir a su esposo en público, y en privado, es una manera de sembrar semillas de amor para él en su corazón.

#9. Ore siempre

Hemos dado una vuelta entera. Comenzamos con la oración y terminamos con la oración. Una mujer conforme al corazón de Dios es una mujer que ora. ¿Cuándo la oración marca la diferencia? Trate de orar en estas ocasiones.

- Antes de hablar en la mañana
- En cualquier momento que él esté en casa
- Antes de que él regrese a casa
- A lo largo de la noche
- De camino a responder el teléfono (pudiera ser él)
- Cuando usted esté llegando a casa y él ya esté allí

Tome cada oportunidad durante el día para pedirle a Dios que le capacite para ser el tipo de esposa amorosa y de apoyo que Él desea que sea.

RESPUESTA del CORAZÓN

De seguro, la relación más importante en la vida matrimonial de una mujer, ¡merece su mayor atención! Este capítulo y los anteriores ofrecen ideas prácticas extraídas de la Biblia, de libros, de mi propia vida, de las experiencias de otras esposas, ¡e incluso las sugerencias de algunos esposos! Para resumir, la esposa que ama a su esposo es una esposa que ora, planifica, prepara, agrada, protege, da amor físico, respuestas positivas, y luego ¡sigue orando! ¡Ponga toda esta lista en práctica y así estará comunicando un "yo te amo" más poderoso que el que las palabras podrían transmitir! Y recuerde que el corazón que ama es un corazón que planifica. ¡Así que póngase a pensar y a trabajar, demostrándole a su esposo el amor que tiene en su corazón!

✻ 9 ✻
Un corazón que valora el ser madre

Y no desprecies la dirección de tu madre...
Proverbios 1:8

"No hay lugar mejor en el ministerio, posición, o poder que el de ser madre".[1] Me alegra el no haber leído estas palabras cuando recién me convertí en cristiana. Dios no me había enseñado la verdad de esta declaración todavía, ya que yo posiblemente la hubiera descartado por completo. Cuando Cristo se transformó en el corazón y alma de nuestro hogar, teníamos dos hijas preescolares, de un año y medio y dos años y medio de edad. Katherine y Courtney eran preciosas, pero nunca habían sido entrenadas o disciplinadas. Teníamos nuestros momentos de diversión y compartíamos algunos ratos agradables, pero nuestro hogar se llenaba de tensión a medida que las coaccionaba, engatusaba y amenazaba para que tuvieran un comportamiento aceptable.

Incluso, aunque mis hijas eran muy pequeñas, yo pasaba mucho tiempo ausente del hogar. Es que estaba matriculada en un programa de maestría en consejería de matrimonio y familia. Concentraba mi tiempo, mi energía y el esfuerzo de mi corazón en buscar una licencia de consejería para ayudar a *otras* familias, mientras yo abandonaba la mía. Como dejábamos a las niñas durante largos días con niñeras y diferentes centros de cuidado diurno, sólo nos restaba soportarlas cada miserable noche y fin de semana. La posibilidad de que la maternidad fuera un ministerio o un lugar de gran posición y poder era algo totalmente extraño para mí. Yo estaba viviendo de acuerdo al mensaje del movimiento de liberación femenina a principio de la década del setenta.

Pero Dios, nuestro siempre fiel Dios, abrió mis ojos y llevó mis pensamientos sobre la maternidad hacia Sus perfectos y sabios caminos. Cuando me convertí a Cristo, asistía a un estudio bíblico para damas una noche a la semana. Allí comencé a escuchar cosas que nunca había escuchado antes, comentarios sobre el "privilegio" de ser madre, la maravillosa "responsabilidad" de criar a los hijos para Dios, y el "papel" de la madre en la educación y disciplina de sus pequeños.

Como la maestra nos señalaba de continuo la Biblia, una vez más usé el marcador rosado en las páginas de la Escritura, marcando en mi Biblia lo que me hablaba, en esta ocasión como madre. A medida que estudiaba lo que estaba marcado en rosado, descubrí cuatro pasiones que reflejan un corazón que valora el ser madre. Voy a revelar dos en este capítulo y dos en el próximo.

Pasión por enseñar la Palabra de Dios

Una mujer conforme al corazón de Dios, es primera y principalmente una mujer que tiene en su corazón una profunda y constante pasión por la Palabra de Dios. Sus hijos, no los niños de la iglesia; ni las mujeres de la iglesia; ni las amigas, o las vecinas, o cualquier otra persona, sino sus hijos, son los que deben recibir los primeros frutos de su ardiente pasión personal. La Biblia habla dos veces de "la ley" o la enseñanza de la madre (Proverbios 1:8; 6:20), indicando que usted y yo como madres tenemos *la misión de Dios de enseñar su Palabra a nuestros hijos.* Usted y yo podemos hacer muchas cosas por nuestros hijos, pero el enseñar la Palabra de Dios debe ser nuestra pasión. ¿Por qué? Porque la

Palabra de Dios (la palabra Hebrea *tora,* significa la ley divina, la Palabra de Dios, la Biblia) tiene valor para la salvación y el valor para la eternidad.

Dios usa su Palabra para atraer a las personas a Él. El apóstol Pablo enseña que "la fe viene por el oír, y el oír, por *la Palabra de Dios*" (Romanos 10:17, cursivas de la autora) y que *"las Sagradas Escrituras... te pueden hacer sabio para la salvación* por la fe que es en Cristo Jesús" (2 Timoteo 3:15, cursivas de la autora). Además, la Palabra de Dios nunca regresa a Él sin primero cumplir su divino propósito (Isaías 55:11). A la luz del poder salvador de la Palabra de Dios, nosotras tenemos que poner su Sagrada Escritura primera en la lista de cosas que nuestros hijos tienen que conocer, ¡y primera en nuestros corazones! Primeramente, nosotras tenemos que tener pasión por la Palabra de Dios antes de poder compartir esa pasión con nuestros hijos.

Pasión por enseñar la Palabra de sabiduría

Muy relacionado a nuestro llamado de enseñar la Palabra de Dios a nuestros hijos, está nuestro llamado a enseñarles Su sabiduría. De hecho, el segundo significado de la palabra hebrea *tora* es "sabiduría". Esta definición incluye cualquier principio, consejos, tradiciones, modelos de alabanza, reglas para tomar decisiones, y prácticas piadosas basadas en la Biblia. Usado en este sentido, el *tora* se refiere a la sabiduría práctica y bíblica para el diario vivir.

En Proverbios 31:1-9, podemos darle un vistazo a la mujer que valora ser madre, y valora tanto a su hijo como a la sabiduría de Dios. En este capítulo, su hijo, el rey Lemuel, registra "la profecía *que le enseñó su madre* (verso 1, cursivas de la autora). Imagínese la intimidad del sentido que aquí se sugiere, y quizás pueda ver a este joven príncipe sentado en las faldas de su mamá, absorbiendo, quizás escribiendo las palabras de sabiduría que su madre le compartió. Él recordó su sabiduría por el resto de su vida, la usó para dirigir su reino, y luego la transmitió a otros al final del libro de Proverbios. ¡Del corazón de ella, al corazón de él, a su corazón y al mío!

Siempre que pienso en el llamado a enseñarles la sabiduría práctica a mis hijas, pienso en la sal. De acuerdo a la Biblia, mi conversación debe estar "sazonada con sal" (Colosenses 4:6), y estos maravillosos versos maternos nos dan a usted y a mí, permiso para darles sal a nuestros hijos de continuo, con la sabiduría de Dios. De nuestras bocas debe salir sal en cada oportunidad, la verdad de Dios, palabras de la Biblia, aplicaciones de las enseñanzas bíblicas, y referencias de la presencia de Dios con nosotras y su soberano poder en el mundo.

En Deuteronomio 6:6-7, Dios le dice esto a los padres: "Y estas palabras que yo te mando hoy, estarán sobre tu corazón; y las repetirás a tus hijos, y *hablarás* de ellas estando en tu casa, y andando por el camino, y al acostarte, y cuando te levantes" (cursivas de la autora). En primer lugar, una madre y un padre deben llenar sus corazones con la Palabra de Dios (verso 6) y luego la enseñan diligente y deliberadamente a sus hijos cada minuto de cada día (verso 7).

Cuando descubrí que tenía esta misión de parte de Dios de enseñar a Katherine y Courtney la Palabra de Dios y su sabiduría, para sazonar y preservar sus vidas con la sal de su verdad, tuve que entrenarme para estar lista y esperando las oportunidades que se presentaban mientras estábamos sentadas, o caminábamos, o manejábamos cada día. Tomé la *decisión* de ser esa madre que siempre estaba a la expectativa, esperando, preparada para enseñar a mis hijas sobre Dios a través del curso de nuestro diario vivir.

Algo que me ayudó a tomar mi decisión fue saber que incluso el gran evangelista Billy Graham, tuvo que escoger si hablar o no del Señor. Se dio cuenta de que necesitaba crear las oportunidades para compartir la verdad de Dios. Así que, al principio de su ministerio y fama, tomó la *decisión* de mencionar al Señor cada vez que daba un autógrafo. Él tomó la *decisión* de que cada entrevista que le hacían dirigirla al mensaje del evangelio. En una oportunidad que escribió a su esposa Ruth, Billy reportó: "He decidido exponer el evangelio en los almuerzos con hombres de negocios. No quiero simplemente hablar de los eventos mundiales ni darles un dulce arrullo de cuna".[2]

Como madres que deseamos criar hijos conforme el corazón de Dios, nosotras también tenemos que tomar la decisión de "exponer el Evangelio" y de relacionar aun la cosa más ínfima con la presencia de Dios. Debemos hablar de Dios a nuestros hijos ya sea que ellos crean que está de "moda" o no. Después de todo, las personas hablan de lo que para ellas es importante, y cuando usted y yo hablamos acerca de Dios, estamos comunicando que Dios es supremamente importante para nosotras. Permítame recordarle que tendrá más oportunidades de hablar sobre los caminos de Dios (¡y más oportunidad de ser escuchada!) si el televisor está apagado, ¡y eso requiere que se tome otra decisión más!

También sea consciente que la sabiduría práctica de Dios se enseña de dos maneras. En primer lugar está lo que ya hemos mencionado: Enseñamos con nuestras palabras, por medio de nuestra *conversación*, pero también enseñamos por nuestro *andar*, por la forma en que vivimos nuestra vida. Nuestro andar incluye todo lo que hacemos y decimos y todo lo que no hacemos ni decimos. Nuestros hijos están observando, y nosotras estamos de continuo enseñando a nuestros hijos algo, ya sea positivo o negativo. Una jovencita escribió: "Querida Abby, tengo diez años de edad y estoy avergonzada de mi mamá. Ella es una gran mentirosa y se la pasa chismeando por teléfono. Habla con una mujer y finge ser su mejor amiga, cuando en realidad ella es su peor enemiga. ¿Cómo puede una persona ser así y tener dos caras tan opuestas, y luego viene y me dice que si yo digo una mentira

Dios me va a castigar?"[3] ¿Cómo es su andar? ¿Qué ven sus hijos de Dios en usted? ¿Qué está enseñando a sus hijos?

Sí, ¿pero cómo?

¿Qué hace una madre que valora a sus hijos, aprecia la Palabra de Dios y atesora su sabiduría, para enseñarles la verdad?

Tome algunas decisiones serias. El descubrir el mandato que debía enseñarle la Biblia a Katherine y Courtney, hizo que me diera cuenta de que necesitaba tomar varias decisiones importantes. ¿Impartiría la Palabra de Dios a mis dos hijas? ¿Tomaría el tiempo en nuestro ocupado itinerario diario para la enseñanza bíblica? ¿Hablaría del Señor continuamente? Sabía que si respondía que sí a estas preguntas debería tomar otra importante decisión:

¿Extendería mi brazo para apagar el televisor (¡aquí está la televisión nuevamente!) y la reemplazaría con la Biblia o una historia bíblica?

No importa la edad de los niños, puede que tengan 16 días, o 16 años, o 26 años, debemos enseñarles sobre Dios y su Palabra en nuestro hogar. Está claro que este es nuestro privilegio y responsabilidad como parte de nuestro llamado a ser mujeres conforme al corazón de Dios. Ese tipo de enseñanza necesita ser parte del hogar que estamos edificando para Dios (Proverbios 14:1), un hogar que honra a nuestro Señor. Además, este tipo de enseñanza es exactamente lo que nuestros hijos necesitan, ¡ya sea que ellos lo piensen así o no! Usted y yo sabemos que como madres les damos a nuestros hijos lo que ellos necesitan, ¡no lo que ellos desean!

Reconozca su papel de maestra. El haber leído más sobre cómo Billy y Ruth Graham criaron a sus hijos, profundizó mi pasión por impartir la Palabra de Dios a mis hijas. Cuando se le pidió su opinión sobre su papel como madre y ama de casa,

Ruth respondió: "Para mí es el trabajo más hermoso y recompensador del mundo, no está en segundo lugar de importancia con respecto a ningún otro papel, ni siquiera el de predicar". Luego añadió: "¡Quizás sea predicar!"[4] ¿Puede usted ver su papel como maestra, o predicadora, o instructora que imparte verdades bíblicas en cada oportunidad?

Considere estos ejemplos. Como madres con una misión de parte de Dios, no podemos subestimar la urgencia de plantar su verdad en los corazones de nuestros hijos (o nietos) y en sus mentes, desde muy temprano en sus vidas. ¿Qué tal si las madres nobles de la Biblia hubieran desperdiciado sus oportunidades de sembrar las semillas de amor a Dios en los corazones de sus hijos?

- Posiblemente, Jocabed tuvo al niño Moisés por un breve período de tres años, antes que regresara a vivir en el hogar pagano del Faraón (Éxodo 2). Sin embargo, esta mujer que valoró el papel de madre y tuvo pasión por Dios y su verdad, impartió suficiente verdad a Moisés en esos cortos años como para capacitarlo para tomar decisiones serias en cuanto a Dios más adelante (Hebreos 11:24-29).

- Ana se enfrentó a un reto similar. Al igual que Jocabed, ella tuvo a su pequeño Samuel por aproximadamente tres años también, antes de entregarlo a las puertas de la Casa de Dios para ser criado por otra persona (1 Samuel 1-2). Y al igual que Jocabed, enseñó a su hijo lo suficiente de la ley de Dios para hacerlo un poderoso profeta, sacerdote y líder del pueblo de Dios en las décadas sucesivas.

- Dios escogió a María para criar a su Hijo Jesús, y ella sin lugar a dudas tomó en serio su misión de parte de Dios y a diario volcaba la rica verdad de Dios en su pequeño corazón. Por supuesto, Dios escogió el hogar correcto y la madre correcta para su precioso Hijo, y a la edad de 12 años Jesús sorprendía a los maestros y sabios del templo en Jerusalén con su conocimiento. Él ya estaba ocupándose de los negocios de su Padre (Lucas 2:46-49).

¿Está sembrando sus semillas del amor de Dios y su verdad en los corazones de sus hijos? Nunca es demasiado temprano o incluso demasiado tarde para comenzar, y algo es mejor que nada. Así que elabore una estrategia, sea sincera y constante.

Memoricen la Escritura y lean la Biblia juntos. La biografía de Corrie Ten Boom, autora, evangelista y prisionera durante la Segunda Guerra Mundial, provee un ejemplo más contemporáneo de un padre que derramó la Palabra de Dios en los corazones de sus hijos. Al principio de su vida, el papá de Corrie inculcó en su familia la importancia de memorizar las Escrituras, y se aseguró de que aprendieran pasajes de la Biblia después que muriera su mamá. Esta memorización les sirvió mucho a sus hijos ya que les tocó sufrir y, con la excepción de Corrie, morir a la larga debido a su fe. El almacén de Escrituras de Corrie le ayudó a sobrevivir los campos de concentración nazi. Su padre le había dicho a Corrie: "Hija, no olvides que cada palabra que conozcas de memoria será un arma preciosa que Dios puede usar a través de ti".[5] La Palabra de Dios realmente armó a Corrie Ten Boom y la ayudó a sufrir el dolor y el tormento del campo de concentración. Dios también usó su Palabra, que estaba escondida en su corazón, como un instrumento poderoso de evangelización allí mismo en ese campo, ya que Corrie ofrecía salvación, esperanza, y consuelo a otros prisioneros que sufrían.

No podemos descuidar el valor de la lectura diaria de la Biblia, que es tan importante como memorizar la Escritura. Además de ayudar a sus hijos a memorizar la Palabra de Dios, el papá de Corrie leía un capítulo del Antiguo Testamento a su familia cada mañana después del desayuno, y un capítulo del Nuevo Testamento cada noche después de la cena.

Los padres de Elisabeth Elliot también tomaron en serio su trabajo de enseñar la verdad de Dios a sus hijos. La señora Elliot, cuyo primer esposo fue brutalmente asesinado en el campo misionero y el segundo murió después de una larga lucha contra el cáncer, testifica sobre el valor de su entrenamiento cuando niña. Ella escribe: "En momentos de profundo sufrimiento he sido sustentada por las palabras de los himnos aprendidos en reuniones de oración familiar... después del canto de algún himno, venía la lectura bíblica. Mi padre creía en la lectura... *frecuentemente* (nos leía dos veces al día en voz alta)."[6]

El misionero John Stam, mártir en China a causa de su fe, describió su vida diaria en el hogar de su infancia de esta manera: "Tres veces cada día, cuando la mesa estaba servida, se colocaban las Biblias y quedaban listas, una para cada persona. Antes de servir los alimentos, se oraba, y luego se leía un capítulo, y cada persona tomaba parte en la lectura... De esa manera, la Biblia ocupaba el primer lugar en la interrelación entre padres e hijos. Era el fundamento, el lugar común de encuentro, la prueba y el árbitro de todo su pensamiento. Sostenía y satisfacía sus corazones".[7]

¿Está captando la visión y la pasión de la misión que Dios le da de derramar su Palabra dentro de los corazones de sus hijos? ¡La tarea nunca termina! Cuando Jim, el esposo de Elisabeth Elliot fue asesinado, su madre le escribió una carta que contenía un verso de las Escrituras tras otro. Aun cuando Elisabeth ya era mayor, estaba casada y tenía hijos, su mamá continuaba derramando la Palabra de Dios en su corazón.[8]

Siga el modelo de otras madres. Dios me ha permitido conocer una familia especial, en la cual cada miembro tiene pasión por su Palabra. Desde que llegó el primer bebé, su madre decidió recitarles las Escrituras que ella estaba memorizando, mientras los ponía a dormir en sus camas cada noche. Una de sus hijas que estaba en la universidad me dijo: Señora George, ni siquiera sé cómo es que aprendí tantas Escrituras de memoria. ¡Supongo que escuché a mi mamá decirlas tan a menudo junto a mi cama que me las aprendí!"

Esta madre, que valoraba tanto el ser madre como valorar la Palabra de Dios, recitaba largos pasajes e incluso salmos enteros y libros de la Biblia a sus hijos a la hora de acostarse. Cuando su hijo estaba jugando baloncesto en la universidad, se hizo el hábito de entrar al gimnasio antes de cada juego, se acostaba sobre una banca y recitaba Romanos 6 al 8 para calmar sus nervios y concentrar su corazón en Dios. La prometida de este hijo me dijo que cuando pasó sus vacaciones en la casa de él, a la edad de 22 años, esta madre piadosa también *la llevaba a la cama,* le recitaba las Escrituras y oraba por ella, y hacía la misma cosa en los cuartos de sus hijos ya adultos. Otra de sus hijas, siguiendo los pasos de su madre, me dijo cómo su madre lloró cuando ella y su esposo regresaron a casa para pasar la Navidad ¡y le dieron el regalo de recitarle de memoria y sin fallar la carta de 1 Pedro!

Como madres, a diario tenemos innumerables oportunidades en nuestro hogar para plantar la Palabra de Dios profundamente en las mentes y las almas de nuestros hijos. Nosotras tenemos el bendito privilegio de cuidar sus corazones y ponerlos en el entrenamiento y admonición del Señor (Efesios 6:4). Pero primero, tenemos que comprender que los pequeños (y lo que solía ser pequeño ya es grande) corazones que Dios ha puesto a nuestro cuidado, de hijos y nietos, son en realidad tesoros. Entonces debemos alimentar un corazón apasionado por su Palabra para que nuestra pasión se desborde en las vidas de aquellos que amamos.

Respuesta del corazón

Como madres no podemos impartir lo que no poseemos, así que es vital que usted y yo nutramos una férrea pasión por la Palabra de Dios y su sabiduría en nuestros propios corazones. ¿Usted atesora su verdad, guardándola en su propio corazón (Salmo 119:11)? ¿Invierte tiempo a diario vertiéndola en su corazón y mente, y en los corazones y mentes de sus hijos? ¿Está comprometida a colocar la Palabra de Dios en una posición reinante en su hogar y en la vida de su familia? ¿Qué pasos está tomando para asegurarse de tener un tiempo frecuente para enseñar, leer, estudiar, compartir, memorizar, e incluso recitar la Biblia?

✻ 10 ✻
Un corazón que es fiel
en la oración

¿Qué, hijo mío? ¿y qué, hijo de mi vientre?...
Proverbios 31:2

Ponga su mira en la nada y de seguro siempre dará en el blanco. Este dicho describe mi maternidad antes de haber encontrado dirección en la Palabra de Dios. Hasta ese momento, no había hecho nada en nuestro hogar para entrenar a mis hijas, pero una vez que hallé la dirección me moví hacia delante a todo vapor. Tomé muy en serio el reciente descubrimiento de que Dios me había otorgado "licencia para predicar", y pronto como familia nos hallamos examinando la Palabra de Dios y derramándola en nuestros corazones. Escogimos versos para memorizar juntas. Katherine y Courtney comenzaron a tener cada una su propio "tiempo de devoción" además de los devocionales familiares, y a todas nos encantaban las maravillosas historias bíblicas que compartíamos en varios momentos durante el día. Era edificante el centrar nuestro hogar y nuestra conversación en Dios.

Pero mi marcador rosado tenía que hacer otra parada, en esta ocasión era Proverbios 31:2: "¿Qué, hijo mío? ¿Y qué, hijo de mi vientre? ¿Y qué, hijo de mis deseos?" Estas son las palabras de una madre, así que puede que tuvieran un mensaje para mí, ¡pero no me imaginaba de qué se trataba! (¿Cuál cree que es el significado de este verso?) Finalmente, el mismo demostró ser el aspecto de mayor desafío en la misión de Dios para mí, y el reto continúa hasta el día de hoy.

Resulta que agoté los libros de Jim y tuve que hacer unos cuantos viajes a la biblioteca del seminario antes de comenzar a entender la verdad escondida en este versículo, y el mensaje que tenía para mí como madre. Al fin pude ver que presenta dos pasiones más al respecto de mi misión de trabajo como madre. Primero, este verso me dice que *yo tengo la misión de parte de Dios de orar por mis hijas.*

Pasión por orar

Proverbios 31:2 revela la preocupación de una madre por el bienestar de sus hijos. Él es el hijo de sus entrañas, dando a entender que es el hijo que le pidió a Dios en oración y que fue dedicado a Dios (como Samuel en 1 Samuel 1). La expresión "hijo de *mis* deseos" (cursivas de la autora) sugiere también que su hijo fue el objeto de *sus* votos diarios y oraciones,[1] "un hijo de muchas oraciones".[2] Como un comentarista ha dicho, "La dedicación y capacitación maternal [proveen]... el primer contacto con la instrucción religiosa, la solemne dedicación de su hijo al servicio de Dios, [y] las repetidas y dedicadas oraciones a su favor. Su hijo no es sólo su fruto; él es 'el hijo de sus votos', aquel en quien ella ha invertido su devoción más ferviente."[3]

¡Cuán tierna es esta imagen de una madre que piensa, ama, actúa, habla y ora con un corazón grande y apasionado! En su devoción, ella le pide a Dios un hijo, dedica ese hijo a Dios, y luego le enseña los caminos del Señor que hemos mencionado en el capítulo anterior.

Pero la pasión de esta madre por Dios y por criar a su hijo en sus caminos no se detiene con simples instrucciones verbales al hijo; también le habla a *Dios* a favor de él. Los deseos de su corazón de madre son más profundos y elevados que la enseñanza y el entrenamiento básicos. Ella es una madre que ora, que invierte sus mayores esfuerzos en alimentar un andar recto con su Dios, *para así* poder orar con efectividad por su hijo. Como una mujer conforme al corazón de Dios, está atenta a su propio andar con Dios, lidiando con cualquier pecado que pueda haber en su propia vida (aquí volvemos a nuestra primera prioridad) para así estar preparada para entrar en la santa presencia de Dios e interceder por su amado hijo.

Permítame compartir cómo yo comencé a vivir la misión diaria de Dios (que es de por vida) de caminar con Él y orar a Él. Como madre cristiana (al igual que usted, estoy segura), deseaba desesperadamente que mis hijas se entregaran al amor del Salvador. Mi mayor aspiración era que Katherine y Courtney fueran cristianas, pero eso era algo que yo no podía lograr. ¡Sólo Dios puede hacerlo! Así que yo no tenía ningún lugar a donde ir con este deseo que sentía en mi corazón por mis hijas, sino sólo a Dios.

Cada mañana, al levantarme, sabía que le estaría pidiendo a Dios durante mi tiempo de oración que tocara los corazones de mis hijas y los abriera a Jesús. También sabía que la Palabra de Dios dice: "Si en mi corazón hubiese yo mirado a la iniquidad, el Señor no me habría escuchado" (Salmo 66:18). Yo no quería que mi pecado o mal genio privaran a Dios de "escuchar" mi petición por mis hijas. Ningún pecado otorgaba un placer momentáneo que valiese lo suficiente en comparación con la salvación eterna de mis hijas. Deseaba algo mucho mayor que el breve placer que viene con poder dar mi opinión, ceder al enojo, escoger no someterme a los planes de mi esposo para nuestra familia, y una multitud de otros pecados que pudieran sentirse bien en el momento. ¡Yo quería ganar dos almas para Dios! ¡El destino eterno de mis hijas estaba en juego!

Esa es la mentalidad de la madre piadosa de Proverbios 31:2, ya que habla de su hijo como "el hijo de mis deseos". Y tal es la mentalidad que usted y yo necesitamos tener al acerca de nuestros propios hijos. ¡Debemos estar comprometidas a mantener una vida piadosa, porque un alma, el alma de nuestro hijo, está involucrada! ¡También nos esforzamos por tener un andar y una vida rectos, *para así* poder orar con eficacia por nuestros hijos!

Otra cosa que yo deseaba para cada una de nuestras hijas era un esposo cristiano. Otra vez me topé con el hecho que yo no podía lograr esto, así que nuevamente me volví a Dios con mi ferviente petición. Y era algo justo de pedir. Después de todo, mi papel era ser una madre que se esforzaba en caminar con Dios y que oraba con fervor para que sus hijas lo conocieran, lo siguieran, y que fueran bendecidas con esposos cristianos.

Estoy segura de que las siguientes declaraciones son obvias, pero las voy a decir de todas formas. Primero, no oraba por que Katherine y Courtney cada día, pero mi profundo deseo de verles desarrollarse espiritualmente estaba presente cada día (y aún lo está). Llevo a mis hijas en mi corazón cada minuto de cada día, y aún lo hago, junto con sus esposos y futuros hijos.

Segundo, nunca he pasado un día sin pecar. Pero, por el bien de Katherine y Courtney y mi deseo de que caminen con Dios, yo hacía el mayor esfuerzo (y aún lo hago). Intentaba (y aún trato) caminar en forma correcta, de acuerdo a los valores de Dios y no a los del mundo o los míos propios. Me tomaba en serio (y aún lo hago) los mandamientos de Dios de dejar el comportamiento pecaminoso y de hacer aquello que le complace a Él y que refleja a Cristo. Todos estos esfuerzos me preparaban para orar a favor de mis hijas. Lo otro que podemos hacer, además de adiestrar a nuestros hijos en la Palabra de Dios y sus caminos (llegaremos a esto a continuación), es orar por ellos.

Sí, ¿pero cómo?

¿Cómo una mujer conforme al corazón de Dios adopta un amor y un compromiso de orar por sus hijos? ¿Cómo es que usted y yo podemos cumplir la misión de Dios de orar por nuestros hijos e hijas?

Aprenda de madres y abuelas piadosas y de oración. Algunos ejemplos de la vida real pueden animarle y servirle de modelo en el papel de una madre que ora.

- Inmediatamente después de su conversión, la mamá de Billy Graham apartaba un tiempo cada día para orar sólo por Billy y el llamado que ella creía él tenía. Continuó orando así y nunca dejó de hacerlo ni un solo día, por siete años, hasta que Billy estuvo bien encaminado como predicador y evangelista. Su madre basó sus oraciones en 2 Timoteo 2:15, pidiendo que lo que él predicara tuviera la aprobación de Dios.[4]

- Leroy Eims, obrero de *The Navigators* tenía un amigo piadoso cuya madre había orado por él una hora diaria desde que había nacido.

- Jeanne Hendricks, esposa del profesor Howard Hendricks, del Seminario Teológico de Dallas, pasó una temporada en oración intensa por uno de sus hijos. Al final de su adolescencia, su hijo atravesó lo que Jeanne llama un período de "inconsciencia". No tenía entusiasmo, cambiaba de ánimo con frecuencia y se deprimía, llegando a comunicarse sólo con vocablos de una sílaba. "Ese fue uno de los momentos más traumáticos de mi vida", admite Jeanne. "Él estaba tan alejado del Señor y de nosotros. Me sentía como si el mismo diablo estuviera asechando a mi hijo. Oré entonces como nunca lo había hecho antes".[5] Me encontraba en un retiro de damas cuando la señora Hendricks nos contó que durante los seis meses que esta situación continuó, ella se comprometió con Dios a renunciar a su almuerzo para orar una ora por su hijo, hasta que Dios finalmente tocó su corazón.

• El doctor James Dobson y su esposa ayunan y oran por sus hijos un día a la semana.

• Harry Ironside, antiguo pastor de la iglesia Moody Memorial Church en Chicago, tuvo una mamá que "nunca cesaba de orar por su salvación. A lo largo de su vida, Harry podía recordar la importancia de sus ruegos a Dios por él: 'Padre, salva a mi hijo siendo joven. Evita que desee alguna otra cosa más que a ti..., Padre, haz que esté dispuesto a ser golpeado y encadenado, a sufrir vergüenza o cualquier otra cosa por amor a Jesús'".[6]

• La hija de Bob Pierce, fundador de World Vision, dice de sus abuelos: "En los dos años que siguieron a la muerte de la abuela, Dios se llevó al abuelo y a la abuela Pierce con Él también. Los tres habían sido poderosos guerreros de oración a favor de mis padres, quienes oraron a través de las diferentes crisis y apoyaron el ministerio, proveyendo generalmente un escudo continuo de oración. Es interesante notar que una vez que esas oraciones fueron silenciadas se desató un verdadero infierno".[7]

¿Cuál de estos modelos estará siguiendo esta semana?

Pídale a Dios que le muestre cómo ve Él a sus hijos. A medida que lea sobre las madres devotas de la Biblia y todo lo que sus hijos lograron para Dios, podrá tener una idea de la visión de Dios para sus propios hijos. Una de las madres escogidas por Dios fue Ana, cuyo hijo Samuel comenzó a ministrar para el Señor a una tierna edad y luego guió al pueblo de Dios como profeta y sacerdote (1 Samuel 3:1). La amorosa y humilde Elisabet (Lucas 1:60) enseñó a su hijo desde muy joven a amar a Dios, y luego su ministerio como Juan el Bautista conmovió la pasión del pueblo a medida que predicaba y preparaba el camino del Señor Jesús (Lucas 3:4). ¡Y a nosotras nunca nos deja de conmover María, la joven mujer que halló gracia delante de Dios (Lucas 1:30) y fue bendecida entre las mujeres (verso 28) para enseñar, adiestrar y amar a su hijo, el Hijo de Dios, nuestro Señor Jesucristo!

Pasión por un adiestramiento piadoso

Si bien es importante que *oremos* por nuestros hijos, por su salvación y por sus esposos(as) cristianos, no debemos conformarnos con la oración. También debemos ser ejemplo de una vida dedicada al Señor y adiestrar a nuestros hijos a seguir sus caminos. En muchas ocasiones la mujer comienza bien, se casa , desea un bebé, ora por un bebé, tiene un bebé, y pasa por una ceremonia en la iglesia donde dedica el bebé a Dios. Pero entonces sucede algo: El bebé se convierte en la razón por la que deja de asistir a la iglesia.

Natalia, una joven madre de mi iglesia, me llamó para contarme un dilema típico: Cada vez que ponía al bebé en la guardería de la iglesia (durante las reuniones), se resfriaba. Ella sabía que el bebé necesitaba estar en la iglesia, y ella también. La familia necesitaba adorar unida los domingos, así que estaba pensando qué podía hacer. A medida que hablábamos, se le ocurrió una solución. Iba a llevar al bebé al servicio de la iglesia y sentarse con él en la hilera del fondo. Si el bebé se ponía inquieto, Natalia saldría al recibidor, donde podría escuchar el mensaje a través de los parlantes que había allí. Si el bebé aún con eso no se calmaba, entonces caminaría alrededor del patio de la iglesia con el bebé en el cochecito. ¡Natalia se sintió muy aliviada al ver que toda la familia podía volver a la iglesia nuevamente!

Otra mamá, casada con uno de nuestros pastores, se sentaba en el recibidor de nuestra iglesia mientras sus tres hijos eran aún menores de tres años. Cada uno de ellos pasó incontables horas de placer los domingo en la mañana, gateando y subiendo y bajando las escaleras que van hacia las oficinas de la iglesia, mientras Heidi escuchaba los sermones a través de los parlantes. ¡Esos niños nunca supieron lo que significa *no* estar en la iglesia el domingo en la mañana!

Ahora bien, esta no es una lección sobre reglas de asistencia a la iglesia, pero sí les diré que el asistir fielmente a la reunión promueve un importante hábito en la vida de nuestros hijos, y también brinda algo a sus corazones que ninguna otra cosa se les puede ofrecer. Nuestra decisión de llevar a nuestros hijos a la iglesia les comunica desde su nacimiento la importancia de adorar y tener comunión como cuerpo (Hebreos 10:25). Esta decisión produce un sinfín de dividendos. Para comenzar, sus hijos nunca sabrán de otra opción para el domingo.

Otra razón para llevar a sus pequeños (y grandes) a la iglesia es la escuela dominical. Los maestros no sólo enseñan fielmente la verdad de Dios, sino que también respaldan en la iglesia lo que usted está haciendo y lo que les está enseñando a sus hijos en casa. Estas clases son un eco, y por consiguiente fortalecen su mensaje sobre valores, conducta, carácter, amistades, metas y salvación por medio de Cristo, lo cual es muy importante a la hora que los niños tomen decisiones durante su crecimiento. En definitiva, ya sea que usted haya entregado sus hijos a Dios en su corazón y en sus oraciones, o que lo haya hecho por medio de una ceremonia oficial en la iglesia, la escuela dominical es una forma práctica de vivir ese compromiso.

Pero lograr esto no es fácil, yo lo sé. En la mayoría de las familias, la esposa y madre (¡esa es usted y yo!) es la clave para llevar a la familia a la iglesia el domingo en la mañana. ¿Y qué podemos hacer usted y yo para llevar a nuestra familia a la iglesia con más placer y menos lucha? Primero que todo, hable sobre la iglesia con entusiasmo durante toda la semana. ¡Permita que sus hijos vean que está ansiosa de que llegue el día del Señor! Comience el sábado los preparativos para el domingo. Saque la ropa especial que usarán para ir a la iglesia. Asegúrese de que se han bañado y lavado el cabello la noche anterior, comience a preparar el desayuno y el almuerzo del domingo. ¡Una cosa más, acostarse temprano el sábado resulta en que la mañana del domingo sea mejor!

Otra manera en la que adiestramos a nuestros hijos en los caminos de Dios, es llevándolos, no importa su edad, a la iglesia para que estén más en contacto con su pueblo y sus actividades. Asista a la iglesia y a la escuela dominical el domingo por la mañana, y no se pierda el servicio de la noche tampoco. El miércoles en la noche, las iglesias tienen por lo general algo para los niños y para el grupo de jóvenes, y quizás tienen actividades para todas las edades. El involucrar a sus hijos es vital para entrenarlos en el conocimiento de Dios y en el servicio a Él.

Le concedo que cada oportunidad en sí misma no parece ofrecer mucho, pero cuando se suman una a la otra, hace que esa exposición frecuente y regular a la Palabra de Dios y su pueblo durante toda la vida, logre una firme convicción sobre nuestras prioridades y a quién servimos. El llevar a nuestros hijos a la iglesia para algo más que una visita de cortesía el domingo en la mañana (aunque esto puede ser ya un gran logro) ¡es parte esencial de su adiestramiento en la piedad!

Cuando nuestras dos hijas estaban creciendo, de continuo les recordábamos que sus prioridades eran primero la familia, segundo la iglesia y tercero el colegio. Siempre que había un evento en el colegio les decíamos: "Suena divertido y quizás puedas ir, pero si surge una oportunidad especial para nuestra familia, o si una actividad de la iglesia está en conflicto con el evento del colegio, vamos a tener que dejarlo de lado". Por supuesto, animábamos a nuestras hijas a traer a sus amistades del colegio a las actividades de la iglesia. Pero Jim y yo aplicábamos el método de "lo bueno, lo mejor y lo óptimo" a nuestras actividades familiares, así que poníamos la familia primero asegurándonos de llevar a nuestras hijas a la iglesia.

¡Y como no podía ser de otra manera, llevarlas a ellas allí significaba conducir! ¿Qué madre no está continuamente conduciendo el auto para llevar a sus hijos al colegio, a una fiesta, al juego de pelota, al juego de fútbol americano, al juego de balompié, a la natación, al ballet, al gimnasio, llevarlos de compras y a casa de las amistades (por nombrar sólo alguno de los lugares más comunes)? Y yo le añadí a toda esa actividad llevar a las niñas a la iglesia, a las actividades de su grupo de jóvenes, y a las casas de otras familias de la iglesia, y era una locura.

Muchos viernes en la noche, Jim y yo dejábamos a las niñas en el lugar de patinaje para una noche de actividad con su grupo de la iglesia, luego nos acostábamos, colocábamos la alarma del reloj para la medianoche, a esa hora nos despertábamos e íbamos a recogerlas. Otras veces cuando el grupo de jóvenes tenía una actividad en la iglesia que duraba toda la noche, poníamos la alarma para las 6:30 A.M. (¡el sábado en la mañana!) y las recogíamos a las 7:00 A.M. cuando terminaban. Esto ciertamente implicaba muchos sacrificios. Hubiera sido más fácil para nosotros que las niñas se quedaran en casa, pero el resultado final (de estas actividades buenas, seguras, divertidas, donde estaban en contacto con la Palabra de Dios y conocían a líderes de jóvenes piadosos, juntamente con otros muchachos cristianos, y escuchaban el evangelio y conocían a Cristo) sobrepasaba los inconvenientes.

Respuesta del corazón

¡Usted y yo nunca conoceremos, de este lado del cielo, todo lo que nuestras oraciones lograron a favor de nuestros hijos! ¡Ciertamente, la oración efectiva de una madre piadosa puede mucho delante de Dios (Santiago 5:16)! La tarea de Dios consiste en obrar en los corazones de nuestros hijos, pero nuestra tarea es que hagamos que los valores de Dios sean los valores de nuestro propio corazón, y luego caminar con esos valores. ¿Puede pensar en alguna área de su vida que no alcance la expectativa de Dios? Nuevamente, este libro se trata de eso, de ser una mujer conforme al corazón de Dios. Oro, y anhelo, tanto por mí como por usted, que lleguemos a atesorar la Palabra de Dios, su sabiduría y sus caminos, ¡para que podamos presentarnos con confianza delante de su trono a favor del bienestar de nuestros hijos (Hebreos 4:16)!

La Biblia también nos dice que nos examinemos a nosotros mismos, y usted y yo necesitamos hacer eso a menudo, primero, para poder vivir una vida que agrade a Dios, y segundo, para alimentar nuestra pasión por brindar una educación piadosa. El adiestramiento de Dios requiere tiempo y dedicación, y en ocasiones, la pasión necesaria para el largo y difícil camino se desvanece. ¿Está comprometida en llevar a sus hijos a la iglesia para que ellos puedan estar expuestos a la verdad, sin importar lo que pueda costarle? ¿Está comprometida a llevarlos para que reciban lo óptimo de Dios, de su verdad y su pueblo, sin importar el sacrificio personal que esto implique? ¿Puede mirar hacia delante y ver el impacto que tendrá en sus hijos las decisiones que tome a diario para adiestrarlos en la piedad? Nunca es demasiado tarde para reforzar cualquier área débil de su corazón o la manera en que enseña a sus hijos. ¡Todo depende de usted, y de su corazón, si es o no un corazón conforme al de Dios! Gracias a Dios que la cosa no termina aquí. Dios es su compañero, está dispuesto y es capaz de ayudarle a medida que usted cría a sus hijos para que lo conozcan, lo amen y lo sirvan.

❋ 11 ❋
Un corazón que se desborda
con cariño maternal

Primera parte

Que enseñen a las mujeres jóvenes
a amar... a sus hijos.

Tito 2:4

Tan pronto como leí las instrucciones de Dios (las cuales hemos estado mirando) para que yo fuera una madre cristiana, comencé a implementarlas en mi hogar. Poco a poco, el caos de nuestro hogar se convirtió en orden, la desobediencia fue reemplazada por la obediencia, y comenzó a surgir cierta organización a medida que nos esforzábamos por mantener un horario diario. Pero en lugar de sentirme maternal, me sentía como una sargento de regimiento, una guardia, y una agente de policía, todos en una misma persona. Pensé, "¿Así debe ser una madre piadosa?" En mi corazón yo sabía que algo estaba faltando.

Seguí leyendo mi Biblia, ansiosa por buscar más versículos sobre cómo ser madre, y qué agradecida estoy a Dios por mostrarme lo que me faltaba. En Tito 2:4 encontré la respuesta de Dios. Ahí leí que las madres deben "amar a sus hijos". A primer golpe de vista, quizás esta frase no parece revolucionaria, pero cuando (de nuevo) tomé prestado los libros de mi esposo e investigué estas cuatro palabras, encontré alivio y libertad. Descubrí que las madres deben ser cariñosas y que deben tratar a sus hijos con amor.

Hubo otro dato que me ayudó a dejar de ser sargento de entrenamiento para ser una madre cuyo corazón desbordaba de cariño maternal. Así como vimos anteriormente (cuando pensábamos en el amor a nuestro esposo), el griego tiene varias palabras para *amor*. *Agapeo* es el tipo de amor que Dios tiene hacia nosotros como hijos: Él nos ama a pesar de nuestro pecado, nos ama sin condición, y nos ama pase lo que pase. Y ciertamente, nosotras las madres debemos brindar ese tipo de amor de Dios a nuestros hijos.

Pero la palabra que Dios escogió para expresar el amor de madre en Tito 2:4 es *phileo*. El amor *phileo* es un amor cariñoso, un amor que aprecia el objeto de su amor. Es amor de amigo, amor que disfruta a los hijos, ¡un amor que les *quiere*! Dios pide que los padres edifiquen la familia en el fundamento de la enseñanza, la instrucción y la disciplina bíblicas. Sin embargo, el hogar gana en afecto cuando los padres no sólo *aman* a sus hijos, ¡sino que también *los quieren*!

Realmente, nuestro hogar cambió cuando descubrí el llamado de Dios a que disfrutara de mis hijas. La oración y el adiestramiento continuaron, ¡pero permití que comenzara la fiesta! Dios obró en mi corazón y me cambió al obedecer su Palabra. Me di cuenta de que al verter mi vida en adiestrar, disciplinar e instruir a Katherine y Courtney como Dios ordenó, comencé a valorarlas y verlas como algo más que mi responsabilidad. Se transformaron en personas con las cuales yo quería estar, me divertía y jugaba, personas que Dios quería que fueran mi mayor prioridad humana después de mi esposo Jim. Permítame compartir algunas ideas para poner este tipo de amor en práctica y confesar que aún sigo luchando por alcanzar estas diez características del cariño maternal.

#1. Un corazón que ora

El regalo más grande de amor que nosotras podemos darles a nuestros hijos es orar por ellos. Por décadas, creí en el mensaje de este poema anónimo que recibí cuando me convertí:

> Algunos han tenido a reyes en su linaje,
> Alguien a quien se le rindió honor.
> No fui bendecido por mis antepasados, pero,
> Tengo una madre que ora.
>
> Tengo una madre que ora por mí
> Y clama por mí al Señor todos los días.
> Oh, qué diferencia marca para mí
> Tengo una madre que ora.
>
> Algunos tienen éxito en el mundo
> Y confían en las riquezas que han hecho.
> Este es mi acierto más seguro,
> Tengo una madre que ora.
>
> Las oraciones de mi madre no me pueden salvar,
> Sólo las mías pueden lograrlo;
> Pero mi madre me presentó a Alguien,
> Alguien que jamás me fallará.
>
> Oh sí... Tengo una madre que ora por mí
> Y clama por mí al Señor todos los días.
> Qué diferencia marca para mí
> Tengo una madre que ora.

El comenzar cada día orando por sus hijos los beneficia en un sinnúmero de formas y los pone en lo profundo de su corazón.

#2. Un corazón que provee

Un corazón que se desborda con cariño maternal provee con amor y gracia para las necesidades vitales de su preciosa familia: alimentos nutritivos, ropa limpia y una casa segura. Aunque quizás no nos emocione demasiado tener que cumplir ciertos horarios, tener que cocinar nuevamente, o tener que lavar más ropa, un corazón lleno del cariño de una madre hace precisamente eso. Se pone a sí misma a un lado y ama a las personas de su hogar y cuida sus necesidades físicas. Si se fallara en este sentido con frecuencia, sería negligencia. (El sistema judicial de Estados Unidos define negligencia como el acto de *deliberadamente dejar de satisfacer las necesidades... físicas de un niño.*[2]

Muchas madres se preguntan por qué sus hijos se comportan mal, contestan, están malhumorados y requieren tanta disciplina. Quizás es porque su mamá no les provee los alimentos básicos, o no tienen un horario establecido para sus comidas, o no están limpios sus cuerpos ni sus ropas, o no duermen ni descansan lo suficiente.

#3. Un corazón que está feliz

Cuando nuestros hijos (y nuestro esposo) cuentan con que nosotras estamos felices, la vida del hogar y las relaciones de familia pegan un brinco hacia el cielo. Ya sea cuando el despertador acabe de sonar en la mañana, o cuando recoja a los niños después del colegio, o cuando ellos estén entrando por la puerta después de sus actividades, tienen que saber que usted va a estar feliz. Decidí trabajar en el hábito de la felicidad cuando leí el Salmo 113:9 (otro versículo que marqué en rosado): "El hace habitar en familia a la estéril, que se *goza* en ser madre de hijos" (cursivas de la autora).[3]

Por lo tanto comencé a orar, ¡mucho! Oraba cuando oía los primeros sonidos que mis hijas hacían al despertase y me encaminaba hacia sus habitaciones. En años siguientes, oraba cuando iba a recogerlas al colegio. Quería que vieran que yo estaba emocionada de estar con ellas después que habían estado todo el día en el colegio. (Así como dijo Elisabeth Elliot en un seminario: "Tú creas la atmósfera del hogar con tus actitudes". Recordé esa frase.)

También aprendí a "resplandecer" después de haber leído este relato personal, escrito por un hijo acerca de su padre.

Había algo en mi padre que me atraía como un imán. Muchas veces, cuando terminaba la escuela, me iba corriendo a su ferretería en lugar de salir con mis amigos. ¿Qué me atraía a mi padre? ¿Por qué prefería visitarlo a él por encima de mis actividades favoritas? Tan pronto ponía un pie en su tienda, parecía que toda su personalidad resplandecía. Sus ojos brillaban, su sonrisa era más amplia, y de inmediato sus expresiones faciales expresaban cuán contento estaba de verme. Casi me parecía que iba a decir: "Miren todos, mi hijo está aquí". Me encantaba. Aunque no me daba cuenta en ese momento, los imanes que me atraían hacia él eran esas tremendas y poderosas expresiones que no emitían palabra.

El noventa y nueve por ciento de nuestra comunicación es sin palabras... Siempre que vea a su hijo, "resplandezca" con entusiasmo, especialmente con sus expresiones faciales y con el tono de voz. Esa luz proviene del conocimiento interior de que él tiene valor.[4]

Como madres, usted y yo somos la influencia número uno en las vidas de nuestros hijos. Tenemos el privilegio de "resplandecer" cuando los vemos y compartir con ellos la felicidad que hay en nuestro corazón. Y esa felicidad se contagia en forma maravillosa.

#4. Un corazón que da

La Biblia está llena de exhortaciones que motivan a que los cristianos se involucren en el arte de dar. Como ya hemos visto varias veces, así es como vivió nuestro Salvador: "Porque el Hijo del Hombre no vino para ser servido, sino para servir y para dar su vida en rescate por muchos" (Marcos 10:45). He aquí algunos principios que nos pueden ayudar a ser madres que dan, que sirven, y que lo hacen con cariño, entusiasmo y energía.

Dé porque ese es su papel. Debido a como es Dios, una mujer conforme a su corazón es una mujer que da. Debemos dar como cristianas, esposas, madres y como mujer soltera. Como sus hijas, ese es nuestro papel, nuestra tarea de parte de Dios. Nosotras damos la sonrisa, el saludo caluroso, el abrazo, el piropo, la exhortación, la alabanza, la comida, el tiempo, el oído, el viaje en auto... y la lista sigue y sigue.

Así como Edith Schaeffer señala en cada capítulo de *What Is a Family*,[5] *alguien* tiene que crear los recuerdos familiares y asumir la maravillosa tarea de hacer de la familia una obra de arte. Alguien tiene que hacer el nido y decorarlo en su interior. Alguien tiene que tomar el tiempo de orar y planear sorpresas. Alguien tiene que ver que vale la pena pelear por la familia y que se la tome como una carrera, que vale la pena la difícil tarea de adiestrar a un hijo en las cosas de Dios, que vale la pena llevar a cabo las incesantes tareas que implica el hogar. La señora Schaeffer sigue y sigue escribiendo, mostrando al lector que este "alguien" es la esposa, la madre, y el ama de casa y que, como tal, ella tiene que emprender una vida siendo la dadora. Ese es nuestro papel como madres.

Dé en forma generosa. Préstele atención a estos dos pasajes sobre sembrar y recoger del Nuevo Testamento (¡sólo los pronombres han sido cambiados!): "La que siembra escasamente, también segará escasamente; y la que siembra generosamente, generosamente también segará" (2 Corintios 9:6), y "pues todo lo que una madre sembrare, eso también segará" (Gálatas 6:7). A medida que consideraba el principio de sembrar y recoger, me di cuenta de que lo que invertía en la vida de mis hijas cada día (semillas de paciencia o impaciencia, fe o incredulidad, bondad o egoísmo), sería lo que quizás iba a recoger en años venideros.

Dé sin esperar nada a cambio - Pese a que consideramos el principio de sembrar y recoger, tenemos que acordarnos de que las madres no pueden tener ningún motivo oculto o egoísta cuando se trata de dar. ¡Nosotras servimos a nuestros hijos por el simple hecho de que Dios lo dijo! Así como hacemos con nuestro esposo, nosotras les damos a nuestros hijos sin esperar nada a cambio (Lucas 6:35). No damos amor maternal para poder recibir alabanzas, gratitud y reconocimiento. (¡Esas cosas quizás nunca lleguen!) Damos nuestro amor en una miríada de formas prácticas por el simple hecho de que Dios espera que las madres hagan eso. No hay opciones, ni condiciones, ni excepciones, y no hay letras pequeñas cuando se trata de obedecer el mandato claro de Dios, que debemos amar a nuestros hijos (Tito 2:4).

#5. Un corazón divertido

Vivir en su casa debería ser la gran diversión para cada miembro de la familia. Para que eso sea verdad en mi hogar, me esforcé en desarrollar y usar el sentido del humor. Aprendí a sonreír y a reírme a carcajadas. Cada semana sacaba de la biblioteca libros de adivinanzas bobas o trabalenguas, y mis niñas y yo nos reíamos y nos revolcábamos en el piso mientras las leíamos.

Sobre todo, comencé a usar la palabra "amo" con más libertad. Utilicé esa palabra para señalar lo bueno de cada aspecto de nuestra vida: "Amo los sábados... el día del Señor... el miércoles por la noche en la iglesia... que tus amigas estén aquí... nuestras cenas juntos... los devocionales familiares... el orar contigo... el orar por ti... salir a caminar contigo... que nos sentemos a escuchar música juntos. ¡Amo todo, y en especial te amo a ti!" Aún les digo "te amo" a Katherine y a Courtney (y claro, a Jim también) cuando las veo, me despido de ellas, o hablamos por teléfono.

Para poder tener un hogar feliz, asegúrese también de que la hora de la comida sea divertida. Un lector joven que no se estaba divirtiendo a la hora de la comida escribió a "Querida Abbey":

Querida Abbey:

¿Acaso la cena es el momento y lugar para las quejas y los problemas? Tengo 12 años y estoy harto hasta la coronilla de que se arruine mi cena cada noche debido a un montón de conversaciones desagradables. Sé que mis padres se tienen que desahogar, pero ¿en la mesa?... Sólo les estamos *pidiendo* que por favor nos dejen disfrutar una cena con conversaciones placenteras.

(Firma) HARTO

Abbey compartió este sabio consejo:

Querido Harto:

Espero que esta carta les recuerde a los padres que hagan de la hora de la comida un tiempo feliz. Concéntrate en lo que tú estás *comiendo*, ¡y no en lo que te está comiendo a ti![6]

También podemos aprender una lección si observamos cómo y cuándo nuestro Señor resucitado le habló a Pedro, el discípulo que lo negó tres veces. En lugar de confrontar a Pedro antes de la cena o durante ella, Jesús *esperó hasta después* de la comida. Él dejó que la comida fuese un tiempo de refrigerio físico y de comunión placentera (Juan 21:15). ¿Estamos nosotras haciendo lo mismo en nuestro hogar?

RESPUESTA DEL CORAZÓN

Estamos a la mitad de las diez características del cariño maternal. ¿Está percibiendo la visión del plan de Dios para las relaciones con sus hijos, y cómo derramar mucho amor en ellos? Como madres que pertenecemos a Dios, oramos, proveemos ¡y jugamos! Deténgase ahora y susurre una oración. Pídale a Dios que llene su corazón con más amor para sus hijos. Un amor que ora y cuida de ellos, un amor que enseña e instruye, un amor que se ríe y juega.

✽ 12 ✽
Un corazón que se desborda
con cariño maternal

Segunda parte

Que enseñen a las mujeres jóvenes
a amar... a sus hijos.

Tito 2:4

La tarea que Dios tiene para las madres puede parecer un poco abrumadora si no nos acordamos de que por medio de su Palabra, su poder y su gracia, Él provee todo lo que necesitamos para cumplir lo que nos manda. Qué privilegio poder cuidar de los niños con los cuales nos bendice y poder criarlos para Él. Permítame que le comparta algunas características más sobre el cariño maternal.

#6. Un corazón que celebra

Otro principio de la Palabra de Dios que me tomé muy a pecho es el principio de "la otra milla". Nuestro Señor enseña: "Y a cualquiera que te obligue a llevar carga por una milla, ve con él dos" (Mateo 5:41). Seamos honestas: *Tenemos* que ser madres; *tenemos* que hacer los deberes. Esa es la primera milla de nuestra tarea de parte de Dios. Por lo tanto... ¿por qué no avanzar la otra milla, y hacer que todo lo que uno haga sea especial? ¿Por qué no convertir lo mundano en una celebración?

Tomemos la cena por ejemplo. *Tenemos* que cenar, así que, ¿por qué no hacer de ella algo especial? Sólo encienda una vela, encuentre alguna flor o algo verde en el jardín que sea interesante, utilice decoraciones de la temporada, cambie los manteles y los manteles individuales, o use una vajilla especial. A mis hijas les encantaba el diseño de unas piezas sueltas de cerámica que encontré en una venta de artículos de segunda mano, que tenían diseños de un grupo de rosas y bordes dorados. Mi amiga Juana compró un plato rojo con letras en dorado alrededor de la orilla que decía: "Hoy tú eres especial". Siempre que siente que alguien en su casa está deprimido o está atravesando por tiempos difíciles, ella prepara su "Especial del Plato Rojo", y coloca ese alegre plato en el lugar del integrante familiar que está sufriendo.

Pueden comer en lugares especiales, ¡y no estoy hablando de un restaurante! Utilice su patio. Prepare una merienda y siéntense en el piso o en otro cuarto. Sea creativa no sólo en cuanto a dónde comer, sino también en cuanto a qué comer. Sirva una comida invirtiendo el orden, comience con el postre primero, o enumere las diferentes partes de la comida, que cada miembro escoja un número ¡entonces sirva la cena en el orden en que escogieron los números! También, puede hacer de la comida una búsqueda de tesoro, con pistas que dirijan a cada parte del menú, coloque alguna parte dentro de la casa y otra afuera. ¡Usted puede avanzar otra milla hacia la diversión y celebrar con muy poco esfuerzo!

¿Y por qué no hacer del día del Señor el día más importante de la semana? Ruth Graham "hizo del domingo el mejor día de la semana. Siempre había alguna actividad compartida o salida en la tarde, y a los niños se les daba algo especial... Era el día del Señor, un día para regocijarse y estar agradecidos".[1] Haga lo que tenga que hacer para avanzar la otra milla, y celebrar cada domingo el hecho que son cristianos.

Finalmente, si alguien está enfermo, saque una bandeja y sírvale las comidas en ella con una flor, una vela, y platos especiales. Y no se olvide de poner una campanita al lado de la cama del enfermo. ¡Permita que su enfermo toque la campana cuando desee algo! ¡Las tareas mundanas del diario vivir, la primera milla, son oportunidades grandes para celebrar la otra milla!

#7. Un corazón que da tratamiento especial

Tito 2:4 nos enseña que nuestro esposo e hijos han de tener prioridad sobre toda otra relación y responsabilidad humana. Por eso desarrollé este principio de guiar el cariño maternal de mi corazón: *No les des a otros lo que todavía no has dado en casa.* Permítame que le cuente cómo nació este principio.

Una tarde, estaba apurando a mis dos niñas pequeñas a subir al automóvil, para así poder entregarle una comida a la "señora X" que había dado a luz. Todo el día trabajé en esta comida, ya que a esta mujer le hacía falta la ayuda de las personas en la iglesia. Una mujer que yo ni siquiera conocía. Cociné un jamón rosado, jugoso, hice una ensalada de gelatina en un molde, había cocinado al vapor verduras con hermosos colores, y lo coroné con mi postre más especial. Al comenzar a salir por la puerta del frente, Katherine y Courtney querían saber para quién era la comida. Bajé la bandeja, bellamente preparada, al nivel de ellas y aproveché esta oportunidad para enseñarles acerca de la generosidad cristiana. Les expliqué: "la señora X ha tenido un bebé y le estamos llevando la comida a su familia para que ella pueda descansar después de haber estado en el hospital".

Todo estuvo bien hasta que mis hijas preguntaron: "¿Qué vamos a cenar nosotros?" Cuando les dije que íbamos a comer macarrones con queso y perros calientes (¡de nuevo!), sentí la gran convicción de que mis prioridades estaban equivocadas. Había puesto a otra persona, a la señora X antes de mi propia familia. Había avanzado *muchas* millas más preparando la comida para alguien que yo ni siquiera conocía, pero estaba preparando algo rápido y fácil para mi esposo e hijas. En resumen, ¡le estaba dando a otra persona lo que no le había dado primero a las personas más cercanas a mí!

¡Desde ese momento, he preparado la misma comida para mis seres queridos (gente a la que aprecio millones de veces más que cualquier otra persona) que la que preparo cuando hago una buena obra! Y cuando llevo algo a una comida donde cada invitado aporta un plato, preparo el doble, así dejo uno en casa. Cuando llevo un postre a alguna reunión, lo llevo con dos o tres pedazos menos, son pedazos que dejé para las personas más importantes para mí.

Este principio, *no les dé a otros lo que todavía no ha dado en casa*, se aplica a mucho más que la comida. Por ejemplo, hablamos con personas por teléfono, pero no hablamos con nuestros hijos. Escuchamos a otras personas, pero no escuchamos a nuestros hijos. Pasamos tiempo con otras personas pero no con nuestros hijos. Les damos sonrisas y alegría a otros, pero no siempre compartimos eso con nuestros hijos.

Una madre preguntó: "¿Te has dado cuenta alguna vez de la diferencia que hay en el tono de voz que una reserva para sus amigos y el que usa con su familia? Es tan fácil darle lo mejor de nosotros a extraños, y a nuestra familia tirarle lo que sobra". Luego continuó diciendo: "Una joven madre de ocho niños entró a la sala y encontró a todos sus hijos discutiendo. Con suavidad les exhortó: 'Niños, ¿no saben que la Biblia dice que seamos amables los unos con los otros?' El mayor, que tenía nueve años, miró pensativamente alrededor del cuarto y respondió: 'Pero mami, ¡aquí no hay nadie más que la familia!'"[2]

#8. Un corazón que está concentrado

Cuando leí las palabras de Jesús de que "Ninguno puede servir a dos señores" (Mateo 6:24), nació otro axioma materno: *Cuidado con la doble cita*. Cuando digo "doble cita" me refiero a tratar de concentrarse en sus hijos y al mismo tiempo en otras personas. He aquí un ejemplo de la doble cita.

Cierta vez, estaba aconsejando por teléfono a una madre acerca de la relación incierta que tenía con su hija adolescente. Habíamos hablado por más de 20 minutos cuando le oí decir, "Hola cariño". Cuando le pregunté: "¿Hay alguien ahí?", esta madre dijo con calma: "Oh, es solamente mi hija". Eran las 3:30 de la tarde. Esta hija, esta *"solamente mi hija"*, se había ido a las siete de la mañana. La madre no la había visto por más de ocho horas, y todo lo que su hija recibió fue un "hola cariño", un ejemplo claro de la doble cita. Es evidente que esta madre había hecho una doble cita cuando estaba hablando por teléfono conmigo (¡esta vez yo era la señora X!) cuando sabía que su hija, con la cual estaba teniendo problemas, estaba por llegar a casa. Nos envió a las dos el siguiente mensaje: Que yo era más importante que la hija que Dios le había dado.

Ahora permítame que le cuente acerca de otra madre, a quien tanto mi amiga Betina como yo admiramos como cristiana, esposa y madre. Cuando llamamos para fijar una reunión, nos invitó a un bello almuerzo, el cual disfrutamos en la sala del desayuno. Sin embargo, desde nuestra mesa, que estaba adentro, podíamos ver otra mesa afuera en la terraza con manteles individuales de encaje, servilletas almidonadas, un florero con flores frescas recién cortadas, dos cucharas de plata esterlina, dos platos de cristal, y dos copas de cristal para agua con hielo. Aquella preciosa mesa había sido puesta para la llegada del colegio de *su* hija adolescente. Esta considerada y amorosa madre tenía dos postres más en vasos de cristal que esperaban en la nevera, ¡y *cada* día hacía algo así! (Los días en los que no podía estar en casa cuando llegaba su hija, dejaba una nota de amor en una mesa que estaba servida, y también había algo especial en la nevera.)

Esta sabia madre, una madre que conocía sus prioridades, a las 2:30 ¡comenzó a echarnos de la casa porque venía alguien más importante! Con ambilidad dijo: "Bueno, siento que tengamos que concluir esta reunión, pero mi hija llegará a casa en quince minutos, y ese es nuestro tiempo especial". ¡Ella no estaba dispuesta a perderse un solo segundo del valioso tiempo con su hija por culpa de tener una cita doble, ya que nosotras también estábamos ahí! Ella nos había obsequiado su tiempo, un tiempo enriquecedor, que nos cambió la vida tanto a Betina como a mí, y a la vez nuestra anfitriona ciertamente cumplió con sus prioridades; sabía dónde concentrar sus esfuerzos. (Cuando nos fuimos, ¡casi no tuve tiempo para correr a casa y poner algunos manteles individuales y barras de cereal de avena en la mesa antes que llegaran Katherine y Courtney del colegio!)

#9. Un corazón que está presente

Nuestra presencia en el hogar es importante. No hay cifra de dinero suficiente que pudiera valorar nuestra presencia en el hogar después del colegio, al atardecer, en la noche, y en los fines de semanas o días feriados. Ninguna fiesta de artículos para el hogar, de cristalería, de plantas, o de ropa interior con las amigas se puede comparar con compartir la cena con la familia, ayudar a sus hijos a prepararse para la cama, arroparlos, leerles, orar con ellos, y darles un beso de buenas noches. ¡*Nada* se puede comparar!

Una vez, cuando fui invitada a participar en cierto ministerio, les pregunté a mis hijas qué les parecía que yo participara. Quería que ellas *supieran* que tenían el primer lugar en mi corazón y que eran más importantes para mí que cualquier otra persona o actividad. Luego, con la aprobación de mi esposo y la bendición de mis hijas, acepté la oportunidad ministerial y sabía que todo estaba bien en casa. Tenía el apoyo total de mi familia: Ellos querían que yo ministrara y estarían en casa orando por mí. Sólo una vez en mis 25 años de madre, una de mis hijas (quien en ese tiempo estaba en sexto grado) dijo: "Quisiera que no tuvieras que irte". ¡Y eso era todo lo que tenía que decir para que yo supiera que me necesitaban en casa y decidiera no ir!

#10. Un corazón que guarda silencio

¿Recuerda que mencionamos no hablar de nuestros esposos? Ese mismo principio también se aplica a los niños. La madre de Proverbios 31 nos ofrece una lección en cuanto al sosiego: "Abre su boca con sabiduría, y la ley de clemencia está en su lengua" (verso 26). Las palabras de los labios de esta preciosa madre están marcadas por la sabiduría y la bondad, y ninguna de estas cualidades hablaría jamás en forma negativa de sus hijos. Después de todo, "el amor cubre todas las faltas" (Proverbios 10:12). Una madre amorosa, cuyo corazón es sosegado, nunca publica información dañina o crucial, no habla de nada general ni de nada específico referente a sus hijos. Una amiga hablaba muchísimo sobre su vida hogareña (y su corazón) cada vez que advertía en términos generales a las madres más jóvenes, "¡Sólo espera, y verás lo terrible que es tener hijos adolescentes!"

Cómo le doy gracias a Dios por Brenda, un contraste total al de mi amiga. Brenda jamás dejaba de hablar en forma positiva y entusiasta de los años en que crió a sus niños. Me preguntaba: "Liz, ¿qué edad tienen las niñas ahora?" Cuando respondía: "Nueve y diez", exclamaba: "¡Me acuerdo cuando mis niños tenían nueve y diez! ¡Aquellos años maravillosos!" Años más tarde cuando mi respuesta a su misma pregunta era: "Trece y catorce", de nuevo Brenda exclamó: "¡Oh, me acuerdo cuando mis varones tenían trece y catorce! ¡Esos fueron años maravillosos!" No importaba qué edad tenían Katherine y Courtney, Brenda siempre veía esos años como años maravillosos. Estoy segura de que se encontró con los retos normales, pero ella fue una madre cuyo corazón estaba lleno de afecto maternal para sus varones y su hogar estaba lleno de diversión, su corazón era positivo en cuanto a la tarea de Dios para ella, ¡y sus labios callaban cuando tenía alguna dificultad!

La solución de Dios para los retos que enfrentamos en la crianza de nuestros hijos (¡los niños que Él nos ha dado y los retos que Él sabe que enfrentamos al criarlos!) está en las "mujeres mayores" de Tito 2:3. Por lo tanto, le animo a que desarrolle una relación con una "mujer mayor" como Brenda, para que pueda ayudarle y animarle. Hable con ella, y con Dios, acerca de ser madre. Hágale a ella y al Señor sus preguntas sobre cómo cumplir esa responsabilidad maravillosa y ese privilegio bendito con un corazón afectuoso para con sus hijos.

Respuesta del corazón

Hemos avanzado mucho en nuestro andar a través de las Escrituras, aprendiendo a ser la clase de madre que Dios quiere. ¡Cuán bendecidas somos al orar por nuestros hijos! ¡Qué reto es instruirlos en los caminos de Dios! Y qué deleite es establecer una atmósfera de amor, risa y diversión en el hogar. ¿Está su corazón lleno de afecto maternal? ¿Aprecia a sus hijos, y saben ellos que los aprecia? ¿Disfruta a sus hijos y espera poder pasar tiempo con ellos? Ser la madre que complace a Dios implica oración. Después de todo, Él es el que hace que nuestros corazones estén gozosos y felices, que sean generosos, dadivosos y callados; nos permite concentrarnos y llevar a cabo nuestras prioridades; y provee lo que nos hace falta para avanzar la otra milla y ser la madre que Él quiere que seamos. La tarea asignada no es fácil, ¡pero todo lo podemos en Cristo que nos fortalece! (Filipenses 4:13).

✳ 13 ✳
Un corazón que hace
de la casa un hogar

La mujer sabia edifica su casa.

Proverbios 14:1

Una noche, a la hora de dormir y justo antes que apagara mi luz, leí esta bella descripción de un hogar por Peter Marshall, antiguo capellán del Senado de Estados Unidos. Quizás le abra los ojos y le toque el corazón así como tocó el mío.

En la primavera tuve el privilegio de hacer una visita a un hogar que para mí, y estoy seguro de que para los que lo ocupan, también es una pequeña porción del cielo. Ahí había belleza. Una aguda apreciación de las cosas más bellas de la vida, y una atmósfera donde era imposible dejar de pensar en Dios.

La habitación era alegre, blanca y limpia, al igual que acogedora. Había muchas ventanas, flores que florecían en macetas y en floreros, añadiendo su fragancia y belleza. Había libros de pared a pared, libros buenos, inspiradores e instructivos, buenos libros, buenos amigos. Tres jaulas de pájaros colgaban en el resplandor y color de este hermoso santuario, los pájaros cantores expresaban su apreciación cantando como si sus pequeñas gargantas fueran a explotar.

La música de la naturaleza, la belleza de la naturaleza, la paz de la naturaleza... Me pareció como si fuese una especie de paraíso que había descendido, un oasis encantador, un hogar.[1]

Lo que más me impactó, además de la belleza de esta imagen, fue el darme cuenta que mi hogar (y el suyo) puede ser como un pedacito del cielo, una especie de paraíso, tanto para mi querida familia como para todo aquel que entre en su recinto. Al dormirme aquella noche, soñé con hacer que mi casa fuera un hogar en el cual fuera imposible dejar de pensar en Dios.

Pero a la mañana siguiente, cuando me enfrenté a la realidad mediante la alarma de mi despertador, supe que la hora de dormir había terminado. Era hora de ponerme a trabajar, si es que iba a convertir mi sueño en realidad. *¿Pero cómo?* era la urgente pregunta de mi mente. Y una vez más, la palabra perfecta de Dios, con sus respuestas vino a mi rescate.

El negocio de edificar

Proverbios 14:1 dice: "La mujer sabia edifica su casa". Ya que necesitaba instrucciones sobre la construcción para poder hacer de mi casa un hogar, desmenucé este versículo, comenzando con el aspecto positivo de la construcción. En lo literal "edificar" quiere decir construir y levantar una casa,[2] y este versículo no se refiere sólo a la estructura y el mantenimiento del hogar, sino también a la familia misma. Como ve, un hogar no es sólo un lugar; también consiste de personas.

Un erudito perspicaz explica este verso de esta manera:

Aunque la palabra hebrea para "casa" y "hogar" es la misma, aquí se prefiere usar la palabra "hogar." Una casa no es siempre un hogar, y este verso no habla de la construcción, de la albañilería, o de la carpintería de una casa, sino de construir un hogar; de crear lazos familiares y de la rutina diaria de crear un lugar feliz y cómodo para que una familia pueda vivir.[3]

¿Y quién es responsable por la calidad de vida en ese lugar en el cual vive la familia? ¡La mujer! Ella establece y mantiene la atmósfera dentro del hogar. De hecho, este versículo enseña que si la mujer es sabia, crea esa atmósfera con diligencia y en forma deliberada. No espera que suceda simplemente.

Cree la atmósfera. El crear la atmósfera de un hogar es muy parecido a usar el termostato para regular la temperatura dentro de la casa. Usted decide una temperatura ideal para su familia y entonces la ajusta. Entonces el termostato toma control y comienza a trabajar para mantener la temperatura que desea en su hogar. Si la casa comienza a ponerse caliente, el termostato automáticamente enciende y comienza a echar aire frío para enfriarla. Si entra aire frío, el termostato recibe la señal y comienza a calentar la casa.

Bueno, ¡he descubierto que en mi hogar *yo* soy el termostato! Quiero que la atmósfera en nuestra casa sea cálida, feliz, positiva y constructiva. Por lo tanto, cada mañana trato de ir a la Palabra de Dios (recuerde, Dios está primero) y de orar, dándole a Él la oportunidad de poner la temperatura de mi corazón igual que el suyo.

Entonces comienzo a trabajar para mantener la tranquilida en el hogar. Si las cosas comienzan a ponerse calientes (palabras calientes, temperamentos calientes, emociones calientes), procuro verter palabras frescas y tranquilizadoras ("la blanda respuesta quita la ira", Proverbios 15:1) y palabras de paz ("y el fruto de justicia se siembra en paz para aquellos que hacen la paz", Santiago 3:18).

De igual manera, si las cosas empiezan a enfriarse (corazones fríos, pies y hombros fríos), procuro decir alguna palabra buena que alegre los corazones (Proverbios 12:25), recordando que "el corazón alegre hermosea el rostro" (Proverbios 15:13) y que "el de corazón contento tiene un banquete continuo" (Proverbios 15:15). Tales momentos son un reto, pero en respuesta a muchas oraciones hechas en silencio, Dios me da el corazón, la sabiduría, y las palabras para crear una atmósfera saludable. Él hará lo mismo con usted a medida que cree la atmósfera de su hogar.

Edifique un refugio. Al ser el centro de la familia, el hogar ministra a la misma mucho más de lo que podemos imaginarnos. Recuerdo la vez en que mi esposo dejó este hecho bien en claro. Había tenido "uno de esos días" que le exigió hasta el límite. En ese entonces, siendo un estudiante del seminario, Jim había salido del estacionamiento de la iglesia a las 5:00 A.M. para ir a clase y dar el sermón del año de graduación. Cuando regresó a la iglesia, viajando por el tráfico del centro de Los Àngeles, tuvo que salir nuevamente para oficiar un servicio fúnebre e incluso ir al cementerio, ya que una mujer que no tenía a nadie que le ayudara a enterrar los restos de su esposo había llamado pidiendo ayuda, justo el día en que Jim era el "pastor del día". Para rematar la jornada, hubo una reunión hasta tarde en la iglesia.

Yo tenía la luz del porche encendida y miraba por la ventana de la cocina, esperando a Jim. Cuando por fin llegó a la puerta delantera, entró casi desplomándose y cayéndose; al entrar, mi exhausto esposo suspiró y dijo: "Ay, Liz, todo el día me decía 'si sólo pudiera llegar a casa, todo estaría bien'".

"Si sólo pudiera llegar a casa, todo estaría bien". ¡Qué bendición sería si cada miembro de su familia y la mía supiera que existe un lugar en la tierra donde todo estará bien! En verdad, el hogar sería un remanso y un refugio maravilloso para ellos, un "hospital" como dice Edith Schaeffer.[4] Qué meta digna de que nosotras la alcancemos, poder edificar una casa que fortalezca y renueve cada miembro de la familia. Mamie Eisenhower se propuso esa meta para con su esposo, el famoso presidente de Estados Unidos. Ella quería edificar un "hogar [donde] él perteneciera al mundo de ella, un mundo de vida familiar alegre, donde no existieran las presiones".[5] ¡Imagínese tal refugio!

Nuestros hijos y esposos se benefician de nuestros esfuerzos por edificar. Un consejero informó que "una vida familiar segura tiende a reducir la frustración y la inquietud en la vida de un niño, y le da la habilidad de lidiar mejor con las presiones".[6] Y esa es sólo una ventaja que les damos a nuestros hijos cuando nos ocupamos del negocio de edificar un hogar.

Tanto durante la vida como al acercarse la muerte, el hogar cumple una función importantísima. Cuando un cáncer fulminante obligó al doctor Francis Schaeffer a dejar su amado L'Abri en Suiza y venir a vivir a Estados Unidos, donde podría recibir mejor tratamiento, la primera preocupación de su esposa era establecer un hogar. Cuando le preguntaron: "¿por qué un hogar?", Edith dijo que "el hogar es importante para que una persona mejore, y también para que la familia pase un tiempo unida, si es que alguien está muriendo. Sea cual fuere el caso, tanto la belleza como los familiares que están acompañando tienen un efecto sobre lo físico, lo psicológico e incluso sobre el estado espiritual".[7] Qué proyecto de edificación vale la pena, porque hace de nuestro hogar un refugio para nuestra familia. La palabra "refugio" nos trae calma al corazón y al alma.

Evite las cosas negativas. Proverbios 14:1 comienza diciendo: "La mujer sabia edifica su casa", pero la segunda mitad es igual de importante: "Mas la necia con sus manos la derriba". Derribar un hogar quiere decir romperlo o destruirlo, golpearlo o arruinarlo.[8] ¿Cómo puede una mujer derribar su casa? ¿Cómo puede ser una máquina demoledora y destructora, la cual sólo ella opera? Mi propia experiencia ofrece dos respuestas a esa pregunta.

Primero, una mujer puede causar mucho daño en forma activa: Al actuar destructivamente. Por ejemplo, ¿qué hace la ira cuando está fuera de control? Tira, golpea, rasga y rompe. También rompe las reglas. Como si el *realizar* estos actos destructivos no fuera suficientemente malo, la ira fuera de control también *emite palabras* que rompen, destruyen, arruinan y matan.

Molly Wesley, la esposa del fundador del metodismo John Wesley, debe haber sido una mujer que derribó su hogar. Su esposo le escribió una carta en la que anotó sus diez quejas más importantes, "las cuales incluían el robar de su escritorio, que no le permitía invitar a sus amigos a tomar té, que lo hacía sentirse como un prisionero en su propia casa, que tenía que darle cuentas a ella de todos los lugares donde iba, que mostraba los papeles y los documentos privados de él sin su permiso, que usaba un lenguaje inapropiado con los criados, y que calumniaba maliciosamente".[9] ¡Estas son maneras efectivas de derribar un hogar!

La segunda forma de arruinar un hogar es en forma pasiva: Simplemente deja de trabajar. Podemos debilitar poco a poco el fundamento de nuestro hogar debido a nuestra pereza, a una actitud que dice "nunca consigo hacerlo" (sea lo que sea), por negligencia, por olvidarnos de pagar una cuenta o dos, por posponer las cosas, por no pasar suficiente tiempo en casa. También existe el problema del exceso, demasiada televisión, demasiada lectura, demasiadas compras, demasiado tiempo con las amigas, demasiado tiempo en el teléfono, y el más reciente exceso, ¡demasiado tiempo en la Internet!

Sé que usted procura que su corazón sea conforme al corazón de Dios y sus caminos. Por eso es que está leyendo este libro. Así que estoy segura de que quiere hacer de su casa un hogar. El tener ese deseo en el corazón es un paso importante y lograr que una casa se transforme en un hogar, ciertamente depende de nuestro corazón.

Sí, ¿pero cómo?

Una mujer que en su corazón desea hacer de una casa un hogar, ¿cómo lleva a cabo el proceso de edificación? ¿Qué podemos hacer nosotras para ser usadas por Dios y crear el lugar que Él tiene en mente para nuestra familia?

Entienda que la sabiduría edifica. La mujer sabia es consciente de que tiene una misión de parte de Dios y sabe que edificar un hogar es un esfuerzo de toda la vida. La enseñanza de la Biblia es clara, y también lo es el fuerte contraste que existe entre la mujer sabia y la necia. La sabiduría edifica, edifica y edifica, evitando cualquier actitud o hecho que no edifique. Este tipo de esfuerzo por edificar es sabio, ya sea que esté edificando un hogar para usted misma, o para su esposo e hijos. Permítame explicarle.

A medida que mis dos hijas crecían (tanto cuando tenían edad preescolar como cuando eran mujeres con carreras definidas, pero vivían en casa), ellas edificaban sus propias habitaciones, las cuales eran sus "pequeñas casas". Yo utilicé un sistema de tarjetas de 3" x 5" para los quehaceres, me quedaba con algunas y les daba las otras. Cuando yo limpiaba la casa, Katherine y Courtney limpiaban su cuarto. Cuando sacudía el polvo, ellas también lo hacían, y tenían más tarjetas, las cuales tenían las mismas tareas que las mías. Cada una tenía su propia cesta de ropa sucia, y desde el momento en que pudieron subir sobre algo, poner el jabón y encender la máquina de lavar, han lavado su propia ropa y la han doblado y guardado en sus gavetas. (Una pequeña posdata. Hoy día, los quehaceres domésticos no son ningún problema para mis hijas, porque lo han hecho por años y handesarrollado las habilidades necesarias. Courtney hasta gana dinero adicional, así como la mujer de Proverbios 31, limpiando los hogares de otros y contribuyendo así al presupuesto familiar.)

Aunque comparta una habitación o un apartamento, con todo tiene su "casa" para edificar, su porción del lugar. Hablé

151

con una mujer ingeniosa, madre de cuatro niñas pequeñas que comparten una habitación. Cada niña tiene su litera, sus estantes y gavetas que cuidar. LaTonya también utilizó cinta adhesiva para dividir el área de juego en cuatro cuadros, y cada hija es responsable de un cuarto de dicha área.

Así como les recordaba frecuentemente a Katherine y a Courtney (y a mí misma) "¡lo que tú eres en tu casa, es lo que realmente eres!" O estamos edificando el hogar, su atmósfera y su orden, o lo estamos derribando a través de actitudes destructivas y negligencia. La forma en la que cuidamos del lugar, de las personas, ¡de la chequera!, de la ropa, etc., dice mucho sobre nosotras. La sabiduría edifica. ¿Estamos nosotras edificando?

Decida comenzar a edificar. Nunca es demasiado tarde para comenzar, o para comenzar de nuevo a edificar su casa, a crear un refugio encantador llamado "hogar". Sólo a nuestro enemigo Satanás le gustaría que pensáramos de otra manera. Podemos comenzar en cualquier momento, ¡incluso hoy mismo!

Una estudiante de mi clase de "Una mujer conforme al corazón de Dios", escribió en su tarea: "Al oír la Palabra de Dios, y leerla en mi Biblia, tuve tanta convicción que quise comenzar de inmediato a edificar mi hogar. El poner los principios de Dios en acción en mi hogar marcó una diferencia instantánea, a tal punto que anoche mi esposo dijo: 'Vaya, Claudia, ¡estoy contento de que hayas ido a oír a Elizabeth George!'"

Comience por tomar la decisión positiva (o por comprometerse de nuevo) de hacer su tarea en el hogar "con voluntad" (Proverbios 31:13) y "de corazón" (Colosenses 3:23). La actitud de su corazón es fundamental. Y no se olvide de tomar otra decisión. Decida cesar de inmediato cualquier hábito destructivo que esté derribando y destruyendo la pequeña porción del cielo que está tratando de edificar para otros.

Haga una cosa cada día para edificar su hogar - Yo comencé con este "haga una cosa cada día para edificar su hogar" después de leer un artículo que corté del *Los Ángeles Times* titulado "Diez buenas razones para hacer la cama". Confieso que yo era un caso de internación, así que, como habrá adivinado, comencé a hacer la cama cada día porque la Razón #1 decía: "Ya que la cama es la cosa más grande en el cuarto, el hacerla da como resultado que el cuarto mejore en 80%."[10]

Mire alrededor de su hogar (o apartamento, o cuarto, o medio cuarto) por dentro y por fuera. Haga una lista de las cosas que necesitan ser añadidas, reparadas, establecidas, etc., para que su área sea más como un refugio. Luego haga sólo una cosa de esa lista cada día, o hasta una por semana.

Quizás también quiera ponerse a trabajar con una actitud que, si es superada, si es transformada por Dios, mejoraría la atmósfera del hogar. Por ejemplo, utilicé mi propia libreta de oración para ponerme a trabajar en mi actitud rezongona. Después de leer que se precisan 21 días para eliminar un mal hábito y formar uno nuevo, pensé: *Oiga, ¡yo puedo hacer eso con mis rezongos!* Bueno, permítame decirle rápidamente que me ha tomado mucho más (décadas más) que tres semanas para limpiar esta gran área problemática, lo que sí es cierto es que cada esfuerzo y cada día marca una diferencia positiva en mi hogar, en el cielo de mi familia en la tierra.

Respuesta del corazón

En este verso, Dios nos da sabiduría para toda una vida: "La mujer sabia edifica su casa, mas la necia con sus manos la derriba" (Proverbios 14:1). Escudriñe su corazón y su hogar. ¿Cuál de estas dos mujeres se parece más a usted? ¿En qué se está concentrando o invierte su energía? Mire más allá de la limpieza y del cocinar, mire a su corazón.

Repito, este libro trata lo que es tomarse la sabiduría y los caminos de Dios a pecho, y sé que usted quiere lo que Él quiere. Respóndale ahora, declarando que "la palabra del Señor es justa... los planes del Señor quedan firmes para siempre" (Salmo 33:4, 11 NIV). Dios, quien nos hizo y nos conoce más que nadie, quiere que hagamos de nuestra casa un hogar, y Él nos ayudará a hacerlo.

14

Un corazón que cuida del hogar

Ella considera los caminos de su casa, y no come el pan de balde.

Proverbios 31:27

¿Recuerda ciertos detalles de aquellos primeros días, semanas, o meses cuando se convirtió? Uno de mis recuerdos más terribles es que yo descuidaba mi casa y me sentaba acurrucada en el sofá, hora tras hora, leía, leía, y leía, de todo. El leer era una pasión para mí, algo mucho más importante que un mero pasatiempo o interés. Y mientras yo leía, las pequeñas Katherine y Courtney, con sólo sus pañales puestos, andaban por la casa sin tener quién las supervisara ni adiestrara.

¡Pero gracias a Dios, en el minuto que Cristo entró en nuestro hogar comenzó a hacer su obra transformadora! Comencé a asistir a un estudio bíblico para mujeres jóvenes casadas los miércoles en la noche en mi iglesia. Allí, la poderosa verdad de la Palabra de Dios volteó mi matrimonio de arriba abajo (¡mejor dicho, de abajo arriba!), allí estudié *The Happy Home Handbook* [1] (Manual del hogar feliz), lo que habría de transformar mi corazón y mi hogar.

Durante este estudio bíblico, yo utilizaba la esquina de mi sofá para hacer mi lección semanal. Una lección tenía (para mí) el título más extraño "Why Work? (¿Para qué trabajar?)" Ahí estaba yo sentada, haciendo caso omiso de mi casa, mi esposo y mis hijas estaban descuidados, mientras tanto yo buscaba en mi Biblia nueva las referencias en cuanto al trabajo y por qué Dios pensaba que era tan importante. Pronto tomé mi marcador rosado para señalar otra de las pautas que Dios me daba para ser una de sus amas de casa.

Considere y trabaje

Esa pauta se encontraba en la descripción llena de gracia de la mujer de Proverbios 31. El verso decía: "Ella considera los caminos de su casa, y no come el pan de balde" (verso 27). Al leer estas palabras, supe repentinamente que mis días de sentarme en el sofá habían llegado a su fin, pero entonces hice algo más. Estiré mi mano para tomar varios libros de referencia del seminario de Jim, para averiguar qué significaba esto de "considerar".

Aprendí que en la forma que se utiliza aquí, "considerar" significa "estar erizado" como con espinas, muy parecido a lo que un pájaro o un animal haría para proteger su cría. El verbo conlleva la idea de vigilar, proteger, salvar, y atender en forma activa algo precioso. Este vigilar implica observación y preservación. Una mujer que considera los caminos de su casa es una mujer que considera su precioso hogar.[2] Aquí tenía otro aspecto de la meta que Dios tenía para mí, y reconocí que *tengo la misión de Dios de considerar mi hogar y las personas en él.*

Para entender mejor el significado de la palabra *considerar*, miremos cómo se usa en el Salmo 5:3: "Oh Jehová, de mañana oirás mi voz: de mañana me presentaré a ti, y esperaré". En hebreo, la palabra "esperar" es la misma que se usa para "considerar." El salmista, cuidadosamente ora a Dios en la mañana, y luego se transforma en guardia, vigila y está alerta, esperando que su oración sea contestada.[3]

¡Y aun hay más! La palabra "considerar" es usada a través de la Biblia para describir a las personas que estaban encargadas de notificar la primera señal de que Dios contestaba a la oración.[4] Por ejemplo, en la cima del monte Carmelo, el profeta Elías se postró en tierra y comenzó a orar. No había llovido por tres años y medio, y Elías comenzó a rogar a Dios por lluvia. Mientras oraba, le dijo a su siervo que fuera corriendo a mirar hacia el horizonte para divisar nubes de lluvia, una señal de que Dios estaba contestando su oración. Elías oró por lluvia siete veces y el siervo fue siete veces a ver si había lluvia, hasta que finalmente hubo una respuesta de parte de Dios (1 Reyes 18:41-44). Mientras nosotras oramos y consideramos nuestro hogar, tenemos que hacerlo con fervor y de todo corazón, como Elías. Este profeta y otros al igual que él dedicaron su vida a vigilar, esperando que Dios cumpliera las promesas que ellos habían pronunciado en nombre de Él. Nosotras tenemos que ser así de fervientes en hacer de nuestra casa un hogar y en cuidar a las personas dentro del mismo. Entonces podremos ver y celebrar cuando Dios hace su parte, ¡contestar, bendecir y cambiar!

Por lo tanto, ¿cuáles son algunas de las cosas específicas que usted y yo debemos considerar en nuestro hogar? Quizás su lista se parezca a la mía. En mi hogar, yo soy la que estoy atenta a la salud, la higiene, la limpieza y la seguridad. (Siempre que no estoy, dejo instrucciones en la puerta de la nevera recordándoles a mi esposo e hijas que cierren las puertas en la noche con cerrojo, porque ese es mi trabajo cuando estoy en casa.) Luego está la parte monetaria, ya que llevo el registro de gastos, ahorro, superviso, doy, gasto, y estiro lo más posible cada centavo.

También me encargo de las necesidades y arreglos de la ropa, las garantías de los aparatos electrodomésticos, los contratos de servicio y la planificación y preparación de la comida. Ya que soy la que hace las compras de la comida y la que llena la despensa y la nevera, considero la nutrición, la selección, y las clases de comida y bebidas disponibles en la casa. También superviso el calendario, manteniendo un ojo abierto con respecto a los próximos eventos y tratando de anticipar las necesidades futuras. Y mientras tanto intento considerar las actitudes y las necesidades que cada miembro de la familia tenga pero que no comenta.

Jonathan Edwards, un predicador del siglo dieciocho, fue bendecido con una esposa que consideraba su hogar. Él confiaba todo al cuidado de Sara, con completa confianza, y un ejemplo en particular demuestra lo que en realidad es alguien que considera. Un día, mientras Jonathan Edwards estudiaba, alzó su vista y le preguntó a Sara: "¿No es la época de cortar el heno?" Puesto que ella era una mujer que consideraba y era trabajadora, y cuidaba lo que era precioso, pudo responder: "Hace dos semanas que está en el granero".[5]

Qué bendición puede ser para su familia el que usted considere y vigile las varias funciones del hogar. Y qué manera maravillosa de ser una ayuda para su esposo si logra anticipar, percibir, y actuar de acuerdo a las necesidades del hogar. Antes que su esposo siquiera *piense* en algo, ¡usted ya se habrá encargado de eso!

Sí, ¿pero cómo?

¿Cómo nos podemos poder delante de Dios para que Él cree en nosotras un corazón que considere con efectividad nuestro precioso hogar? He aquí algunos pasos que puede tomar a medida que Dios cultiva en usted tal corazón.

Primer paso: Entienda que este papel de ayudar y consi- derar es el plan de Dios para usted. Así como lo ilustra Proverbios 31:10-31, una mujer conforme al corazón de Dios, ya sea que esté casada o no, considera los caminos de su casa y no come el pan de balde (Proverbios 31:27). Cuando me di cuenta de que estas instrucciones venían de parte de Dios (y no de mi madre, ni de mi esposo, ni de mi maestra de Biblia), dicha verdad me impactó, lo cual me hacía falta. A medida que pensaba en todo lo que implicaba edificar el hogar en primer lugar, y en segundo lugar vigilarlo, me asombré de la enorme responsabilidad que Dios me había dado en casa.

Además, Dios nos llama a usted y a mí a ser mujeres "virtuosas" (Proverbios 31:10), añadiendo otro reto más a nuestro papel en el hogar. La palabra "virtuosa" habla de la fuerza moral, la fuerza de carácter. Pero un segundo significado enfatiza la habilidad y la destreza física. Proverbios 31 habla de una mujer virtuosa en ambos sentidos de la palabra. Este retrato revela su fuerza de carácter y su excelencia moral, así como la fuerza de su cuerpo, su laboriosidad, energía, trabajo, habilidad y logros, al considerar su precioso hogar y negarse a comer el pan de balde.

Al mirar esta excelente mujer en todo su esplendor, me di cuenta de que yo había exagerado el aspecto moral de la virtud y ¡no le había dado la importancia a la parte del trabajo! Sin embargo, tomarse el trabajo de considerar es parte del plan perfecto de Dios para mí y para usted, a medida que El nos hace mujeres virtuosas. Una vez que hayamos entendido esto, nos dirigiremos en la dirección correcta.

Segundo paso: Comience a considerar su hogar (en lugar de comer el pan de balde). Cuando aprendí acerca de "considerar", me di cuenta de que, cuando mucho, yo estaba *echándole un vistazo* a mi casa. En realidad, ¡mis esfuerzos ni se comparaban con lo que Dios describe en Proverbios 31! Así que tomé algunas decisiones importantes y difíciles sobre considerar (lo positivo) y no comer el pan de balde (lo negativo).

Más adelante mencionaré algunos principios útiles acerca de la administración del tiempo, pero ahora le hablaré sobre *el principio* que gobierna todas mis horas de trabajo y mi vida. "En toda labor hay fruto" (Proverbios 14:23). Éste trocito de sabiduría me ha ayudado a considerar más y a ser menos perezosa. He aquí cómo lo puse en funcionamiento.

Durante el día me digo: "Liz, en toda labor hay fruto. Es muy bueno tener el trabajo en pilas lindas y ordenadas con etiquetas de tareas A, tareas B, y tareas C, pero si te mantienes en movimiento, lograrás hacerlo todo." Por lo tanto, me mantengo en movimiento todo el día. Tengo listas y un horario general (que incluso puede incluir un descanso o una siesta), pero estoy ocupada haciendo algo todo el día, salvo durante mi tiempo de devoción (nuestra búsqueda de Dios debe estar primero).

Cuando Katherine y Courtney eran pequeñas, traté de inculcar este principio en ellas para que no tuvieran las mismas luchas que yo tuve. Así que, por ejemplo, no veían televisión a menos que estuvieran haciendo algo. Si estaban viendo televisión, también estaban ocupadas organizando sus libros del colegio, forrando libros, limpiando las gavetas, haciendo galletas de chocolate o pintándose las uñas. Así tenían estas y otras actividades durante su tiempo de televisión, porque en toda labor hay fruto.

Cuando ellas estaban ocupadas con sus labores frente a la televisión, yo también lo estaba. Revisaba mis recetas, planeaba el menú para la semana entrante, leía artículos y cortaba cupones del periódico, hojeaba artículos de revistas, y a veces me pintaba las uñas también.

Como resultado de este adiestramiento, ninguna de nosotras disfruta mucho de la televisión. Hemos aprendido a no dejarnos caer en un asiento y quedar absortas por un determinado programa de televisión. Dicho de otra manera, no sabemos comer el pan en balde. Para nosotras, ¡sabe mal! ¡Y sí sabemos lograr muchos trabajos!

Así como lo demuestra este ejemplo, los principios de Dios eran la solución a mi desorganización e ineficiencia en el hogar. Tuve que girar 180 grados. Pero estoy en buen camino (y espero que mis hijas también) gracias a las instrucciones que se encuentran en la Biblia. La Palabra de Dios me ha servido, ayudándome a sintonizar mi corazón con su voluntad y sus caminos. Él es fiel y hará lo mismo por usted.

Tercer paso: Elimine la ociosidad. No estoy segura de dónde tomó Jim la siguiente lista de "robatiempo", pero me la pasó a mí y quiero pasársela a usted también. En primer lugar, úsela para ayudarle a identificar los "robatiempo" de su diario vivir, y luego para que le sirva para recobrar el tiempo y así poder considerar su precioso hogar y trabajar en él. He aquí los mayores "robatiempo":

- Dejar las cosas para después
- Planificación y organización personal inadecuada
- Las interrupciones de personas sin cita previa (Esto incluye interrupciones telefónicas. Y por favor tome nota; sus hijos *no* son interrupciones, ¡son su obra más grande y la mejor inversión de su tiempo!)
- No saber delegar
- Mal uso del teléfono
- Leer los folletos o informaciones que vienen por correo (incluso correo electrónico)
- Falta de interés en la buena administración del tiempo
- Prioridades difusas

¿Cuál "robatiempo" eliminará esta semana a medida que se convierte en una mujer que considera el estado de su hogar en forma más alerta y virtuosa?

Respuesta del corazón

Mi querida hermana y amiga, tenemos que orar por ojos que tengan la visión que Dios tiene para nuestro precioso hogar, y por un corazón que entienda cuán importante es para Él lo que suceda en nuestro hogar. Lamentablemente, muy pocas casas se han convertido en hogares que demuestran los deseos que Dios tiene de ver la belleza y el propósito de esas estructuras.

¿Puede ver el ideal de Dios para su vida de hogar? ¿Puede ver el valor de cada comida preparada, cada alfombra aspirada, cada mueble sacudido, cada piso lavado, cada ropa lavada, doblada y planchada? ¿Su corazón desea pagar el precio de considerar y de trabajar?

Evalúe la actitud de su corazón hacia el precioso lugar que llama hogar. ¿Está orando y luego viendo la gloria de las respuestas de Dios?

Hace poco, mi amiga Raquel comenzó a orar por su hogar. Vea lo que ella informa: "Cada mañana, cuando tengo mi tiempo de oración voy por toda la casa y oro en cada cuarto. En la cocina oro para que todo lo que se haga allí demuestre el amor por mi familia. (Todas mis recetas han sido revisadas, de manera que el fruto del Espíritu sea añadido, una pizca de amor, un puñado de paciencia, etc.) Oro para que cada cuarto esté lleno del amor y la paciencia de Dios. De esta manera obtengo una actitud nueva hacia los quehaceres domésticos. Ya no es un trabajo. ¡Hasta puedo cantar mientras limpio el baño!"

Pídale a Dios que le haga una operación a corazón abierto: que se lo abra y lo llene con sus deseos para su hogar y con la fuerza y la pasión para cumplirlos.

✳ 15 ✳
Un corazón que transforma el caos en orden

Quiero pues que las... jóvenes...
gobiernen su casa.
1 Timoteo 5:14

Si bien había oído acerca de la administración y la organización del tiempo, nunca le había prestado mucha atención. Cuando estaba en la fila de la caja del supermercado, siempre veía alguna revista que anunciaba algún artículo que terminaría con mis problemas de la administración del tiempo ¡de una vez y por todas! Como lectora voraz, yo pasé mucho tiempo en librerías, donde encontraba estantes enteros de libros acerca de la administración y la organización del tiempo. Pero por mucho tiempo no tuve la más mínima motivación.

Responsabilidad y rendición de cuentas

Lo que por fin me motivó no fue el artículo de una revista, ni un libro, ni un maestro, ni siquiera las súplicas de mi esposo. ¡Fue la Palabra de Dios! Continué leyendo mi Biblia, usando mi marcador rosado para marcar aquellos versos con un significado especial para mí como mujer, y fue así que encontré un verso que logró llegar a mi desordenado corazón. No hubo forma en que no viera la palabra "gobernar" mientras leía: "Quiero pues que las... jóvenes... gobiernen su casa" (1 Timoteo 5:14). Otras versiones de la Biblia dicen:

"presidan el hogar o sean la señora de la casa".[1] De cualquier forma, el mensaje estaba claro.

Además, el porqué de esta declaración era claro: Las mujeres jóvenes de la iglesia de Timoteo eran "ociosas, andando de casa en casa; y no solamente ociosas, sino también chismosas y entremetidas, hablando lo que no debieran" (1 Timoteo 5:13). Su comportamiento suelto, no disciplinado, hizo que quienes estaban fuera de la iglesia pensaran y hablaran mal del cristianismo (verso 14). Es obvio que, el tener una casa para manejar contribuiría positivamente en las vidas de estas mujeres, ya que por lo menos eliminaría ciertas oportunidades para estos comportamientos negativos.

¡Dios me estaba hablando a mí! Ciertamente, yo era perezosa y culpable de varios de los otros malos comportamientos mencionados en este pasaje. Estaba claro que tenía que decidirme a actuar e implementar algunos cambios. Pero primero, para estar segura de que iba en la dirección correcta, quise encontrar el significado de "gobernar".

"Gobernar una casa" significa ser la cabeza, o guiar una familia. La persona que administra una casa es el ama de casa.[2] Sin embargo, esta administración habrá de rendir cuentas, ya que se la describe como la tarea de un mayordomo o siervo. La mujer que administra su casa *no* es la cabeza del hogar (es su esposo si está casada; o Dios si no lo está). En vez de eso, es el ama de casa, la administradora del hogar.

Muchas de las parábolas de Jesús nos ofrecen luz sobre esta clase de administración. Por lo general en estas historias, las cuales enseñan una lección acerca del reino de Dios, Jesús describe al dueño de una hacienda que, cuando se ausenta, delega el trabajo y los bienes de la casa a su amo de llaves y a su administrador. La más conocida de estas parábolas es la de los talentos (véase Mateo 25:14-30). Cuando el dueño regresa de su largo viaje, llama a todos sus siervos para que le den cuenta del trabajo que habían hecho mientras él no estaba. ¿Cuán bien habían administrado ellos lo que él les dejó a su cuidado?

Nos demos cuenta o no, esta parábola refleja lo que usted y yo hacemos en el hogar. Cada día se nos pide que administremos lo que Dios nos ha dado y provisto a través de nuestros esfuerzos y los de nuestros esposos, Dios nos hace responsables. ¡Qué bendición es para nosotras cuando le servimos bien en este aspecto! ¡Qué bendición somos para nuestra familia cuando administramos la casa como es debido! Martín Lutero escribió: "La mayor bendición... es tener una esposa a la cual puedes confiarle tus asuntos".[3] ¡Precisamente de eso se trata ser la administradora de la casa!

Sí, ¿pero cómo?

Una mujer que quiere lo que Dios quiere, una mujer que desea conocer el orden en lugar del caos, una mujer conforme al corazón de Dios, ¿cómo administra su hogar? Permítame contarle cómo yo comencé a administrar nuestro hogar.

Primero, entienda que la administración del hogar es lo mejor de Dios para nosotras. Dios no les está pidiendo a las mujeres que les guste ser las administradoras del hogar (aunque eso llega con el tiempo, a medida que cosechamos la multitud de bendiciones como resultado de una mejor administración del hogar). Y Dios no nos está pidiendo que *tengamos deseos* de administrar nuestro hogar. El sencillamente nos está llamando a hacerlo. La administración del hogar es su plan, su camino; es su buena voluntad, agradable y perfecta, para nosotras (Romanos 12:2); es "lo mejor" de Él para nosotras. (¿Recuerda el dicho que me ayuda a tomar decisiones? "Lo bueno, lo mejor, y lo óptimo, jamás dejes que se estanque donde está, hasta que lo bueno sea mejor, y lo mejor sea lo óptimo.") Escoger administrar nuestro hogar es escoger lo mejor de Dios para nosotras.

Segundo, decídase a tomar la administración del hogar en serio. ¿Por qué? Porque Dios utiliza la administración del hogar como terreno de entrenamiento para nuestro servicio en la iglesia. Según lo bien que usted y yo mantengamos nuestra relación personal con Dios, la devoción con que amamos a nuestro esposo y a nuestros hijos, y la efectividad con que administramos el hogar, así también llevaríamos adelante un ministerio. ¡Es verdad, lo que somos en el hogar es lo que realmente somos!

Por ejemplo, si yo hago un mal trabajo en el hogar, haré un mal trabajo en la iglesia. Si tomo atajos en casa, haré lo mismo en el ministerio. Si en casa soy una administradora descuidada, seré una administradora descuidada en la iglesia. Tales hábitos se convierten en un estilo de vida.

Pero lo opuesto también es cierto: Si soy organizada en casa, es probable que sea organizada en los ministerios de mi iglesia. Si soy una buena administradora de las responsabilidades del hogar, es probable que sea una buena administradora de las responsabilidades del ministerio fuera del hogar. Jesús dijo: "El que es fiel en lo muy poco, también en lo más es fiel; y el que en lo muy poco es injusto, también en lo más es injusto" (Lucas 16:10).

Me di cuenta que por más que quisiera hacerlo, no podía salir corriendo de mi casa, dejándola en un caos e ir a la iglesia para cumplir la obra del ministerio. Llegué a entender que Dios me ha encargado la administración y el manejo de mi hogar, y Él utiliza esta área principal del ministerio para entrenarme a administrar otras áreas del ministerio. En casa, mientras intento vivir conforme a las instrucciones de Dios para mí, instrucciones que encuentro en su Palabra escrita, desarrollo la fidelidad y aprendo a seguir adelante. En casa me convierto en una administradora fiel (1 Corintios 4:2).

Una vez que me he demostrado a mí misma que soy una administradora fiel en casa, estoy libre para salir corriendo y hacer la obra del ministerio fuera del hogar. Todo está bien en casa, todo está bajo control. Las personas han sido atendidas y el lugar también. Mis responsabilidades de administradora en el plano doméstico están cumplidas.

Permítame ser clara: No estoy hablando de pasar años y décadas en casa esperando que los niños crezcan y se vayan para entonces tener menos que hacer. Esa opción no le enseñaría mucho a nuestros hijos acerca de la importancia de ser un miembro que contribuye al cuerpo de Cristo, la Iglesia. Pero si administramos nuestro hogar con efectividad (encontrará más sobre esto en la sección final del libro), tendremos tiempo para estar involucradas en cierta medida en algún ministerio de la iglesia.

Diariamente, la administración del hogar se logra (en mi caso) cuando tengo un itinerario. A ciertas horas planifico dedicarme a los quehaceres domésticos. Siempre reservo tiempo para cultivar mi relación con Jim y con mis hijas. Aunque quizás no pueda estar involucrada en todos los ministerios que quisiera, siempre lo estoy en *algo* en la iglesia. Cuando programamos lo que es importante, surge el orden de lo que era caótico.

Tercero, viva como si tuviera que dar cuentas de la condición de su hogar y el uso de su tiempo, ¡porque realmente habrá de hacerlo! - De hecho, cuando nuestro esposo (o cualquier otra persona) entra por la puerta y le da una ojeada a la casa, le revelaremos lo que hemos estado haciendo en respuesta al llamado que Dios nos hace de administrar el hogar. Cuando las personas entran a su casa, ¿qué es lo que ven? ¿Encuentran calma o caos? ¿Paz o pánico? ¿Palacio o chiquero? ¿Evidencia de preparación o de dejar las cosas para luego?

Ahora piense por un momento en la sensación que le da cuando entra en la habitación de un hotel. ¿Qué la recibe? Orden, quietud, limpieza. Incluso puede ver las marcas de la aspiradora en la alfombra. La cama está hecha (¡y acuérdese que la misma ocupa el 80% del espacio visible de un cuarto!).

El extremo del papel higiénico ha sido doblado en punta. No nos aturden ni la televisión ni la radio. El orden reina. Alguien se tomó el trabajo de una administración efectiva, y sus esfuerzos hacen del cuarto un santuario.

Hoy al mediodía Jim y yo salimos de un lugar así. Nos habíamos estado quedando en un hotel por seis días mientras Jim estaba en la sede del Ejército de Los Alamitos para un servicio activo por cinco meses. (Mientras yo escribo esta frase, él está en camino a Fort Benning, Georgia, vía un avión militar, para luego ir a Wuerzburg, Alemania, por cinco meses. Jim está en el ministerio, pero ha sido oficial de farmacia en las Reservas del Ejército Estadounidense desde que estaba en la universidad. Esta es la primera vez que participamos en la movilización y despliegue en más de treinta años.) De todas maneras, Los Alamitos está demasiado lejos de nuestro hogar como para que Jim viajara todos los días durante cinco días. Por consiguiente, nos quedamos en un hotel. Durante todo el tiempo que estuvimos ahí, yo tenía la sensación de orden, a pesar del hecho de que era un tiempo de caos para toda nuestra familia.

Cuando nos íbamos hoy, después de haber pagado la cuenta, la empleada del hotel me dio una tarjeta para llenar, en la cual debía dar puntajes por el hospedaje y el servicio recibido durante nuestra estadía. Fue un placer dar una puntuación máxima en cada punto. Cuidaron bien de nosotros. El personal del hotel proveyó para nuestras necesidades al cuidar de nuestra habitación y de nuestra comida, ¡hasta me dieron 30% de descuento en las comidas!

Mientras llenaba aquella tarjeta de evaluación, pensé en la puntuación que daría el Señor y mi familia por mi servicio, mis comidas y mi administración. Con la gracia del Señor y con las habilidades de administración que he aprendido y practicado a través de los años, estoy mejorando. ¡Da resultado hacerlo a la manera de Dios!

Doce consejos en cuanto a la administración del tiempo

Cuando Jim era estudiante en el seminario, los viernes me iba con él a la universidad y pasaba todo el día en la biblioteca. Allí encontré la sección de administración del tiempo y en forma sistemática me leí cada libro, anotando los principios de todos ellos. Por lo tanto, ahora, al considerar la administración y la organización del tiempo en el hogar, quiero compartir con usted los doce principios más importantes en la administración de tiempo, los que han marcado la mayor diferencia en mi hogar, ayudándome a poner orden en medio del caos.

#1. Planifique en forma detallada. Tenga una agenda y anote todo en ella. Me he dado cuenta de que cuantos más planes una hace, mejor administra y más logros obtiene. Además, cuantos más detalles tengan sus planes, mejor. Trate de hacer planes dos veces al día; al irse a dormir en la noche y a primera hora en la mañana. (¡Más acerca de esto en el capítulo 22!)

#2. Encárguese del día de hoy. Todo lo que Dios pide de usted y de mí es que nos preocupemos del hoy, sólo hoy. Jesús mismo dijo: "Así que, no os afanéis por el día de mañana, porque el día de mañana traerá su afán. Basta a cada día su propio mal" (Mateo 6:34). Dios también dice: "*Este* es el día en que el Señor actuó; regocijémonos y alegrémonos en *él*" (Salmo 118:24, NIV, énfasis añadido). San Agustín parafraseó el Salmo 90:12: "Cuenta cada día como tu último día."

Cada día es importante:

• Lo que eres hoy, es en lo que te estás convirtiendo.

• Hoy eres aquello en lo que te has estado convirtiendo.

• Cada día es un poco de vida, y toda nuestra vida es sólo una repetición de días.

#3. Valore cada minuto. Conozca cuánto tiempo le va a tomar hacer cada tarea en su hogar. ¿Se está enfrentando a una tarea de dos minutos o a una de veinte minutos? Luego decida si hacer eso es el mejor uso del tiempo. ¿Y cuánto vale un minuto? No tiene precio o no vale, depende de cómo usted lo use.

#4. Siga moviéndose. Acuérdese del principio de la inercia: "Un cuerpo en reposo (humano o de otro tipo) tiende a seguir en reposo, y un cuerpo en movimiento tiende a seguir en movimiento". Utilice esta ley de física para su beneficio. Dígase a usted misma: "Sólo una cosa más... Sólo cinco minutos más". Manténgase en movimiento, ¡y podrá tachar una cosa más de su lista de "cosas para hacer"!

#5. Desarrolle una rutina. O, así como dicen los expertos, intente llevar a cabo planes "horizontales": "El tratar de hacer la misma cosa a la misma hora cada día, conserva y genera energía. Conserva la energía porque reduce la indecisión. Usted realiza las tareas domésticas como rutina. Eso genera energía a través del hábito, el hábito de hacer llamadas telefónicas, planear las comidas, leer el periódico, asistir a una clase, o ir a una reunión a una hora en particular".[4] Trate de ajustar la máxima cantidad de tareas a una rutina.

#6. Haga ejercicios y tenga una dieta. Los estudios enseñan que el ejercicio aumenta el metabolismo, crea energía, hace que uno duerma mejor, y produce hormonas de placer que contribuyen a tener actitudes positivas, a disfrutar de la vida, y a tener un deseo general por la vida. No se asuste de la palabra "dieta". Sólo significa "un estilo de vida". Por lo tanto, desarrolle un "estilo de vida" que le brinde la energía y la salud que necesita para cumplir lo mejor de Dios.

#7. Hágase la pregunta de "la mitad del tiempo". "Si mi vida dependiera de que yo hiciera esta tarea en la mitad del tiempo que le he asignado, ¿cuáles atajos tomaría?" Luego tómelos.

#8. Use un cronómetro para todo. Sea cual sea la tarea, ¡utilice su cronómetro! (Ahora mismo estoy utilizando uno, y su tictac me motiva a seguir.) Si usted se da "un máximo de cinco minutos" le puede ayudar a comenzar algo; o si se dice "en cinco minutos voy a parar" le puede ayudar a continuar. Inclusive, cuando ponga la alarma, trate de terminar lo que esté haciendo antes que suene. En definitiva, y como dice la ley de Parkinson: "El trabajo se expande hasta llenar el tiempo en que debe estar terminado." La alarma le ayudará a darse menos tiempo. ¡Misteriosamente, el hecho de escuchar el tic tac (que nos refleja que la vida se nos va) funciona como un efectivo estimulante!

#9. Haga lo peor primero. ¿Cuál es la peor tarea en su lista de cosas para hacer? Realícela primero, así se quitará de encima esa nube pesada y aterradora por todo el día. Utilice su alarma para estimularse a comenzar. Una vez que haya terminado con lo peor, su actitud estará mucho mejor y tendrá más energía para las tareas que le quedan.

#10. Lea todos los días acerca de la administración del tiempo. Sólo cinco minutos al día le ayudará a motivarse. Si no tiene un buen libro sobre la administración del tiempo, comience leyendo de nuevo estos 12 principios todos los días.

#11. Diga no. Programe su itinerario. Denomínelo plan A. Luego siga su plan, diciéndose no a usted misma y a otros. Acuda a un plan B sólo si Dios le está llevando al plan B.

#12. Comience la noche anterior. ¡Observe lo que podría hacer la noche anterior!

Haga planes para el próximo día
Planifique las comidas del próximo día
Seleccione, saque y prepare la ropa
Limpie la cocina
Encienda el lavaplatos

Ponga la mesa para la próxima comida
Ordene la casa
Prepare el almuerzo y la cena
Descongele carne
Clasifique la ropa para lavar
Ponga al lado de la puerta las cosas que tiene
que llevar consigo

Pasos pequeños como estos pueden traer grandes resultados en lo que respecta a la administración del tiempo y el ser organizada en casa. También he notado que estos pequeños pasos crecen como si fuesen una bola de nieve: Una vez que usted comienza, encontrará la energía y el entusiasmo para seguir.

Respuesta del corazón

Antes de abandonar el tema del orden en el hogar, miremos al corazón del hogar, ¡el cual es su corazón querida amiga! ¿Cuál es su actitud en cuanto a su hogar y sus quehaceres domésticos? ¿Está su corazón en armonía con el de Dios? ¿Está deseando lo que Dios desea para la administración y la dirección de su hogar? ¿Quiere transformarse en la administradora del hogar que Dios quiere que sea? ¿Reconoce que las responsabilidades de la casa fortalecen el carácter... que el administrar su hogar realza las vidas de aquellos con quienes usted vive... y que una casa bien organizada logra un servicio mucho mejor para el Señor y su pueblo? Pídale a Dios que le ayude a avanzar hacia una mejor administración, y ¡no tema ir despacio, tema no avanzar!

✳ 16 ✳
Un corazón que teje un hermoso tapiz

Enseñen a las mujeres jóvenes...
a ser cuidadosas de su casa.

Tito 2:4-5

Como mujeres de Dios, usted y yo somos bendecidas con la tarea dada por Dios de tejer un hermoso tapiz en nuestro hogar. Un antiguo escritor de devocionarios describió este noble papel así: "Primero que todo, el hogar debe ser el centro de atracción por su orden, limpieza y comodidad; luego por la armonía de su paz y su amor, para que ninguna nota discordante pueda estropear la música de su gozo; y luego... por el cuidado de la seguridad de su economía y el honor de una esposa que 'teje' todo en belleza y orden en el hogar".[1] ¡Esto es precisamente lo que una mujer conforme al corazón de Dios procuraría alcanzar con gozo durante toda su vida! Pero como siempre, primero debemos adoptar su *actitud* en nuestro corazón si hemos de *actuar* en la forma que le glorifique a Él.

La belleza de la ocupación

El seguir buscando en la Palabra de Dios estimuló mi apetito por su clase de hogar y la belleza que surge cuando le servimos a Él allí. Encontré una mina de oro en la pequeña carta de Tito, y utilicé mucho mi marcador rosado. En Tito 2:3-5, encontré aun otra visión para mis esfuerzos en casa: "...a ser cuidadosas de su casa" (verso 5).

173

No sé usted, pero yo tenía cierta antipatía hacia la palabra "ama de casa" hasta que descubrí lo que Dios tenía en mente. Antes de eso, me sonaba a tarea tediosa y quehaceres mundanos. Al leer una vez más los libros de estudio de Jim (¡creo que ya he utilizado algunos de ellos más que él!), aprendí que ser ama de casa implica ser una persona que se queda en casa, tener una inclinación hacia lo doméstico, ser una buena ama de llaves, y una administradora de la casa.[2] Otra fuente enfatizaba que la principal esfera de actividad y contribución de una mujer es el hogar,[3] y otra concluía que nosotras debemos estar activas en, u ocupadas con, las tareas del hogar.[4] El comentario que más conmovió mi corazón decía que yo tenía que ser tan sólo una "amante del hogar".[5]

Cualquier mujer que lleva en su mente y en su corazón el pensamiento;s "¡Hogar, dulce hogar!" califica como amante del hogar. El término en definitiva representa una *actitud* digna en respuesta al llamado de Tito 2:5, pero tejer un hermoso tapiz en nuestro hogar también requiere *acción*. Lograr que el hogar de mis sueños y el llamado de Dios sea una realidad, implica que tengo que estar ahí, trabajando y tejiendo en él todos los días. Debo planificar el cuadro y escoger los colores, los hilos, y las texturas. Tengo que saber cómo quiero que luzca el tapiz final y prestarle atención a los detalles que encuentre en el camino. Este proyecto requiere esfuerzo y tiempo diario. Es así que el esfuerzo y la actividad, el tiempo, el trabajo, el cuidado, y el vigor mental y físico, se unen para lograr un bello hogar. La belleza viene cuando estoy activa en casa, ocupada, respondiendo al llamado, al desafío y al gozo de tejer un tapiz allí.

Sí, ¿pero cómo?

¿Por dónde comienza una mujer que con todo el corazón quiere tejer un hermoso tapiz en su hogar?

Comprenda la belleza y la bendición de la voluntad de Dios para usted. Dios nos está enseñando su voluntad al llamarnos a ser amas de casa. Así que supuse que si Dios me llamaba a servir en el hogar, a estar pendiente de las cosas y a realizar mis quehaceres domésticos, entonces yo debería querer hacer precisamente eso. Por lo tanto tomé la decisión (y quizás usted también quiera hacer lo mismo) de estar en casa más tiempo.

Ahora, *por fe*, me quedo en casa más de lo que preferiría, cuido mi hogar y confío en que Dios bendice mi obediencia. Bueno, no estoy en casa todo el tiempo, ¡pero sí estoy ahí mucho más que antes! Y hay muchas bendiciones. Para comenzar, cuando estoy en casa gasto menos dinero. También consumo menos calorías y me ahorro el tiempo que me llevaría ir en automóvil a algún lugar. Ahora, la recompensa final (y Dios sabía que este sería el caso) es el bienestar que he experimentado. Puedo ver que todo está bien en casa y está bajo control. Esa realidad invaluable ha venido por el simple hecho de que yo he escogido pasar un poco más de tiempo en casa.

Fíjese lo que sucedió cuando una adorable señora en mi clase de "Mujeres conforme al corazón de Dios" escogió eso mismo: "En el pasado, ¡cada nuevo día acarreaba muchas decisiones que debía tomar; a quién iba a visitar, dónde iba a ir, o qué iba a hacer! Cuando mi esposo llegaba a casa, se daba por dichoso si encontraba la cama tendida, mucho más si había algo descongelado para la comida. Realmente no me gustaba estar en casa, ya que soy una persona muy sociable e incluso ponía a mis amigas por encima de mi familia.

"Me da mucho gozo decir que Dios ha cambiado mi vida y mis prioridades por completo, como resultado de que descubrí su plan para mis días. Ahora me salgo de la cama y la tiendo de inmediato, y estoy aprendiendo a programar ciertos quehaceres para cada día, para así poder mantener mi casa en orden. Planeo mis menús con dos semanas de anticipación y antes que mi esposo entre por la puerta ya estoy preparando la comida.

"Qué gozo he encontrado al haber escogido a mi esposo, mis hijos y mi hogar por encima de las otras cosas, me trae una satisfacción y un contentamiento que nunca antes había experimentado". ¿No es este un bello cuadro y un bello tapiz?

Entienda que se puede aprender a ser ama de casa. Lamentablemente, el cuidar el hogar con efectividad no es una de las muchas bendiciones espirituales que recibimos inmediata y automáticamente cuando nos convertimos. (La vida eterna, el Espíritu Santo dentro de nosotros, el perdón de nuestros pecados, por nombrar algunas, sí lo son.) Pero los "cómo se hace" para cuidar el hogar se pueden aprender, y las Escrituras dicen que las mujeres mayores en la fe los deben enseñar a las mujeres más jóvenes.

Este concepto me dio mucha esperanza porque, como le he tratado de decir, en verdad yo no tenía idea de cómo hacer de nuestra casa un hogar. Por lo tanto comencé a buscar a una de estas mujeres mayores de Tito 2, alguien que hiciera las cosas en su casa como Dios manda. Bueno, gracias al Señor, no tuve que buscar muy lejos, ¡su esposo era nuestro maestro de escuela dominical!

Julia es una mujer maravillosa, y es evidente que es alguien conforme al corazón de Dios. Aunque tenemos la misma edad, pareciera tener la sabiduría de una mujer que me lleva un cuarto de siglo. Al mirarla, veía una santidad que hablaba de que su relación con Dios se había cultivado cuidadosamente. Cuando la vi con su esposo, vi una mujer que ayudaba, que era sumisa, respetuosa, y que amaba a su esposo. Sus dos hijos de edad preescolar eran obedientes, educados, ¡y en definitiva estaban bajo control!

Bueno, Jim me ayudó a que me atreviera a llamar a Julia y pedirle que me permitiera reunirme con ella. Ella estaba muy complacida (lo pude detectar por su voz). ¿Y sabe dónde quiso reunirse? En su casa, donde al igual que su anfitriona, todo estaba limpio, ordenado, eficiente, nítido, y en su lugar. (Tome nota de que no dije su hogar era "lujoso y enorme".)

Alabo al Señor por el hecho que Julia pasó ese tiempo conmigo, ya que me dio la dirección y el empuje inicial para que yo empezara a tejer mi propio tapiz. Primero hablamos por largo rato acerca de su vida de oración. Además de contarme exactamente lo que estaba estudiando y cómo lo hacía, me mostró dónde lo estudiaba y me permitió echar un vistazo a su libro de oración.

Luego hablamos acerca del matrimonio. Ella me sugirió una lista de los mejores libros sobre el tema, y nuevamente compartió conmigo *con exactitud* cómo es que trataba de amar y servir a su esposo. Lo mismo sucedió con sus hijos. Julia me enseñó sus principios personales y bíblicos para la disciplina, el adiestramiento y el amor en el hogar.

Por fin llegamos al tema del hogar mismo, y en realidad recibí un premio adicional. Me mostró su pequeña casa, abrió las gavetas, armarios y ¡hasta puertas! Me quedé sin poder hablar: El interior de su casa no se parecía al interior de la mía. No me malinterprete. Julia no estaba alardeando ni jactándose. Me estaba *enseñando* (eso es lo que la Biblia dice que las mujeres mayores deben hacer con las más jóvenes). Me estaba enseñando un sistema que a ella le servía: Me mostró cómo mantenía su casa en orden en poco tiempo.

Aún puedo oírla instruyéndome en su cocina. Se agachó hasta los armarios más bajos y abrió sus puertas. ¡Ahí estaban los platos! Ella me explicó: "Mi principio es 'un lugar para todo y todo en su lugar'. Y este es el lugar para los platos y las servilletas. Están justo al lado del lavaplatos, cosa que cuando mis hijos sacan los platos del mismo, pueden ponerlos justo a la altura que ellos tienen. También cuando es hora de poner la mesa, pueden tomar los platos y las servilletas con facilidad".

¡Una no puede ponerle precio a una lección como ésta! Lo recibí todo, lo oí todo, y lo *vi* todo. ¡Aquellas pocas horas con Julia definitivamente cambiaron mi vida!

Tengo otra amiga que me enseñó cómo limpiar mi casa. Todo comenzó con una llamada ministerial. Yo estaba organizando una reunión de planificación para el comité de mujeres en nuestra iglesia, y Blanca me dijo: "¡No la planees para el viernes porque ese es el día que limpio mi casa!" Sonaba tan emocionada con sus planes de limpieza de la casa que le pregunté si yo podía pasar por su casa algún viernes y mirar cómo limpiaba.

Al estar allí, recibí otra lección invaluable. Blanca comenzó primero con lo peor, sus baños. Vi exactamente cómo los limpiaba, los productos que utilizó para limpiarlos, y su conjunto de cepillos, esponjas, raspadores y trapos. Luego me mostró cómo limpiaba cada cuarto, en círculo, comenzando justo a la izquierda de la puerta y moviendo artículo por artículo alrededor del cuarto. ¡En minutos había terminado!

También recuerdo que leí en un libro que escribió Anne Ortlund acerca de grupos de discipulado, los cuales se reunían en (¿adivine dónde?) su casa. En la primera reunión que tuvimos, Anne llevó el grupo a su casa y les dijo: "Bueno, esta es mi casa. Esta soy yo. Son bienvenidas a mirar en cualquier gaveta, armario, cuarto, ropero o libro. Lo que encuentren allí es quien yo soy. La verdadera yo".[6]

Esté más tiempo en casa. Sin saberlo, mi esposo Jim contribuyó en gran manera a la belleza de nuestro hogar. Como una madre joven con dos niñas pequeñas y una casa que mantener, comencé a quejarme y llorarle a Jim: "No sé lo que me pasa, tal parece que no puedo hacer nada". Bueno, Jim, un experto en la administración del tiempo y un hombre con el don espiritual de la administración, ¡fue la persona equivocada con la cual quejarme!

Lo primero que me dijo fue que tomara mi calendario (¡tremenda idea!). Luego, una vez que lo tuve abierto en la mesa de la cocina me dijo: "Liz, ¿cuál es el día que necesitas para hacer algo fuera de la casa?" Le dije que el miércoles, ya que ese era el día de nuestro estudio bíblico femenino en la iglesia, y en definitiva yo quería y necesitaba desesperadamente estar allí.

Entonces Jim me dijo: "Bien, el miércoles es tu día de estar fuera de casa. Quiero que trates de hacer todas tus diligencias, recorridos y visitas con tus amigas el miércoles, y que estés en casa el resto de la semana".

Aunque en realidad no lo dijo, ¡quedé atrapada! Pero cuántas veces desde ese entonces le he dado gracias a Jim, y a Dios, por aquella dirección. Su sencillo consejo cambió mi vida y ayudó a hacer de nuestro hogar un hermoso tapiz.

Más adelante encontré un proverbio que hablaba del valor del consejo de Jim: "En el rostro del entendido aparece la sabiduría; mas los ojos del necio vagan hasta el extremo de la tierra" (Proverbios 17:24). En otras palabras, la sabiduría ve las cosas delante de nosotras, lo que está entre nuestros propios pies, y eso es nuestro hogar. La mujer sabia reconoce el valor de estar en casa. Pero la mujer necia (como yo era) siempre está buscando "allá afuera" (en el centro comercial, en las tiendas, en la casa de una amiga, etc.) la satisfacción, el estímulo, la actividad, y el sentido. Agradezco mucho que mi esposo Jim me ayudara a organizar mi vida de modo que estuviera ocupada en casa, utilizando mi tiempo y mi energía para tejer algo precioso y con valor eterno. Aún hoy, sigo este plan semanal de salir los miércoles porque ha funcionado muy bien en mi caso.

Quiero decir rápidamente que también he conocido diferentes estilos de vida. He sido secretaria trabajando jornada completa, maestra, maestra por la noche, madre que se ha quedado en casa, maestra a media jornada y tenedora de libros en mi casa.

Ahora trabajo jornada completa, ayudo a administrar todo lo relacionado con Christian Development Ministries, el ministerio que mi esposo y yo comenzamos... viajo todos los fines de semana para dar conferencias... y trato de escribir todos los días. Mis días comienzan temprano y duran hasta la noche, ya que no sólo tengo mi "trabajo", sino que aún estoy trabajando duro, permitiendo que Dios me utilice para tejer su belleza en el tapiz de nuestro hogar. Sea cual sea mi "trabajo", mi esposo, mis hijos y el hogar siempre serán la prioridad más importante para mí. Mi trabajo y mi ministerio están más abajo en la lista de prioridades que Dios tiene para mí. (Comentaré más de esto luego.) Cerca de la cima de mis prioridades está el ser una amante del hogar, un ama de casa.

Después de todo, nadie es responsable de administrar nuestro hogar (tanto las personas como el lugar) excepto yo. Por lo tanto, le he dicho que no a muchas cosas que en realidad me gustan hacer, para poder así tener el tiempo para estar en casa y seguir trabajando en mi hermoso tapiz. En raras ocasiones salgo a almorzar. Hago compras por correo, si es que las hago. He dejado de tener largas y tendidas conversaciones telefónicas. Hasta he tenido que reducir mi lectura a lo que es esencial. Y todos estos cambios (y otros) vinieron cuando decidí pasar más tiempo en casa.

Ya le dije que yo era una lectora voraz, y en un libro sobre la administración del hogar, el título de un capítulo me causó risa, "This Little Piggy Stayed Home!" (Este pequeño cerdito quedó en casa). ¿No lo dice todo? Vi cuando entrevistaron a las dos autoras de este libro en el programa de NBC *The Today Show*. Les preguntaron acerca de los principios de su libro que es un éxito de librería. Su principio más importante es "nunca te vayas de la casa antes de haber cumplido con todas... las responsabilidades del día". No hay forma que no tenga la casa en orden si usted sigue este consejo. Pero requiere una cosa: ¡Tendrá que invertir tiempo en su casa para poder cumplir con las tareas diarias!

Organice sus salidas. Me llevó un tiempo, pero pronto me di cuenta de que no podía, por ejemplo, salir corriendo a la tintorería así nomás. En vez de eso, entendí que tenía que parar en la tintorería a medida que iba haciendo las demás diligencias. Desarrollé una rutina de "hacer las cosas de camino", lo cual abarcaba todas mis diligencias, la tintorería, el correo, el banco, el supermercado *y* cualquier otra parada.

Una mañana, cuando estaba en la tintorería, vi el ejemplo supremo de esta práctica de "hacerlo de camino". Un Volkswagen escarabajo se adelantó (¡pasando por la senda para los bomberos!), la mujer que iba manejando salió brincando del automóvil sin siquiera apagar el motor. Cogió sus ropas sucias, entró corriendo y las tiró encima del mostrador mientras la empleada se apresuró para alcanzarle su ropa limpia. Una vez que tomó la ropa limpia, corrió hacia la próxima parada en su lista. Imagínese la imagen mientras se la describo: La mujer vestía un elegante traje, usaba calzado de hacer diligencias (sus tenis), ¡y tenía rulos calientes en el pelo! Eran las 8:15 de la mañana, y esta mujer estaba haciendo sus mandados "de camino" al trabajo.

Quizás, al igual que esta mujer, yo haya leído mucho libros que arrojan luz, en especial para la mujer que trabaja, cuyos principales consejos tienen que ver con el uso del tiempo discrecional (el tiempo que es considerado como tiempo de la empleada para usar como a ella le plazca). El tiempo discrecional incluye la hora del almuerzo: Una mujer que trabaja puede utilizar su hora del almuerzo, ya sea para chismear y escuchar una conversación y quejas vacías, o lo puede utilizar (así como lo sugiere el libro) para ir al correo, o ir de compras al mercado y conseguir cosas no perecederas, o para hacer un sinnúmero de otras cosas que permiten que pueda *ir a casa* tan pronto termine de trabajar.

Si usted tiene un trabajo fuera de la casa, considere estas dos maneras de estar mejor organizada, para que pueda pasar más tiempo en casa. Haga sus diligencias cuando vaya para el trabajo o cuando regresa ¡y utilice su hora del almuerzo! Estará más contenta cuando llegue a su casa, y por lo tanto, será más capaz de ser la clase de ama de casa que usted y Dios quieren que sea.

Respuesta del corazón

Ahora, querida compañera de tejido, tómese a pecho la enseñanza de Dios. ¿Aprecia su hogar? ¿Es para usted un "hogar dulce hogar" que cuando está lejos de él, lo añora? ¿Realmente está su corazón centrado en su hogar? El lugar y las personas del mismo, ¿son más importantes para usted que cualquier otra persona o cosa?

Hace años respondí a preguntas como estas, y respondí al llamado de Dios de ser un ama de casa, y al hacerlo escribí una lista de "cosas que haría" en cuanto a mi hogar, dulce hogar. (Antes había recorrido el libro de los Salmos, anotando todas las veces que el salmista utilizaba el futuro para sí mismo.) Le puse el nombre de "El corazón de un ama de casa" al pacto que hice con Dios. Como se dará cuenta, tiene que ver con muchas cosas de las que ya ha leído.

1. Me levantaré antes que mi familia, para poder prepararme en forma espiritual y física.

2. Prepararé el desayuno para mi familia y me sentaré con ellos mientras comen.

3. Trabajaré con diligencia, para encaminar a cada miembro de mi familia de buen ánimo.

4. Consultaré con mi esposo todos los días, para ver si hay algo especial que desea que yo haga por él.

5. Mantendré la casa limpia y en orden.

6. Responderé en forma positiva.

7. Proveeré para las necesidades de mi esposo.

8. Pondré a mi esposo antes que a mis hijos.

9. A medida que vayan llegando a casa, le daré la bienvenida en persona a cada miembro de la familia.

10. Será mi costumbre el estar feliz.

11. Cocinaré platos buenos y especiales para mi familia.

12. Haré de la cena un tiempo especial.

13. A diario creceré en el área de mi comunión con el Señor, mi matrimonio, la familia y el mantenimiento del hogar.

¿Tiene usted el corazón de un ama de casa? Si no lo tiene, pídale a Dios su toque transformador. Le ayudará a obedecer, le dará el gozo para la tarea a la cual la ha llamado y resaltará la belleza del tapiz que está tejiendo.

❊ 17 ❊
Un corazón fortalecido
por el crecimiento espiritual

Creced en la gracia y el conocimiento
de nuestro Señor y Salvador Jesucristo

2 Pedro 3:18

Estoy segura de que habrá notado que el libro de Proverbios es un deleite para mí. Amo la sabiduría refrescante
de Dios, y amo el retrato de la mujer que está al final del libro,
la mujer de Proverbios 31 (versos 10-31). Siempre que leo
esos versículos, esta excelente mujer me recuerda a un reloj.
Desde afuera vemos sus manecillas moviéndose. Somos tes-
tigos de toda la actividad de esos veintidós versículos, está
atareada porque cumple las tareas que Dios le ha dado como
esposa, madre, y ama de casa. Pero hay algo por dentro
también, algo muy profundo en su corazón, que hace que se
mueva, que la estimula y le da energía a sus esfuerzos y
motivación a su actividad.

Usted y yo necesitamos ese algo interior dado por Dios,
para poder ser vigorosas en nuestro accionar como mujeres
conforme al corazón de Dios, ya sea que estemos casadas o
no, seamos madres o no, tiene que haber un *Motivador* en
nuestro corazón, de lo contrario no nos transformaremos en
mujeres conforme al corazón de Dios. Si no hay nada dentro,
sin el Espíritu de Dios allí, no podremos seguir adelante. No
podremos encontrar la fuerza para cumplir con fidelidad la

Palabra de Dios y su voluntad. ¡No podremos terminar el camino que comenzamos!

Bueno, por Su gracia he aprendido qué es lo que nos mantiene frescas, estimuladas y motivadas en nuestra santa búsqueda, se trata del crecimiento espiritual. Nuestro crecimiento espiritual en Jesucristo, el crecer para ser más como El, le da fortaleza a nuestro corazón, lo llena, y nos da el poder para obedecer sus mandamientos.

Crecimiento espiritual: Comienza en Jesucristo

Usted y yo tenemos dos opciones para vivir nuestra vida: Con o sin Jesucristo. Es una situación clara, o negro o blanco, una cosa o la otra. La Biblia dice: "Y este es el testimonio: que Dios nos ha dado vida eterna; y esta vida está en su Hijo. El que tiene al Hijo, tiene la vida; el que no tiene al Hijo de Dios no tiene la vida" (1 Juan 5:11-12). Así como nos dice esta Escritura, *¡no* hay vida sin Jesucristo!

Esa es la condición aterradora en la cual viví por 28 años. Crecí en un hogar maravilloso, con padres amorosos que eran fieles en llevarme a la iglesia y exponerme a la verdad de Dios, tanto allí como en casa. Pero varias piezas fundamentales faltaban en mi comprensión espiritual. Una de esas piezas era el conocimiento adecuado de quién era Jesucristo. Lo amaba y creía que era el Hijo de Dios, ¡pero jamás se me ocurrió que el hecho que era el *Hijo de Dios* significase que *era* Dios! Sólo cuando por fin leí un libro lleno de enseñanzas claras sobre las Escrituras pude crecer y entender que Jesucristo era Dios en la carne, quien habitó en la tierra y murió en una cruz para salvar a pecadores como yo y darnos la vida eterna.

La segunda pieza que faltaba era una comprensión bíblica del pecado. Aún me sorprendo cuando pienso en todos aquellos años en que yo realmente amaba a Dios, amaba a Jesús, amaba la Biblia, creía en el Espíritu Santo y en los milagros de la Biblia, e incluso oraba. Era una persona "buena" (no robaba ni mataba), y pensaba que eso era todo lo que importaba. No tenía conocimiento de mis pecados personales (Romanos 3:23). ¡Y como yo no pecaba, la lógica me decía que no necesitaba un salvador!

Ya le he contado en otro capítulo algo de mi vida hace años, cómo fue que Jim y yo comenzamos nuestro matrimonio sin Dios, que yo transitaba un camino que me alejaba de mi esposo y de mis hijas. Un día, parada en el medio de la cocina, con la pequeña Katherine que se me aferraba de una pierna, y Courtney, la más pequeña, en la otra, alcé mis puños al cielo y grité: "¡La vida tiene que ser algo más que esto!" Al oír este grito de desesperación, Dios comenzó a acercarme a Él y a un conocimiento completo de su persona, su Hijo, *y* de mi pecado. Cuando hubo terminado conmigo, por fin me di cuenta de que *¡yo necesitaba un Salvador!"* ¿Y qué encontré en Jesús? A mi Salvador.

Un nuevo comienzo. Cuando usted y yo llegamos a conocer a Jesucristo como nuestro Salvador, nos es dado un comienzo nuevo y fresco, el perdón por el pasado, la sabiduría para llevar adelante la vida y el poder para hacer lo que es correcto. El apóstol Pablo lo explica de esta manera: "De modo que si alguno está en Cristo nueva criatura es; las cosas viejas pasaron; he aquí todas son hechas nuevas" (2 Corintios 5:17).

El amor y la aceptación de Dios. Siempre que estoy deprimida, desanimada, con dudas, desconsolada, derrotada o desconcertada (¡alguien me dijo una vez que todas estas palabras que comienzan con la letra "D" vienen del diablo!), me detengo y recuerdo: "No importa lo que haya sucedido, no importa qué aspecto tenga la vida ahora, cómo me esté sintiendo, soy aceptada por el Amado, ¡y nada más importa!" En realidad, ¡Dios "nos hizo *aceptos* en el Amado" (Efesios 1:6, cursivas de la autora)!

El poder de Dios en el Espíritu Santo. ¿Se puede imaginar lo que sería tener el poder de Dios obrando en su vida? Cuando Cristo es nuestro Salvador, eso es precisamente lo que sucede: Dios nos da poder a través de su Espíritu Santo para hacer el bien, para efectuar cambios en nuestras vidas, para hacer que nuestra vida sirva, para ayudar a otros, y para ministrar a favor de Cristo. Jesús dijo: "Pero recibiréis *poder*, cuando haya venido sobre vosotros el Espíritu Santo" (Hechos 1:8, cursivas de la autora).

La suficiencia total de Dios. No importa cuál sea el problema, el obstáculo, la lucha, o el sufrimiento que enfrenta, Dios promete: "Bástate mi gracia" (2 Corintios 12:9). Ya sea que esté luchando con la tentación, un matrimonio difícil, problemas con los niños, necesidades en el hogar, desafíos personales, un ministerio que exige lo máximo, o cualquier otra situación difícil, Dios declara: "Bástate mi gracia".

Crecimiento espiritual:
La búsqueda del conocimiento

Además de ser nuestro Salvador, Jesús es nuestro modelo sobre cómo vivir una vida que complazca a Dios. Cuando miramos su vida, vemos que "Jesús creció en sabiduría" (Lucas 2:52). Un proverbio (desafío constante para mí) refleja la importancia de tal crecimiento. "El corazón entendido busca la sabiduría; mas la boca de los necios se alimenta de necedades" (Proverbios 15:14). Dicho de otra forma, una persona inteligente busca el conocimiento a propósito, pero los necios buscan al azar, mordisquean palabras e ideas que no tienen valor, ni sabor, ni son nutritivas.

¿Con qué estamos alimentando nuestra mente? ¿Estamos prestando atención a esta advertencia bíblica que menciona el peligro de que "la basura que entra, es basura que sale"? Busquemos *deliberadamente* el conocimiento, y estemos atentas de no invertir un tiempo precioso en cosas que no tienen valor alguno. Una manera en la que yo vigilo mi mente es siguiendo el consejo de una mujer especial; consejo este que ha sido útil para la enseñanza, los libros, los materiales de estudio y el ministerio. Me dijo: "Liz, ¡tienes que tener cinco archivos gordos!"

Cree cinco archivos gordos. Seguramente usted está tan perpleja como lo estuve yo cuando la oí decir estas palabras, por lo tanto permítame explicarle. Pero antes que lo haga, dé el primer paso y vaya comprando cinco carpetas de papel Manila.

Apunte a la exelencia. Seleccione cinco áreas de su vida en las cuales le gustaría ser una experta, y póngale una etiqueta a cada una de las carpetas. Permítame darle un consejo: Escoja áreas del mundo espiritual. ¿Recuerda el proverbio? Usted no querrá alimentarse de cosas que no tienen valor. En vez de eso, escoja temas de valor eterno. Para ayudarle a determinar esas cinco áreas, conteste las siguientes preguntas: "¿Cómo le gustaría que la gente la conozca?" y "¿Con qué temas desearía que su nombre fuera asociado?"

Por ejemplo, tengo una amiga cuyo nombre es asociado con la oración. Siempre que necesitamos que alguien en la iglesia enseñe sobre la oración, guíe un día de oración para nuestras mujeres, o abra una reunión con adoración y oración, todos piensan en ella automáticamente. Por más de veinte años ha estado estudiando lo que la Biblia enseña acerca de la oración, ha observado de cerca a los hombres y a las mujeres de la Biblia que oraban, ha leído acerca de la oración, ¡y ha orado! La oración, en definitiva, es una de sus especia-lidades, uno de sus cinco archivos gordos. Otra amiga es conocida por su conocimiento de la Biblia. Siempre que las mujeres de la iglesia necesitamos que alguien examine un determinado tema bíblico, o que dé una perspectiva general de los profetas, llamamos a Betty. Otra amiga ministra a grupos de la iglesia acerca de la administración del tiempo. Estas tres mujeres se han convertido en expertas.

A través de los años, he compilado una lista con los archivos gordos que mis estudiantes preparan, basados en este consejo que les he transmitido. Permítame compartirle algunos de los mismos ya que pueden darle alguna idea. Los mismos van de lo práctico (hospitalidad, salud, crianza de niños, cuidado del hogar, métodos para estudiar la Biblia), a lo teológico (atributos de Dios, fe, el fruto del Espíritu). Incluyen áreas útiles para el ministerio: Consejería, enseñanza, servicio, el ministerio de la mujer; así como áreas del carácter: La vida de oración, héroes de la fe, amor, virtudes de santidad. Giran alrededor de estilos de vida: soltería, crianza de lo hijos, organización, viudez, el hogar del pastor; y concentran la atención en lo personal: santidad, dominio propio, sumisión, contentamiento. ¿Acaso no le gustaría estar en las clases que estas mujeres pudieran enseñar luego de diez años, o leer los libros que pudieran escribir? Después de todo, la preparación para el ministerio radica en este tipo de crecimiento personal y espiritual. ¡Consiste en llenarse usted primero *para que* tenga algo para dar en el ministerio!

Llene los archivos. Ahora comience a ponerle información a sus archivos. Se pondrán gordos a medida que siga la exhortación de "leer todo acerca del tema... artículos, libros, revistas especializadas y artículos del periódico... asistir a seminarios... enseñar sobre el tema... invertir tiempo con aquellos que son los mejores en esas áreas, consúlteles... busque y afile su pericia".[1]

Pero lo más importante, lea su Biblia para ver de primera mano lo que Dios dice en cuanto a sus áreas de interés. Después de todo, Sus pensamientos son el conocimiento primordial que usted anhela. Yo pongo códigos a mi Biblia. Usted ya sabe que el color rosado resalta los pasajes de interés para mujeres, y quizás no se sorprenda si le digo que uno de mis cinco archivos gordos tiene este nombre: "Mujeres". Además de resaltar estos pasajes con rosado, he puesto una "M" en el margen, al lado de ellos. Cualquier cosa en mi Biblia que tenga que ver con mujeres, esposas, madres, amas de casa, o mujeres de la Biblia tiene una "M" al lado. Hice lo mismo con la "E" para "Enseñanza", "AT" para administración de tiempo, etc. Una vez que escoja sus áreas y organice sus códigos, le garantizo que estará tan emocionada y motivada que se despertará *antes* que el despertador suene, deseosa de abrir la Palabra de Dios, con el marcador en la mano, y deseando ¡buscar su sabiduría referente a las áreas en las que usted quiere sabiduría!

A medida que usted continúa su búsqueda del conocimiento acerca de sus cinco temas espirituales, acuérdese que está procurando este crecimiento personal para poder ministrar a otros. Yo misma he renovado mi compromiso en cuanto a los asuntos espirituales, ya que el servicio fúnebre de la madre de Jim me hizo ver con mucha claridad. Como ya le dije antes, Lois fue un ejemplo del refrán que dice: "Sólo una vida, y pronto terminará, lo que fue hecho para Cristo, sólo eso permanecerá". Cada mañana, Lois llenaba su mente con las cosas de Dios, y luego pasaba el resto del día permitiendo que esa llenura llenase a otros en el ministerio. Nosotras somos salvas para servir (2 Timoteo 1:9), y servir requiere que seamos llenas de las cosas eternas, cosas que valen la pena compartir.

Crecimiento espiritual: Administración de su cuerpo

Quizás esperaba que este tema no se mencionara, pero se nos dice en la Biblia que la forma en que manejamos nuestro cuerpo afecta nuestro ministerio y la calidad de nuestra vida. El apóstol Pablo lo puso de esta manera: "Sino que golpeo mi cuerpo, y lo pongo en servidumbre, no sea que habiendo sido heraldo para otros, yo mismo venga a ser eliminado" (1 Corintios 9:27).

La meta en cuanto a lo físico es la disciplina, el dominio propio, lo cual es un regalo de la gracia de Dios (Gálatas 5:23). Su Espíritu dentro de nosotros nos da la fuerza para resistir la tentación, controlar nuestro apetito en lugar de permitir que él nos controle a nosotros, y golpear nuestro cuerpo para ponerlo en obediencia.

Siempre que le pregunto a una mujer que disfruta de una vida y de un ministerio lleno de energía cómo lo hace, me encojo un poco cuando menciona las dos palabras que eran de esperar, *dieta* y *ejercicio*. Si la meta es tener un tipo de vida lleno de días de calidad en el servicio al Señor, ¡cuidar el cuerpo es fundamental!

Crecimiento espiritual: Llegar a ser cómo Jesús

Jesús no sólo creció en sabiduría (la mente) y en estatura (el cuerpo), sino que también creció en gracia para con Dios (Lucas 2:52). ¡Ser cómo Jesús! ¿Cómo podemos tú y yo crecer en esa dirección?

Crecer en conocimiento. Como ya hemos visto, Jesús es nuestro modelo. Dios desea que nosotras sigamos sus pasos y crezcamos en el conocimiento de Dios (Colosenses 1:10) así como también en la gracia y el conocimiento de nuestro Señor y Salvador Jesucristo (2 Pedro 3:18). Así cómo fue la oración de Pablo por la iglesia en Filipos, nuestra oración por nosotras mismas debe ser que "nuestro amor abunde más y más en ciencia y en todo conocimiento" (Filipenses 1:9). Deberíamos estar haciendo algo con todo ese conocimiento: ¡Debemos ser *hacedores* de la palabra, no sólo oidores (Santiago 1:22)!

Tener un plan. Crecer en el conocimiento se parece mucho a lo que es poner la cena en la mesa. Tiene que tener un plan. Cuando hay que preparar la cena, usted sabe que tiene que hacer ciertas cosas a ciertas horas, si es que su familia ha de sentarse a comer a las seis en punto. De igual forma, cuando hablamos de crecer en el conocimiento de Dios, tiene que hacer cierta cosa (sentarse) en un cierto lugar (su lugar) con ciertas cosas (lapicero, papel, plan de leer, guía de estudio, lo que sea que necesite) y a cierta hora (su tiempo). ¡Cuando lo haga, disfrutará de una fiesta con Dios y su Palabra!

Haga algo - Por lo tanto, desarrolle un plan, y recuerde que *algo es mejor que nada*. Lo importante es hacer algo. Para su propio estímulo y evaluación, mantenga un registro de su tiempo con Dios. Recuerdo que un día tomé mi registro y pensé: *Señor, apenas han pasado unos pocos días*. ¡Entonces descubrí que en realidad habían pasado dos semanas en que había hecho "algo"!

Crecimiento espiritual: El regalo de la comunión

Al crecer, Jesús también "crecía en gracia para con los hombres" (Lucas 2:52). Intente estas tres maneras de mejorar su relación con las personas.

Cuide su mente. Es inevitable. Sus acciones han de revelar su actitud hacia las personas. Ese es el mensaje que da (¡sí!) otro proverbio: "Porque cual es su pensamiento en su corazón, tal es él" (Proverbios 23:7). Los pensamientos críticos, negativos, dañinos, y celosos no sólo van contra la Palabra de Dios (Filipenses 4:8), sino que además producen acciones que son quejosas, negativas, dañinas, y celosas. Por lo tanto entrénese para tener pensamientos amorosos, positivos y dulces cuando tenga que ver con otras personas.

Cuide su boca. Nuestras relaciones interpersonales serán mejores en la medida que sigamos los pasos de la mujer de

Proverbios 31 que "abre su boca con sabiduría, y la ley de clemencia está en su lengua" (Proverbios 31:26). Estoy segura de que si sus pensamientos no fueran sabios ni buenos, ¡su boca estaba cerrada!

Cuide sus modales. La mejor forma de complacer a Dios y ser aprobada por los hombres, es sirviendo a todos. Nuestra tarea como siervas de parte de Dios, implica que demos honor y preferencia los unos a los otros (Romanos 12:10). El considerar a otros como más importantes que usted misma le dará la mente y el mismo sentir de Cristo (Filipenses 2:4-5).

Usted y yo tenemos que apartar nuestro enfoque de nosotras mismas y ponerlo en otras personas; tenemos que orientarnos hacia los demás. Para hacer esto, por más mundano que parezca, tenemos que entrenarnos a, por ejemplo, dejar de hablar de nosotras mismas (y de nuestros hijos) y en cambio preguntar acerca de la otra persona. Quizás también tengamos que aprender algunos buenos modales, porque el amor tiene buenos modales (1 Corintios 13:5).

Me encanta lo que dice Anne Ortlund. Ella escribe: "Hay dos clases de personalidades en este mundo, y usted es una de las dos. Tan pronto como entra en un cuarto, las personas pueden darse cuenta en qué grupo está usted. Su actitud dice: 'aquí estoy' o 'allí estás'. La señora Ortlund ilustra a esta última cuando describe a "una mujer de Hawaii que cada domingo, temprano en la mañana, prepara unos cuantos collares de flores, ¡para nadie en particular! Luego, en su camino a la iglesia ora: 'Señor, ¿a quién le hace falta mi collar en esta mañana? ¿Algún recién llegado? ¿Alguien desanimado? Guíame a la persona correcta'".[2]

¿Está usted en el grupo "allí estás", mirando alrededor para ver cómo puede animar a alguien con el amor de Dios? Él puede hacer que esa sea su experiencia, en la medida que le permita hacer de usted una mujer conforme a su corazón.

RESPUESTA del CORAZÓN

¡Qué gozo! Como mujeres cristianas, usted y yo estamos llenas con toda bendición espiritual (Efesios 1:3). Estamos llenas de la bondad de Dios (Gálatas 5:22-23) y del Espíritu de Dios (Gálatas 4:6). También tenemos dones para el ministerio (1 Corintios 12:7-11; Romanos 12:6-8). Y ahora que hemos sido llenas, Dios quiere que compartamos esas bendiciones con otras, que derramemos nuestras vidas en los corazones de otras, que regalemos sus bendiciones, que las pasemos a otros. Esa, mi querida amiga, es la razón por la que usted y yo debemos preocuparnos por nuestro crecimiento espiritual.

Puesto que el crecimiento espiritual está fundamentado en Jesucristo y es fortalecido por su Espíritu, tengo que preguntarle: "¿Es Jesús su Salvador? ¿Vive en su corazón?" Después de todo, ¡es su presencia lo que la hará una mujer conforme a su corazón! ¿Disfruta la certeza de la vida eterna? Dios ha prometido que a "los que le recibieron, a los que creen en su nombre, les dio potestad de ser hechos hijos de Dios" (Juan 1:12) y que "todo aquel que en Él cree, no se pierde, mas tiene vida eterna" (Juan 3"16).

Como miembro de la familia de Dios, también le ha sido dada la mente de Cristo (1 Corintios 2:16). ¿Está llenando su mente deliberadamente con el conocimiento de la Palabra de Dios, conocimiento que puede darle a otros también? Y su cuerpo, ¿le pertenece a Dios, para que Él lo arregle, cuide y disciple para su uso óptimo y para su gloria? ¿Está cultivando el amor hacia otros, piensa, habla y se comporta con ellos como Cristo lo haría?

Dios le llama a que lo ame a Él primero, con todo su corazón, alma, fuerza, y mente (Lucas 10:27) y que permita que ese rico amor que disfruta en Él, desborde hacia sus vecinos y las vidas de otros (Lucas 10:27). Por eso es tan importante tener un corazón fortalecido por el crecimiento espiritual en Él.

✳ 18 ✳
Un corazón enriquecido
por el gozo del Señor

Que seáis llenos de toda
la plenitud de Dios.

Efesios 3:19

Un domingo en la mañana, me detuve en el patio de la iglesia para hablar con una señora que conozco hace mucho tiempo. Durante los veintitrés años que he estado en la iglesia, Silvia ha ayudado a mujeres como yo a crecer en las cosas del Señor y llevar a cabo sus prioridades. Ella ha sido una de esas fieles mujeres de Tito 2:3 y una bendición para muchas.

Mientras hablábamos aquella mañana, parecía estar con mucha energía, iluminada, casi echando chispas que volaban y fluían con vitalidad. Todo lo referente a Silvia aquel día, era una prueba de la vida que vivía, llena de la vitalidad del Señor y con un anhelo sincero de seguir creciendo en Él. Recuerdo hasta el día de hoy su sonrisa, amplia y brillante, y sus ojos que resplandecían con una energía interior. Sin poder contener su emoción, salpicaba sin querer su mensaje con los gestos de sus manos.

¿Por qué estaba tan emocionada? Bueno, Silvia tenía muchas ganas de oír a un invitado muy especial que iba a hablar el próximo día. No podía esperar, y juzgando por su euforia, ¡apuesto a que no durmió aquella noche! Las palabras le salían de la boca mientras explicaba que ya había asistido a un taller que este caballero había dado un fin de semana, y que había sido el fin de semana más emocionante de su vida, la cosa más estimulante que jamás había hecho. Este maestro había llevado a Silvia a nuevas profundidades en la Palabra de Dios, en el entendimiento de sus caminos, y en su ministerio. Mientras ella hablaba, yo sabía que estaba en la presencia de una mujer que estaba creciendo, tanto en el conocimiento como en el amor de su Señor. ¡Por eso estaba tan contenta y emocionada! Yo me sentí bendecida por su refrescante ministerio.

Hay otra mujer como Silvia en mi iglesia, se trata de una que lee. Nunca la veo sin un libro puesto encima de la Biblia que lleva. Siempre que hablamos, me pregunta: "Liz, ¿has leído este libro? ¡Tienes que leerlo!" Y así comenzamos una maravillosa conversación sobre cómo este libro en particular es tan importante para nosotras como cristianas. Una vez más, soy bendecida por su refrescante ministerio.

Espero que pueda sentir cuán estimulantes son estas mujeres, y cómo me motivan en mi propio crecimiento espiritual. ¡Estas dos mujeres conforme al corazón de Dios, están vivas y creciendo! Hay un contagio en cuanto a sus vidas y sus corazones que nunca deja de desafiarme y motivarme. Es imposible irme de su presencia en la misma forma. El gozo que han adquirido por su crecimiento en el Señor brilla, y todo el que se acerca a estas mujeres recibe algo de la plenitud de sus vidas.

Mayor aun que el deseo que tengo de que usted sienta lo estimulantes que son estas mujeres, es el deseo de que Dios haya puesto en su vida algunas mujeres como ellas. Pero mi mayor deseo y oración para su vida (¡y para mí misma, también!) es que usted misma *sea* una mujer como éstas. ¡En la medida en que Dios le vaya transformando en una mujer conforme a su corazón, nunca tendrá escasez de su gozo o de un ministerio pleno para su reino!

En el capítulo anterior comenzamos a planificar para tener una vida con crecimiento espiritual que llegue a ministrarle a otros. Después de todo, si no entra nada, no saldrá nada. Entonces, si usted y yo hemos de tener un ministerio efectivo hacia los demás, primeramente tendremos que estar llenas. ¿Qué puede hacer para ser llena de toda la plenitud de Dios, para que Él la pueda usar en el ministerio? He aquí algunas sugerencias.

Crecimiento espiritual: Ayudada por el discipulado

El plan ideal de Dios para nosotras como sus mujeres, y otro aspecto de su tarea para nosotras, es que enseñemos a otras mujeres las "cosas buenas" que hemos estado aprendiendo, que las discipulemos, que le demos todo lo que Dios nos ha enseñado (Tito 2:3-4).

La palabra "discipulado" puede traer a la mente una variedad de escenarios. Por lo general identificamos el discipulado con reuniones semanales, donde una persona discipula a otra por varios años. Eso sería maravilloso, pero para la mayoría de la gente no es ni una realidad ni una posibilidad siquiera. Sin embargo, si en realidad queremos crecer, podemos escoger algunas de estas fructíferas opciones.

Las *clases* están para que las tomemos. Las iglesias de casi cualquier ciudad ofrecen estudios bíblicos y clases de Biblia. También están disponibles las clases por correspondencia.[1] Todo lo que usted y yo debemos hacer es inscribirnos, hacer las tareas, y ¡dejar que Dios nos haga madurar!

Los libros de discipulado ofrecen otra avenida para el crecimiento. *Friendship Evangelism* le enseñará a cultivar amistades para poder comunicar el evangelio.[2] *Discipleship Evangelism* le enseñará cómo compartir el Evangelio.[3] *Learning to Lead*, es el programa para las esposas de los estudiantes en The Master's Seminary, el cual le ayudará a desarrollar la habilidad de ministrar a las mujeres.[4] Al igual que este libro, mis otros libros *Loving God with All Your Mind* y *God's Garden of Grace: Growing in the Fruit of the Spirit* (ambos por la Casa Publicadora Harvest House) contienen guías de estudio para la meditación, el crecimiento y el discipulado personal.[5]

La *consejería* recibida por los cristianos es otra forma válida de discipulado. Si está atravesando un problema, hable con una persona de Dios que sea de confianza, y recibirá la perspectiva de Dios y el apoyo en oración que necesita. Aunque no pueda ahora mismo asistir a ninguna clase, ni reunirse para ser discipulada, usted siempre podrá pedir consejo.

El entrevistar a otras mujeres cristianas es una de mis formas favoritas de ser discipulada. Cuando Dios envió a una piadosa mujer mayor a mi iglesia, miré su vida y vi con claridad que ella jamás se podría comprometer conmigo a darme una serie de sesiones de discipulado. Entonces hice una lista de todas las preguntas que le quería hacer e hice una cita con ella. Nos reunimos sólo esa vez, ¡pero esas dos horas preciosas que me dedicó cambiaron mi vida! Gran parte de mi filosofía en el ministerio, y muchas de las cosas que enseño (incluyendo mis cinco archivos gordos) son un resultado directo de aquella bendita entrevista, en su presencia, absorbiendo su sabiduría.

La *observación* es otra manera bíblica de crecer. Después de todo, "los oídos para oír y los ojos para ver, hermosa pareja que el Señor ha creado" (Proverbios 20:12 NIV). Por lo tanto, ¡asegúrese de observar, observar y observar! Es una forma maravillosa de aprender. De hecho, la maestra de Biblia, Carole Mayhall, dice que una forma de aprender a ser sumisa, respetar, y apoyar a su esposo es observando a otras mujeres. Por ejemplo, cuando se trata de admirar a su esposo, "Mantenga una lista de cómo otras mujeres demuestran admiración por sus esposos".[6] Observe, aprenda, escriba lo que aprenda, y luego intente hacer eso usted misma.

El *leer* juega un papel importante en el crecimiento espiritual. Claro, el principal libro para leer es su Biblia. Allí encontrará la enseñanza directa de Dios. Pero además de la Palabra de Dios, lea los libros de las mujeres que he estado mencionando a través de este libro: Elisabeth Elliot, Edith Schaeffer, Anne Ortlund, Carole Mayhill. Muchas de estas autoras (y otras al igual que ellas) han publicado para nosotras sus programas de discipulado, sus consejos, y sus observaciones. Cuando leemos tales libros, ¡somos discipuladas!

Si no está muy convencida, considere estos pensamientos sobre el valor de leer:

- La esposa de Billy Graham les dijo a sus hijas: "Continúen leyendo y serán educadas". [7]

- ¡No se olvide de enfocar su lectura en las áreas de sus cinco archivos gordos! "Lo más importante en cuanto a ser eficiente en la lectura se podría resumir en dos palabras, ser selectiva".[8]

- "No lea al azar, lea sólo lo que tiene relación con sus metas de vida".[9]

- "Una característica común de las personas eficaces, es que son lectores ávidos". [10]

- "Leer es la mejor forma para adquirir conocimiento... [Pero] sólo el 5% de las personas que viven en Estados Unidos habrá de comprar o leer un libro en este año". [11]

Quizás usted diga: "¡Pero no tengo *tiempo* para leer! ¡Cómo podría cumplir con todos esos deberes de parte de Dios!" o "espérese un momento; ¡los libros cuestan dinero!", si ese es su caso, sería sabio evaluar seriamente la forma en la que está viviendo su vida. Es fácil pensar que no tiene tiempo para leer, pero el simple hecho de llevar un libro consigo a todo lugar, hará que logre leer muchos libros. Yo solía poner el cronómetro y leía sólo cinco minutos al día. Ese método también permite que se lean muchos libros.

En cuanto a lo económico, también es fácil pensar que no puede comprar libros. Sin embargo, muchas personas tienen la opción de sacar libros de la biblioteca de la iglesia. Ahora, puede ser que sin saberlo, usted tenga los recursos para formar su propia biblioteca. ¿Sabía que la familia promedio gasta alrededor de $30 dólares al mes por el servicio de televisión por cable? ¿Qué le parecería gastar $30 en libros cristianos edificantes, que estimulan el crecimiento espiritual? Los programas del cable perderán su atractivo al lado de los libros que otorgan vida y que enriquecen su crecimiento espiritual.

Crecimiento espiritual:
Ayudado por metas específicas

Precisamente ahora estoy a medio camino en la preparación de un seminario para el sábado sobre establecer y lograr metas. De más está decirlo, ¡estoy fascinada por poder hablar de algo que me ayuda a guiarme diariamente! No puedo imaginarme un día (o una vida) sin metas. Para mí, las metas me proveen un blanco. Cada día me levanto, apunto y disparo la flecha del día, puede que tiemble y tambalee un poco, ¡pero por lo menos está en vuelo y se dirige a alguna parte! Puede que la flecha no dé justo en el blanco, que caiga un poco antes o que incluso se desvíe bastante de la meta, pero por lo menos se movió, yo me dirigía ¡a alguna parte! Así como las metas nos ayudan a diario, seguramente nos son una ayuda en lo que se refiere a nuestro crecimiento espiritual.

Las metas proveen un enfoque. Es muy cierto que si una pone la mira en la nada, de seguro siempre dará en el blanco. Por lo tanto, siendo madre de niños preescolares, apunté a algo; leer un libro al año. Me decía: "Si sólo pudiera leer un libro este año, ¿cuál sería?" Escogí entonces el libro de Edith

Schaeffer, *¿Qué es una familia?* El haber leído aquel libro cuando nuestras hijas eran pequeñas me ayudó a determinar la senda que yo quería que tomara nuestra familia. Lo leí poco a poco, recordándome que *algo es mejor que nada.* Me tracé una meta, y la alcancé. Y ese libro que decidí leer fue directo a mi corazón, y a mi vida.

Las metas brindan la oportunidad de evaluar en términos numéricos. El establecer metas que son específicas le ayuda a moverse en la dirección que quiere ir. Por lo tanto, cuando se trate de establecer metas para usted misma, aléjese de lo impreciso. La meta de "ser una mujer de Dios" o "caminar con Dios" es difícil de medir. Es mucho mejor ser específica. Conteste la pregunta "¿Qué hace una mujer de Dios?" y deje que su respuesta le dé comportamientos específicos y que se puedan medir (i.e., estudio Bíblico, tiempo de oración, etc.). Anote los pasos que realmente pueda tomar para lograr estos comportamientos (¡los pasos de bebé cuentan!) y hágales una marca a medida que los va logrando.

Las metas proveen ánimo. Cuando termina la semana, o el mes, o el año, quizás usted se haya preguntado alguna vez: "¡Vaya, ¿qué he hecho? ¿Dónde se fue el tiempo?" Yo solía lamentar el fin de cada año, pensando qué cosas podría mostrar que reflejaran el paso del tiempo. Pero cuando comencé a anotarme metas específicas, que podían ser medidas, y llevar la cuenta de mi progreso, pude ver de primera mano el crecimiento que había logrado, pude celebrar el progreso obtenido y darle gracias a Dios.

Crecimiento espiritual: Depende de lo que escoja

Una vez que haya establecido algunas metas específicas, de continuo tendrá que tomar las decisiones correctas si es que ha de alcanzarlas.

Lo que escoja debe basarse en las prioridades: Para alcanzar las metas que se haya establecido para su crecimiento espiritual, tendrá que escoger entre trabajar en un curso bíblico, tomar una clase de teología, leer un libro, reunirse con una mujer mayor para ser discipulada... *o* salir a almorzar afuera (de nuevo), ir de compras al centro comercial, ver más televisión, asistir a otra función social de la iglesia, o hacer una manualidad. El poder llenarse de cosas espirituales para que su vida sea un río de refrigerio para muchos implica tomar muchas decisiones difíciles.

Escoja basada en sus metas: Una vez que haya decidido invertir tiempo en su crecimiento espiritual, deberá escoger en cuál proyecto, y sus cinco archivos gordos le pueden guiar. También querrá considerar sus dones espirituales. ¡Estas dos guías le ayudarán a enfocar para escoger mejor!

Crecimiento espiritual: Implica tiempo

Dios honrará el tiempo que comprometemos para aprender más acerca de Él, el tiempo que encontramos, que redimimos, que guardamos, que permitimos, y que programamos para nuestro crecimiento espiritual. En este punto me es de gran estímulo una imagen de las Escrituras (una imagen que me gusta mucho). El profeta Isaías escribió: "Pero los que confían en el Señor... volarán como las águilas" (40:31 NIV). El tiempo que pasamos a solas con nuestra Biblia y con nuestra lista de oración, la vida secreta que pasamos con nuestro Padre celestial, es tiempo que pasamos esperando en el Señor. Luego, al final de los tiempos, en el tiempo perfecto de Dios, ¡se llevará a cabo el arrebatamiento, el levantar vuelo como el águila! Nosotros podremos volar alto porque hemos estado con el Señor, al igual que ilustran las vidas de muchos héroes de la Biblia.

- Moisés era el hijo adoptado de la hija del Faraón y, como tal, experimentó por 40 años todo privilegio conocido. Pero luego, Dios lo llevó al desierto para ser pastor, un don nadie por los próximos 40 años de su vida (Éxodo 3:1). Después de esos 40 años en que Dios lo estuvo preparando, Moisés repentinamente entró en escena con señales, prodigios, milagros y con un servicio fiel a Dios (Éxodo 3-14).

- Potifar era el capitán de la guardia de Faraón, y José sirvió diez años como mayordomo en casa de Potifar (Génesis 39). Pero un día, José se encontró en la prisión, llegó a ser un don nadie, alguien olvidado con el pasar de los días y los meses. Luego, después de dos o tres años que Dios utilizó como capacitación para el liderazgo, José repentinamente entró en escena, ayudó a salvar a su pueblo, y sirvió como segundo en autoridad sobre todo el mundo conocido (Génesis 41).

- Juan el Bautista era otro don nadie de Dios. Por 30 años vivió en el desierto, vestido con piel de animales y comiendo langostas y miel silvestre (Mateo 3:4; Lucas 1:80). Después de aquellos 30 años de preparación, Juan repentinamente entró en escena, predicando como ningún otro hombre había predicado jamás, ¡predicando con tanto poder que los que le escuchaban pensaron que él era el Mesías (Lucas 3:15)! El ministerio de Juan no duró más que un breve año, sin embargo, exigió una prolongada preparación espiritual.

- Pablo en cambio sí era alguien, alguien terrible, que perseguía a los cristianos. Pero entonces, un día se convirtió en forma espectacular, dejó de ser alguien que odiaba a los cristianos para ser cristiano él mismo, y por tres silenciosos años desapareció en el desierto árabe (Gálatas 1:17-18). Después de aquellos tres años en que Dios lo preparó para un ministerio maravilloso y de gran alcance, Pablo repentinamente entró en escena, predicando, enseñando, y haciendo señales y milagros.

- Y luego tenemos a Jesús. Como Dios en la carne, jamás fue un don nadie. Pero Él también tuvo su tiempo de ser un desconocido, de estar alejado de las multitudes, involucrado en las cosas comunes y corrientes de este mundo. Según el plan de Dios, siendo niño Jesús pasó tiempo en Galilea con su familia, como carpintero pasó tiempo dentro del taller, y luego tuvo un tiempo de cuarenta días de oración y de ayuno en el desierto (Mateo 4:1-11). ¡Entonces, un día Jesús repentinamente entró en escena, mostrando el poder y la gloria de Dios en acción! Pero después de treinta años de preparación, su ministerio en la tierra duró sólo tres cortos años.

La perspectiva que Dios tiene sobre el tiempo es diferente a la nuestra, y quizás pongamos en duda su uso del tiempo. Podemos ser tentados a pensar que ese tiempo en silencio, en el que nadie nos ve, que pasamos con Él, no cuenta, que no importa y que nadie se preocupa. Después de todo, ¡nadie lo ve! No hay gloria, no hay ruido, nadie le presta atención a aquellas semanas, meses y años en los que se espera en Dios. Nadie nos ve leer y estudiar la Palabra de Dios que es la que nos da poder; nadie está presente para vernos memorizar y meditar en las verdades de Dios que cambian vidas. Sólo Dios nos ve de rodillas, dedicándonos a la desgarradora tarea de la oración, un trabajo que Él utiliza para prepararnos para el ministerio.

Pero entonces, al igual que los héroes de la Biblia y que nuestro Salvador mismo, estamos preparadas. Cuando es el tiempo indicado, cuando se presenta la oportunidad del ministerio, nosotras también levantaremos alas como águilas, ¡listas para hacer la obra de Dios! Tendremos el privilegio de vivir el dicho que dice que el éxito llega cuando la preparación se encuentra con la oportunidad. Dios es el responsable de presentarnos las oportunidades, a su tiempo, en su lugar, y a su manera, pero nosotros somos los responsables de cooperar con sus esfuerzos de prepararnos.

Y esa preparación se lleva a cabo cuando pasamos tiempo a solas con nuestro Señor. Las cosas buenas se dan a causa de ese tiempo. De hecho, por algo es que a la soledad se le ha llamado "la escuela del genio". También es cierto que "la mayor parte del progreso del mundo ha salido de... la soledad".[12] Por lo tanto, ordene su agenda. Separe algún tiempo para presentarse delante de Dios, para que Él logre el crecimiento espiritual en usted. Invítese a un retiro privado y espere en el Señor. ¡Permita que Dios le prepare para que pueda levantar alas como águila, para que puedas repentinamente entrar en escena con un ministerio vital para su pueblo!

Crecimiento espiritual:
El ministerio como resultado

La importancia de su crecimiento espiritual (que es el punto más importante de esta sección) se resume en la frase *No se puede dar lo que no se tiene*. El participar en el ministerio requiere que usted sea un vaso lleno, como se lo demostrará mi amiga Clara.

Y sabe, usted se parece mucho a Clara. Como mujer conforme al corazón de Dios, sin duda querrá conocer a Dios y a su Palabra. Usted quiere tomar las decisiones que Él querría que tomase. Usted también desea que el poder y el sello de Dios estén en su vida en forma clara. Su corazón late con el de Dios, preocupándose por las demás personas. Y quiere pasar su vida tratando de llevar a cabo el propósito de Dios para usted. Eso era lo que deseaba Clara, por lo tanto, se dedicó a llenarse.

Siendo una madre con dos niños pequeños en casa, Clara deseaba ser un vaso lleno. Por lo tanto, comenzó a esperar en el Señor. Estableció sus cinco archivos gordos y comenzó a leer, a leer y a leer sobre el tema de uno de sus archivos, *el desarrollo espiritual de los niños*.

Pronto, el hijo mayor de Clara comenzó a ir al jardín de infantes tres horas al día. Al final del año, cuando la maestra estaba preparando los ejercicios de "graduación", le pidió a Clara que diera un mensaje sobre el impartir verdades espirituales en los hijos. Con una invitación así, una Clara que estaba preparada repentinamente entró en escena, ¡y su primera charla convocó a cien personas!

Clara poseía algo que podía dar, ya que había esperado fielmente en el Señor y se había colocado en una posición en la que El podía llenarla y hacerla crecer. Dondequiera que iba, sus labios y su vida hablaban de la llenura que estaba adquiriendo en privado. Estaba tan enriquecida y emocionada con lo que estaba aprendiendo que le brotaba del corazón. Puesto que los manantiales de su corazón se llenaban de una fuente escondida, tenía una emoción que refrescaba a otros, y como resultado tuvo un ministerio natural.

Crecimiento espiritual: Experimentando el gozo del Señor

Piense en una mujer real a la cual usted admira, y entonces descríbala como yo describí a Silvia al comienzo de este capítulo. Lo más seguro es que la mujer que admira sea estimulante, desafiante, llena de gozo y de energía. Está creciendo y tiene frescor, está animada y es de ánimo, aprende y está dispuesta a compartir lo que está aprendiendo. Le motiva, y a usted le gusta estar en su presencia. Ella no tiene nada de qué temer, y jamás la oye suspirar ni ve señales de que esté aburrida. Para ella, ¡la vida jamás es gris!

Es probable que tal mujer, y espero que por lo menos conozca a una, esté involucrada en el crecimiento espiritual y comprometida con él. Ha invertido tiempo con Dios y ha sido llena de Él, por lo tanto, cuando está en público, no puede más que compartir de su amor por Jesús, del gozo de conocerlo y de caminar con Él.

Él ha llenado su corazón hasta desbordarse, ayudando a que ofrezca un ministerio refrescante para otras personas. Al ver a estas mujeres de Proverbios 31 echar mano de las reservas creadas por su tiempo de preparación con Dios, y al escuchar el entusiasmo que ellas tienen por la vida y por el Señor, usted debe admitir que está en la presencia de una mujer que realmente conoce el gozo de Él. De ahí es de donde procede el gozo verdadero, del tiempo a solas con el Señor, donde Él la enriquece y la prepara para el ministerio.

Respuesta del corazón

Realmente, téngase por bendecida si conoce a una de estas mujeres gozosas y enriquecidas, que han respondido al llamado de Dios en sus vidas. Usted será más bendecida aun si acepta la invitación de hacer lo mismo. Por lo tanto, tómese un momento y espere en el Señor mientras considera estas preguntas: "¿Cómo estoy invirtiendo el tiempo y la energía que Dios me ha dado? ¿Los estoy malgastando en decisiones que no tienen valor celestial, o estoy tomando decisiones buenas, mejores, e incluso aquellas que son lo óptimo? ¿Reconozco el valor y la necesidad de invertir tiempo en la preparación? ¿Tengo siquiera la meta de permitir que Dios me prepare para el ministerio? ¿O estoy dejando que el tiempo y la vida se me escapen sin ser bien utilizados, sin que se los invierta en la eternidad?"

Dios ha hecho su parte: Él la ha salvado (2 Timoteo 1:9), le ha dado la vida eterna (1 Juan 5:11), le ha bendecido con toda bendición espiritual (Efesios 1:3), le ha dado talentos para el ministerio (1 Corintios 12:11), y le ha preparado un lugar en el cielo (Juan 14:2). Ahora Él la llama a hacer su parte, tomar su visión, separar un tiempo, hacer del crecimiento en Él una meta, utilizar el tiempo y la energía para que Él pueda prepararla para el ministerio, y confiar en que Él le proveerá las oportunidades para ministrar y enriquecer a su pueblo de la abundancia de su propia vida ¡una vida llena de gozo y riquezas!

❋ 19 ❋
Un corazón que
muestra compasión

Estad firmes y constantes, creciendo en la obra
del Señor siempre, sabiendo que vuestro trabajo
en el Señor no es en vano.

1 Corintios 15:58

Cuando mi hija Courtney regresó de su luna de miel, Jim, Katerine y yo tuvimos apenas una semana para ayudarla a empacar y decirle adiós, ya que ella y su Paul colocaron sus regalos de boda en un buque de carga y volaron a la isla de Kauai. Hawaii está lejos de Los Ángeles, y tener un miembro de la familia tan lejos era en realidad un ajuste para Jim, Katherine y para mí. "Bueno", nos dijimos quienes habíamos quedado en el continente, "¡simplemente *tendremos* que visitarlos!" Por lo tanto, Jim y yo, junto a Katherine y su esposo Paul, comenzamos a planear un viaje a Hawaii.

Cinco meses más tarde volamos a Maui para una muy anhelada reunión. Los cuatro nos encontramos con Paul y Courtney y pasamos unas maravillosas vacaciones de Acción de Gracias, reunidos como familia. Una de nuestras aventuras, al visitar lugares de interés, nos llevó al famoso Camino a Hana donde termina la carretera de Maui. Sí, sufrimos nuestros momentos de mareo a causa del automóvil, ya que la carretera serpenteaba y serpenteaba por casi cincuenta kilómetros (¡cinco horas!), pero al final del camino encontramos una vista impresionante de las Siete Fuentes Sagradas.

Estas siete fuentes han sido formadas en las rocas y las camas de lava, por el correr de la lluvia a los lados de las montañas que se dirige hacia el océano Pacífico. Todo se origina en las alturas, donde una no puede ver a causa de que siempre hay nubes de lluvia presentes, de ahí el agua fresca cae a tierra, llenando primero la fuente más profunda. Cuando esa fuente superior se llena, la lluvia que sigue cayendo hace que su contenido se desborde y caiga como cascada dentro de otra fuente que está más abajo en la montaña. Tan pronto esa fuente se llena, también se desborda... dentro de otra más abajo... y otra... y otra... hasta que la última fuente derrama su contenido dentro de la inmensidad del mar de Dios.

Medite en el plan de Dios

Yo estaba parada con mi familia, contemplando (y sacando fotos) esta maravillosa obra de Dios, y pensé en la vida que usted y yo estamos buscando vivir como mujeres de Dios. Estas siete fuentes nos ilustran la plenitud que podemos disfrutar, y el impacto trascendental que tenemos al vivir conforme al plan de Dios.

Piense nuevamente en la fuente superior, en lo alto de la montaña, envuelta en un velo de bruma, escondida de la vista de otros. Al igual que esa fuente, usted y yo disfrutamos de nuestra vida escondida con Dios, la vida privada que cultivamos con Él. Ocultas de la vista de otros, usted y yo somos llenas del Espíritu de Dios a medida que habitamos en su presencia y bebemos de su Palabra. En esa bruma santa, Él repone nuestras áridas almas hasta que quedamos llenas de su bondad. Luego, esa llenura se desborda en otra fuente, el corazón de la persona más cerca y más querida por nosotras, nuestro esposo.

Luego ocurre de nuevo. Estando todavía en lo alto de la montaña, compartimos con nuestro esposo la plenitud de nuestra relación con Dios, cuidamos y cultivamos la relación humana más importante y desarrollamos las cualidades que Dios desea en nosotras las esposas. Dios hace que haya en nosotras un espíritu de sierva y un corazón lleno de amor, que sean evidentes ante aquel hombre. Pronto esta fuente cristalina de amor, se hincha hasta que cae como cascada en los corazones de nuestros hijos.

Sí, el corazón de nuestros hijos es la próxima fuente que nuestro amor y nuestra energía han de llenar. Si Dios nos da hijos, Él los confía a nuestro cuidado, para que los amemos, enseñemos, adiestremos y sean llenos del conocimiento de Él. Todo aquello con lo que Dios nos ha llenado, y todas las bendiciones que brotan de un matrimonio lleno de amor, que tiene a Cristo en el centro, se desborda para refrescar y llenar los tiernos corazones de nuestros amados hijos.

La abundante riqueza de nuestra relación con Dios, nuestro esposo, y nuestros hijos, luego se vierte a la próxima fuente, y así nuestro hogar se llena del amor de Dios y de la belleza de la familia. El manantial del amor y del cuidado de Dios alimenta la vida espiritual, la vida de familia, la vida amorosa allí en nuestro refugio. Pronto, también, esta fuente estará llena hasta desbordarse...

Y entonces las aguas correrán hacia abajo, al otro nivel de necesidad, satisfaciendo los deseos de nuestra alma. En aquella laguna que se llena con mucha rapidez es donde se tienen sueños, donde tenemos un vistazo de lo que Dios quiere que usted y yo hagamos para Él y para su pueblo. Aquí es donde sentimos que queremos apasionadamente que nuestra vida sirva para algo; aquí es donde deseamos servir a otros conforme al propósito de Dios para nosotras. Habiendo sido llenas por las fuentes en lo alto de la montaña, ahora nos zambullimos; nos sumergimos en esta fuente fresca de conocimiento, disciplina, y de adiestramiento, hasta que de seguro, el nivel del agua suba hasta el borde y salga repentinamente más allá de sus límites, derramándose en el mar ilimitado del ministerio.

Desde nuestro punto de vista ventajoso, al meditar sobre cómo Dios puede utilizarnos, quedamos calladas, maravilladas. ¡Ahora entendemos! Sus caminos son sabios y exitosos. Cuando somos fieles en ir tras el corazón de Dios, cuando cuidamos y cultivamos cada aspecto de la vida como Él nos dice: ¡el ministerio en el cual nos utiliza puede tener un impacto inconmensurable!

Repito, mi amada hermana, ¿lo puede ver? Aquellas siete fuentes nos demuestran cómo Dios puede utilizar nuestras vidas con más efectividad para su reino. Dios quiere que primero toquemos a aquellos más cercanos a nosotras, pero también nos puede utilizar para tocar a las multitudes. Después de tratar la importancia del crecimiento espiritual, ahora quiero que veamos cómo es que el agua de esa fuente se vuelca al mar del ministerio de Dios. Consideremos algunas maneras en que nosotras, las mujeres cristianas, podemos influir en las vidas de otras, un sinnúmero de otras, para la eternidad.

Aprenda a tender la mano

Una y otra vez Jesús nos dice que demos, que demos a todos (Lucas 6:30); que demos sin esperar recibir nada a cambio (verso 35); que demos en la forma generosa que Dios da, la cual es amable para con el malagradecido y el malo (verso 35); y que seamos compasivas con otros por medio del dar (verso 38). Usted y yo podemos aprender a dar de esta forma, desbordarnos en compasión para con todos los demás. He aquí algunas ideas:

Su presencia y a veces un mero toque valen más que mil palabras. Al hablar de tender la mano, acuérdese de este principio del ministerio: su misma presencia es una fuente de consuelo. Quizás no tenga las palabras exactas que decir o la Escritura perfecta para compartir. Pero en muchas situaciones, si no en casi todas, su toque puede traer un consuelo mucho mayor que las palabras.

Sea una dadora. Así como usted y yo aprendimos con nuestro esposo e hijos, podemos dar una sonrisa, saludar, hacer una pregunta cálida, dar un toque afectuoso o un abrazo, y decir el nombre (¡utiliza siempre el nombre de la persona!).

Sea audaz. Sea audaz y dele a las personas que Dios pone en su camino. Si por el contrario, se encuentra esquivando a una persona, pídale a Dios que le muestre por qué. El pecado en nuestro corazón (un corazón diseñado para desbordarse con atención para otros) nos mantiene alejados de poder desarrollar relaciones interpersonales confiadamente. Por lo tanto, averigüe qué es lo que está sucediendo, o qué no está sucediendo, dentro de su corazón lo cual impide su ministerio. Luego avance un paso más y decida qué va a decir la próxima vez que vea a esa persona. Búsquele y *dele* el saludo que pensó darle. Con un corazón limpio delante de Dios no debe tener nada que esconder ni retener. Aprenda a tenderle la mano a las personas con quienes se encuentra todos los días.

Conviértase en un alma generosa. No sólo dé, ¡sino hágalo con libertad, con gozo, con risa, con abundancia y aun más, por encima y más allá (2 Corintios 9:6-7). Proverbios 11:25 nos dice que "el alma generosa será prosperada". Convertirse en esa "alma generosa" puede ser un proceso, y yo he estado en ese proceso por décadas.

Mi esposo Jim es esta maravillosa alma generosa, ¡él lo regala todo! Ha regalado nuestros autos, nuestras compras del mercado, nuestro dinero, nuestros ahorros, sus trajes, y ha prestado nuestro hogar para que otros lo usen cuando nosotros estamos de viaje. Yo estoy aprendiendo a ser más generosa, y una lección importante vino cuando una pareja de nuestra iglesia me hizo ver cómo se sentía estar del lado que recibe la generosidad. Vinieron a visitarnos mientras éramos misioneros en Singapur. Al ir de compras a las calles y al puerto de aquella ciudad, Brenda compró dos artículos de cada cosa, y entonces, cuando se fue me dio el segundo de cada cosa (ropa colorida, decoraciones navideñas, platos finos). Qué gozo para mí, y qué privilegio que usted y yo podamos dar esa clase de gozo a otros por dar con generosidad.

Decídase a no retener nada. Proverbios 3:27 nos exhorta: "No te niegues a hacer el bien a quien es debido, cuando tuvieres poder para hacerlo". ¿Cuáles son algunas de las cosas buenas que "tienes poder para hacer"? La alabanza, el aliento, la gratitud, un saludo, la bondad, las buenas obras, y una nota de reconocimiento son algunas de las cosas que tenemos. Usted y yo *escogemos* si hemos de compartir estas bendiciones o no.

Cada vez que recuerdo la primera lección bíblica que enseñé me siento animada. La esposa de nuestro antiguo pastor, primero vaciló, pero entonces vino hacia mí por el pasillo. Luchaba en su interior, pero finalmente me dijo: "Le he estado preguntado al Señor si te debo decir algo, porque no quiero que esto se te suba a la cabeza o te infle, ¡pero eres una buena maestra!" Créame, ¡rara vez sufro de exceso de confianza! Mi tendencia es hacia el otro lado de la balanza, hacia la ineptitud, la inferioridad y la inhabilidad. ¡Pero esta estimada mujer decidió no retener lo bueno (sus palabras de aliento), cuando tenía el poder en sus manos (y en su corazón) para darlo! ¡Tomemos esa misma decisión!

Aprenda a estar atenta

Me gusta mucho el corazón tierno del pastor que Jesús describe en Lucas 15. Cuando una de sus cien ovejas estaba perdida, dejó las noventa y nueve y fue a buscar la que estaba perdida (versos 3-6). Dios se interesa por usted y por mí de esa manera, y Él quiere que nos interesemos por otras personas de esa manera también. He aquí algunos consejos para comenzar.

Desarrolle un "ojo misericordioso". Salomón dijo: "El ojo misericordioso será bendito, porque dio de su pan al indigente" (Proverbios 22:9). Me gusta pensar en el ojo misericordioso y compararlo con los ojos de Dios, los cuales "contemplan toda la tierra" (2 Crónicas 16:9). Cuando estoy en público, busco deliberadamente a alguna oveja herida, y créame, ¡ahí están! He encontrado a mujeres llorando en el baño de damas, sentadas en el patio de la iglesia, paradas detrás de la puerta de nuestro cuarto de oración, sollozando. Una noche, durante el servicio, me senté al lado de una mujer que lloró ¡por una hora y media! Casi no podía esperar a que nuestro pastor terminara de orar para poder preguntarle: "¿Hay algo que pueda hacer para ayudarte? ¿Puedo orar contigo? ¿Te puedo traer algo? ¿Te gustaría hablar?" Todo el mundo a nuestro alrededor necesita una palabra tierna, o algo más. (¿Se da cuenta por qué usted y yo debemos estar desarrollando y venciendo tendencias egoístas? De esa manera podemos dar a otros.)

Sea directa. Siempre que vea a una persona en necesidad, sea directa. Vaya directo a la oveja herida y averigüe qué necesita y qué puede hacer. No espere a que otra persona pase por ahí, ni salga corriendo a buscar al pastor. Dios ha permitido que usted encuentre a esta persona en necesidad. Permita ahora que su corazón se desborde con interés.

Vaya a dar

Cierta vez, el misionero y mártir Jim Elliot dijo: "Dondequiera que estés, debes estar por completo. Vive al máximo cada situación que creas sea la voluntad de Dios".[1] Trato de recordar estas palabras cada vez que asisto a alguna iglesia o evento del ministerio, y voy con la esperanza de que Dios me utilice. He aquí una perspectiva general de mi enfoque, y le exhorto a que la haga suya también.

Esté ahí por completo. Antes de ir a una actividad, oro para ir con la actitud de dar y tender la mano, estar atenta, ser directa y no retener nada. Luego, al ir, pongo mis pensamientos en guardia. Mientras estoy en el estudio bíblico, no quiero estar pensando en lo que voy a preparar para cenar en la noche. Durante el mensaje del pastor, no quiero estar planificando mi semana. No quiero preocuparme por lo que haya ocurrido antes de llegar allí o por lo que ocurra después de la actividad. ¡Quiero estar ahí por completo!

Viva al máximo. No sólo quiero estar ahí por completo, ¡también quiero vivir cada momento al máximo! Me gusta el consejo de Anne Ortlund, la esposa de un pastor. Ella exhorta a que las mujeres tengan la actitud de "quedarse por ahí".[2] En el momento en que esté ahí, que haya dado una noche o una mañana a un servicio de adoración, delo por completo. En todo momento, intente tender su mano a todas las ovejas que pueda.

Divida y conquiste. Póngase de acuerdo con sus amigas más íntimas, su madre, o su hija, para *no* sentarse juntas, ni caminar juntas, ni compartir juntas el café cuando están con otras. En vez de eso, comparta el compromiso de dividir y conquistar. Recuerde, ¡usted vino a dar! Sus amigas más íntimas tienen mayor acceso a su vida, tienen bastante tiempo para estar con usted en privado, por lo tanto, ¿por qué han de tener ellas también todo su tiempo en público? Ellas le pueden hablar más tarde. He hecho un pacto con una amiga, que cuando nos encontremos en un evento público, una de nosotras anunciará: "¡Vamos! ¡Dediquémonos a tocar algunas ovejas!"

Una palabra más en cuanto a ir con la actitud de dar. ¡Usted notará que está recibiendo mucho y que ha sido bendecida, en la medida que permita que Dios le utilice de esta forma!

Desarrolle su vida de oración

¿Ha notado cómo en este libro regresamos a la oración una y otra vez? Una mujer conforme al corazón de Dios es una mujer que ora. Su corazón se desborda en forma natural en la oración y la compasión. Y ya que el orar por las personas es una forma poderosa de cuidar de ellas, usted y yo deberíamos unirnos a Dios en un ministerio de oración que marque una gran diferencia en las vidas de las personas. Haga como yo y aprenda de la historia de J. Sidlow Baxter acerca de cómo él desarrolló su vida de oración.

Encontré que había una parte de mí que no quería orar... (y) había una parte de mí que sí quería. La parte que no quería eran mis emociones, y la parte que sí quería era el intelecto y la voluntad...

[Por lo tanto] le dije a mi voluntad: "Voluntad, ¿estás lista para orar?" Y la Voluntad dijo: "Heme aquí, estoy lista". Por lo tanto yo dije: "Voluntad, vamos".
Así que Voluntad y yo nos fuimos a orar. Pero en el minuto que dimos unos pasos para irnos a orar, todas mis emociones comenzaron a hablar: "Nosotras no vamos, nosotras no vamos, nosotras no vamos". Le dije a Voluntad: "Voluntad, ¿puedes seguir?" Y Voluntad dijo: "Si tú puedes". Por lo tanto, Voluntad y yo nos llevamos arrastrando aquellas emociones malvadas y nos fuimos a orar, y nos quedamos orando una hora.

Si después usted me hubiese preguntado: ¿lo pasó bien, cree que podría haber dicho que sí? No, fue una lucha todo el tiempo.

No sé qué hubiera hecho sin la compañía de Voluntad. De repente, en medio de una de las intercesiones más fervorosas, encontré a unas de las principales emociones allá en el campo de golf, jugando golf. Y tuve que ir corriendo hasta allí y le dije: "Regresa..." Fue agotador, pero lo logramos.

A la mañana siguiente, miré mi reloj y era hora. Le dije a Voluntad: "Vamos, Voluntad, es hora de orar". Y todas las emociones comenzaron a tirar hacia el otro lado, así que dije: "Voluntad, ¿puedes seguir?" Y Voluntad dijo: "Sí, y de hecho, creo que estoy más fuerte después de la batalla de ayer en la mañana". Por lo tanto, Voluntad y yo pusimos manos a la obra de nuevo.

Sucedió lo mismo. Las emociones estaban rebeldes, tumultuosas, con poca disposición a cooperar. Si me hubieran preguntado: "¿Lo ha pasado bien?", con lágrimas habría tenido que decirle: "No, los cielos estaban como bronce. Fue difícil concentrarme. Pasé un momento horrible con las emociones".

Esto siguió así por unas dos semanas y media. Pero Voluntad y yo perseveramos. Entonces, una mañana durante aquella tercera semana, miré mi reloj y dije: "Voluntad, es hora de orar. ¿Estás lista?" Y Voluntad dijo: "Sí, estoy lista".

Precisamente en el momento en que íbamos, oí una de mis emociones más importantes decirle a las otras: "Vamos, muchachas, no vale la pena agotarnos, ellos van a hacerlo pese a quien pese..."

Repentinamente, un día (semanas más tarde), mientras Voluntad y yo insistíamos con nuestro caso ante el trono de la gloria celestial, una de las emociones más importantes gritó: "¡Aleluya!" y todas las demás emociones gritaron a coro: "¡Amén!" Por primera vez, la totalidad de mi persona estaba involucrada en el ejercicio de oración.[3]

¡No es fácil orar! En definitiva es una disciplina, pero también es un ministerio que fluye de un corazón pleno. Hay tres decisiones que le pueden ayudar a ponerse delante de Dios para que Él pueda llenar su corazón con interés hacia otros.

Establezca una hora. Al igual que el señor Baxter miraba su reloj y decía: "Es hora", nosotras también podemos asegurarnos de que se lleve a cabo el ministerio de oración al establecerle un momento fijo. Programe una hora, apague el teléfono, deje las demás cosas sin hacer, ¡y ore!

Establezca un lugar. Escoja un lugar tranquilo donde pueda estar a solas para "¡[presentar su] caso delante del trono de la gloria celestial!"

Establezca un plan. Use un cuaderno para que le ayude a organizar su ministerio de oración. En mi cuaderno, yo anoto primero a todas las personas por las cuales quiero orar. Luego decido cuán a menudo quiero orar por cada una de ellas. Por algunas oro a diario (incluyendo mis "enemigos" [Lucas 6:27-28]), pero la mayoría son semanales. Al final asigno un día específico para cada categoría. También mantengo una página para "peticiones especiales" y otra para los familiares más lejanos. Cree cuantas páginas y categorías le hagan falta para orar por las personas que Dios ha puesto en su vida, para que tenga compasión de ellas.[4]

Al establecer una hora, tener un lugar y determinar un plan, nada ni nadie se le olvidará. ¡Todo y todos serán cubiertos cuando usted ore! Estos pasos prácticos nos ayudan a cumplir el deseo de Dios de que nosotras estemos "orando en todo tiempo con toda oración y súplica... por todos los santos" (Efesios 6:18).

Respuesta del corazón

¿Puede sentir el rocío en su cara cuando permite que Dios la llene? ¿Se da cuenta de lo lleno que está su corazón, un corazón conforme al de Dios, el cual Él ha estado haciendo crecer en usted por 18 capítulos? ¿Puede sentir cómo lo que se derrama está cayendo y salpicando dentro de un mar de amor para las personas a su alrededor? ¡El ser llena del amor de Dios hasta desbordar y luego ser utilizada por Él es una experiencia gloriosa!

También espero que su corazón esté en paz y que haya encontrado su mayor satisfacción al ver cómo Dios, a través de usted, extiende su amor a muchos. Primeramente, su amor fluye a aquellas personas más cercanas a su corazón, las personas de su casa. Luego, continúa moviéndose a través de usted para vigorizar y refrescar un sinnúmero de personas. A medida que sucede esto, Dios, en su gracia y generosidad, le rellena en forma milagrosa, reponiendo y multiplicando todo lo que usted, sin egoísmo, le ha dado a otros.

¡Oro para que se anime a medida que contempla este proceso! Una vez que haya probado el gran gozo que surge del sacrificio personal (si es que aún no lo ha probado), oro para que su corazón sea lleno de profunda satisfacción y contentamiento espiritual. ¡Que pueda saber, sin lugar a duda, que su labor para el Señor nunca es en vano! (1 Corintios 15:58). ¡Que nunca se canse de hacer el bien, "porque a su tiempo segará, si no desmaya!" (Gálatas 6:9). Pídale a Dios que le dé un deseo mayor de servirle a Él y a otros. Vaya a Él en busca de sabiduría a medida que escoja cuándo y dónde ministrar. Y asegúrese de siempre hacer tiempo para llenar su propio corazón, para que tenga algo que dar a los demás. En fin, mire a Dios, para que le dé la fuerza para su obra y una visión más amplia del valor eterno que hay en servirle a Él y a su pueblo.

❈ 20 ❈
Un corazón que anima

La buena palabra lo alegra [al corazón]
Proverbios 12:25

E stando sentada en nuestra clase de escuela dominical, escuchaba y tomaba notas mientras Jim continuaba con su serie "unos a otros" del Nuevo Testamento. La misma trata de los ministerios hacia los hermanos, los demás miembros de la iglesia de Cristo, que cada uno de nosotros como cristianos debemos ejercer. Ese domingo en particular, Jim hablaba acerca de edificarnos unos a otros, animándonos, exhortándonos, contribuyendo de forma positiva a las demás vidas y proporcionándoles de alguna forma cierto beneficio.

Cuando resumía la lección, Jim desafió a nuestra clase a que aplicáramos un punto: "Cada vez que se encuentre con alguien, tenga como meta que las personas salgan mejor por sólo haber estado en su presencia. En cada encuentro, trate de darle algo a la otra persona". Jamás olvidé esas palabras. ¡Qué manera tan sencilla y maravillosa de influir en forma positiva la vida de otras personas! A todos les hace falta edificación y aliento, y nosotros tendremos la libertad de poder ofrecerlos en la medida que tengamos un corazón lleno de Dios. He aquí algunos consejos para animar al pueblo de Dios.

Tome tiempo para ser llena

Si toma tiempo para sentarse a los pies de Jesús y ser llena por el Espíritu de Dios al estudiar la Palabra escrita, y si se concentra en vencer los obstáculos interiores para hacer la obra de Dios, nunca le faltará un ministerio. La llenura de Dios dentro de usted ha de desbordarse hacia las vidas de los demás. Al hablar de esto, inmediatamente recuerdo dos mujeres que aumentaron su potencial ministerial al vencer la timidez.

La evangelista Corrie Ten Boom tenía problema con la timidez. Decidida a vencerla, Corrie se matriculó en una clase de Dale Carnegie para aprender a hablarles a otros. Si podía hablarles a otros, ¡entonces podría testificarles de Jesucristo! Ella decidió aumentar sus capacidades y esto la llevó a un ministerio mayor.

La señora Howard Hendricks, esposa de un pastor, también tenía problema con la timidez. Al igual que Corrie Ten Boom, Jeanne se matriculó en un curso de Dale Carnegie y en otro de Toastmasters for Women para aprender a hablar con las personas individualmente y en grupos grandes. En dos ocasiones, la señora Hendricks ha sido invitada a hablar a las mujeres en un retiro de mi iglesia, y en cada oportunidad habló a más de quinientas mujeres. Aumentar sus capacidades la llevó a un ministerio más capaz.

El ministerio es motivado cuando tomamos el tiempo de desarrollar nuestras habilidades y vencer nuestras debilidades, lo cual tiene sentido. Después de todo, ¿cuánto puede enseñar un maestro, aconsejar un consejero, o administrar un administrador? ¡Solo hasta el punto donde cada uno haya crecido! Cada uno de nosotros crece, y en Jesucristo cada uno encuentra el poder y el conocimiento para vencer las debilidades personales y para un ministerio más efectivo. Jesús dijo: "Amarás al Señor tu Dios con todo tu corazón, y con toda tu alma, y con toda tu mente. Este es el primero y grande mandamiento. Y el segundo es semejante: Amarás a tu prójimo como a ti mismo" (Mateo 22:37-39). ¡Tendrá más para dar a su prójimo si se pone delante de Dios frecuentemente y permite que Él le haga crecer, le dé fuerza y le transforme!

Memorice Escrituras que animan

¿Se acuerda cuando hablábamos de "sazonar con sal" a nuestros hijos? ¡Bueno, sus hijos no son las únicas personas en su vida que necesitan sal! Usted puede tener el ministerio de sazonar con sal, el ministerio de animar, todas las personas con quienes se encuentre. Permita que "su palabra sea siempre con gracia, sazonada con sal" (Colosenses 4:6). Su vida y sus labios ofrecerán, a todos estímulo refrescante. Al igual que nuestro Mesías, sabrá "hablar palabras al cansado" (Isaías 50:4).

Pero, como hemos visto anteriormente, no podemos dar lo que no poseemos. Por lo tanto, es bueno memorizar algunas palabras de la Biblia pertinentes para dar ánimo, las cuales podemos compartir con los que tienen necesidad. El conocer las Escrituras le dará "una palabra a tiempo", algo oportuno y apropiado para la situación.

Piense en los pasajes de las Escrituras que memorizará como si fueran los instrumentos de un cirujano. Hace varios años cuando iba a ser intervenida quirúrgicamente, las últimas cosas que yo vi antes de quedar inconsciente, fueron dos bandejas con instrumentos, una a la derecha del cirujano, y otra a su izquierda. Recuerdo que me dije: "¡Mira todos esos instrumentos! ¡De todo tamaño y forma! ¡De todo tipo! ¡Y cuántos! Todo lo que le haga falta está ahí mismo, ¡listo para cualquier propósito!" A eso llegan precisamente las Escrituras que usted haya memorizado, en las manos de Dios son instrumentos listos para ser usados para cualquier propósito. Sea cual sea la necesidad (tanto en su propia vida como en las vidas de las personas a quien ministre), todo versículo que conozca estará disponible, afilado y listo para que Dios lo utilice para animar a un alma cansada.

Si es fiel en comprometerse a memorizar joyas selectas de la Palabra de Dios, repentinamente las encontrará añadiendo verdadera sustancia a sus conversaciones. Este es otro desborde natural de un corazón lleno, en este caso, ¡un corazón lleno hasta desbordarse con la Palabra de Dios! Notará que el contenido de sus notas y las llamadas telefónicas que realiza se hacen más profundas. Sus visitas a otros cristianos tendrán más significado al compartir las verdades y poderosas promesas de Dios. De hecho, puesto que su corazón está lleno de las Escrituras, ya no se sentirá satisfecha con conversaciones que no tienen sentido, triviales. Compartir la Palabra de Dios llevará sus conversaciones a niveles más profundos.

Por si acaso está pensando: *¡Pero yo no puedo memorizar versículos bíblicos! Lo he intentado, pero simplemente no puedo...*, le digo que hace poco estaba en la casa de una amiga cuya cotorra cantó para mí, ¡en su totalidad, el himno de los Estados Unidos! Mientras estaba parada allí, maravillada por lo que estaba escuchando, pensé: *Bueno, si una cotorra puede aprender este himno, ¡entonces todos los humanos podemos aprender a memorizar las Escrituras!* ¡Piense el tiempo que le lleva a un pájaro aprender la melodía y las notas de una canción tan complicada! ¡Seguro que nosotros podemos aprender un versículo o dos de la Palabra de Dios! Si lo hace, ¡su corazón será una fuente de estímulo para muchos!

Haga llamadas telefónicas para dar aliento

La Biblia nos dice que "la congoja en el corazón del hombre lo abate; mas la buena palabra lo alegra" (Proverbios 12:25), y seguro que usted conoce esa verdad por experiencia. Una forma fácil de animar y de hacer que un corazón esté alegre es "extendiendo la mano y tocando" a alguien a través del teléfono. No me refiero a llamar a una lista larga de personas, ni siquiera a hacer llamadas largas. ¡Una llamada sencilla y rápida puede hacer mucho para alegrar el corazón del que la recibe!

Por lo general yo realizo estas estimulantes llamadas alrededor de las 5:30 P.M. Cuando mis niñas estaban en casa, les decía: "Tengo que hacer tres llamadas telefónicas. No me van a tomar mucho tiempo, pero quiero saber si necesitan algo antes de ponerme al teléfono". El hablar primero con Katherine y Courtney les daba a entender la posición de prioridad que ellas tenían en mi corazón sobre cualquier otra persona (incluyendo las que iba a llamar). También me daba la oportunidad de ocuparme de sus necesidades antes de hacer la llamada telefónica y recordarles que por unos minutos yo no estaría disponible para ellas.

Al hacer la llamada, digo algo como "sé que estás por comer, y nosotros también, pero últimamente no te he visto y deseaba asegurarme de que estás bien". Si la persona tiene alguna dificultad, hacemos una cita para llamarla en el momento en que podamos tener una conversación más larga y significativa. De esta forma, podemos alcanzar a las personas que se están recuperando de una enfermedad, o que están lidiando con una crisis. El teléfono nos ofrece una forma muy efectiva de animar a otros, y requiere muy poco esfuerzo. ¡Lo más importante para ese ministerio es un corazón que se interese.

Jim fue pastor de las personas de tercera edad de nuestra iglesia, noté que hacer llamadas telefónicas era una manera sencilla de animar a aquellos que faltaban los domingos a nuestra clase. Si estaban enfermos o fuera de la ciudad, se ponían contentísimos de que alguien lo hubiera notado, que los hubieran extrañado, y estaban preocupándose por ellos. Cuando mi amiga Patricia y yo no nos vemos por un tiempo, ella me bendice de la misma manera, ya que deja palabras de aliento en mi contestadora. El oír su mensaje siempre me hace feliz, ¡porque sé que *alguien* allá afuera se interesa! ¿Con quién puede compartir una sonrisa por teléfono?

Escriba notas de aliento

El escribir notas a aquellos que necesitan ánimo es otra forma de compartir una buena palabra que alegre el corazón

(Proverbios 12:25). Repito, en lo que tiene que ver con las personas mayores a las que Jim y yo estábamos pastoreando, yo oraba y le preguntaba a Dios: "Realmente Señor, ¿qué puedo dar yo, una esposa y madre joven, a estos santos? ¡Ellos han caminado contigo tanto tiempo! ¡Te conocen tan bien!"

Dios fue fiel en contestar ese clamor de mi corazón. Me mostró que les podía escribir unas notas de aliento. Por lo tanto, cuando pasaba la lista cada mañana, comencé a anotar los que faltaban y los que estaban de viaje o enfermos. Luego, de regreso a casa esa tarde, mientras las niñas dormían la siesta y Jim y yo descansábamos, le escribía una nota de aliento a cada una de las ovejas que habían faltado. Sólo les quería expresar que nos interesábamos y estábamos preocupados, al igual que disponibles, y ¡que esperábamos con gusto verlos de nuevo pronto!

Las personas que más admiro en este asunto de escribir notas, son aquellas que separan una cierta parte de su día o semana con el propósito exclusivo de escribir notas y cartas. ¡Sí *es* un ministerio! Y si de nuevo está pensando: *!Oh, no! ¡Ya estoy muy ocupada! ¿Cómo puedo añadir otra cosa más?,* piense en mi sencillo enfoque. Al enfrentarme con un pedazo de papel en blanco, me digo a mí misma: "Vamos, Liz, ¡sólo tres oraciones!" Ya sea que le escribiera a un enfermo, a alguien que estaba de luto, a alguien en el liderazgo, o a una nueva anfitriona, cuando me decía: "¡sólo tres oraciones!" me daba el empuje para comenzar. La oración #1 le dice que le extraño, le aprecio, o que pienso en él o ella. Oración #2 le deja saber que es especial para mí y por qué. Y la oración #3 les dice que estoy orando por ellos e incluye el versículo. Mientras está sentada en la cama, o en el sofá con los pies alzados, puede dar esta clase de ánimo a otros, el cual sale de su corazón lleno del amor de Dios, y ¡los que lo reciben serán muy bendecidos!

Siempre llevo conmigo una carpeta que contiene la correspondencia que necesito contestar, los nombres de aquellos a quienes tengo que agradecer por alguna razón, y una buena cantidad de tarjetas para notas, sobres, tarjetas postales, y sellos. Dondequiera que estoy, en un avión, en un hotel, esperando en un aeropuerto, distendiéndome en un centro de conferencias, esperando en el automóvil por mi esposo, o sentada en la biblioteca, en un café, o unos minutos temprano en un banco de la iglesia, puedo animar a otros con una nota. Y usted también puede, ¡en sólo tres oraciones!

Anime a otros a través de tres dones espirituales

Cuando leí *Balancing the Christian Life* por el teólogo Charles Caldwell Ryrie, descubrí tres ministerios más que usted y yo, y todo cristiano, podemos llevar a cabo. De hecho, así como lo señaló el doctor Ryrie, estos tres ministerios no sólo son tres dones espirituales específicos, sino que son un mandamiento para todo cristiano. El doctor Ryrie los describe como "tres de los dones [espirituales]... que es probable que todo cristiano tenga y pueda usar. Ellos son: ministrar, dar y mostrar misericordia (Romanos 12:7-8)".[1] Mire cómo los describe el doctor Ryrie:

El *servir* a veces es llamado ayudar o ministrar: "Es la habilidad básica de ayudar a otros, y no hay razón por la cual todo cristiano no pueda tener y usar este don".

La *misericordia* es el siguiente: "El mostrar misericordia tiene gran afinidad con el don de ministrar e implica socorrer a aquellos que están enfermos o afligidos. 'La religión pura y sin mácula delante de Dios el Padre es esta: Visitar a los huérfanos y a las viudas en sus tribulaciones'" (James 1:27).

El *dar* es otro ministerio en el cual usted y yo podemos y debemos estar involucrados: "Dar es la habilidad de distribuir a otros el dinero de uno mismo, y ha de llevarse a cabo con simplicidad, lo cual significa sin ningún pensamiento de recibir o ganar algo en alguna forma para uno mismo".[2]

El servir, la misericordia y el dar, cada uno es un don espiritual, pero cada uno también es demandado de nosotros como cristianos, *y* nuestro querido Salvador mostró estas cosas y nos dejó ejemplo para imitarlo, ¡por tanto debemos seguir sus pasos! Así que, comprométase ahora a renovar sus esfuerzos para servir, mostrar misericordia, y dar, y así cumplir la ley de Dios y animar a su pueblo.

Viva sus prioridades

Al vivir sus prioridades estará enseñando y discipulando a muchas mujeres, ¡sin decir una palabra! La mejor forma de enseñar prioridades a otros es ser ejemplo de tales prioridades. Después de todo, y este es otro principio para nosotras las mujeres conforme al corazón de Dios, *una imagen vale más que mil palabras*. Como sabe, Dios nos ha dado tal imagen en Proverbios 31:11-31. Aquí pinta el retrato de una mujer que vive sus prioridades. ¿Y se ha dado cuenta alguna vez de que ninguna de sus *palabras* han sido registradas? Sólo sus *hechos* sobreviven.

Por la gracia de Dios y en su poder, usted podrá animar a otras al igual que esta mujer maravillosa la estimula a usted. Sólo concéntrese en ser la persona que Dios quiere que sea, y en hacer lo que Él quiere que haga. Concéntrese en dominar sus prioridades. No se preocupe tanto por organizar sus pensamientos, preparar una lección, ni por pararse frente a un grupo. Sólo camine entre las mujeres de su iglesia y en su vecindad y *haga* lo que se supone que deba hacer ¡con todo su corazón!

Toda mujer cristiana necesita modelos y ejemplos, y yo no soy diferente. Recuerdo cuando recién me había convertido e iba a la iglesia, buscando modelos. Atentamente miraba a las otras mujeres cristianas. Observaba cómo se comportaban en la iglesia y hasta qué vestían. ¿Hablaban en grupos mixtos? ¿Oraban en voz alta? Me daba cuenta de cómo trataban a sus esposos, cómo demostraban respeto y se comportaban en público como pareja. También miraba a las madres con sus hijos, notaba cómo los disciplinaban, el tono de voz que empleaban cuando hablaban con ellos, ¡y hasta las expresiones en sus caras al mirar a sus pequeños! ¡No se me escapaba nada porque yo necesitaba ayuda!

Como experta observadora de otras mujeres, sé que *todo lo que hace y no hace enseña*. El chisme puede parecer poca cosa, pero cuando no participa en chismes, les enseña a otras mujeres la belleza de la obediencia. Cuando dice: "Tengo que preguntarle a mi esposo", les enseña a otras mujeres cómo hacer de su esposo su prioridad. Cuando planea su día basada en la agenda de sus hijos, ejemplifica el respeto y la consideración por sus hijos a otras madres.

Si está en una etapa de su vida en la que no puede enseñar, dirigir o participar en un ministerio femenino en manera formal, ¡aun así está enseñando! Piense de esta forma, quizás el hecho de que usted falte a ciertos eventos esté enseñando algo acerca de sus prioridades. ¡Quizás algunas de las personas presentes no debieran estar ahí tampoco!

¿Recuerda la cita que compartí antes? La sabiduría dice así: "Deberíamos decir 'no', no sólo a las cosas que son malas y pecaminosas, sino a las cosas placenteras, útiles, y buenas, pero que impiden y bloquean nuestras responsabilidades y nuestra principal prioridad".[3] Es probable que ahora usted comprenda mejor cuáles son las responsabilidades y la prioridad principal como mujer cristiana, esposa, madre, y administradora del hogar. ¡Ya tiene más en claro lo que Dios dice que es más importante! *Ser* lo que Dios quiere que sea, una mujer conforme al corazón de Dios, es un ministerio poderoso. Los demás, con sólo mirarla pueden ser estimulados en su propia búsqueda de Dios.

RESPUESTA del CORAZÓN

Cuando usted y yo pasamos por la sección que trataba sobre nuestro crecimiento espiritual, nos esforzamos. Establecimos metas. Decidimos tomarnos el trabajo necesario para poder crecer. Nuestro objetivo era permitir que Dios nos llenara y nos preparara para un ministerio futuro hacia otros. Reconociendo que sería un esfuerzo difícil pero gratificante, seguimos hacia delante, aumentando nuestro conocimiento y afinando nuestras habilidades.

¡Ahora piense en la sencillez de los ministerios que hemos considerado aquí! ¡Escribir una nota! ¡Hacer algunas llamadas telefónicas! ¡Hablar palabras de gracia! ¡Ejemplificar las prioridades de Dios! ¡Son cosas que se hacen casi sin esforzarse! Sin embargo, cada una de ellas requiere un corazón lleno del amor de Dios y de sensibilidad hacia otros. El ministerio es siempre un asunto del corazón. *Si* su corazón está lleno de un compasivo interés por el pueblo de Dios, tendrá el privilegio de refrescar a muchas almas que necesiten aliento, será semejante a una nube de lluvia que ofrece la tan necesitada humedad a una tierra reseca. Oro y espero que la respuesta que su corazón le dé a Dios, sea la de tomar los pocos minutos que estos ministerios requieren y utilizarlos para compartir el amor de Dios con otros.

Tercera Parte

La práctica de las prioridades de Dios

✱ 21 ✱
Un corazón que busca primero
lo más importante

De madrugada te buscaré

Salmo 63:1

Regrese conmigo un momento a las Siete Fuentes Sagradas, para ver cómo ilustran la belleza del plan de Dios para nuestra vida como mujeres conforme a su corazón. Al igual que aquellas fuentes resplandecientes, el plan de Dios se lleva a cabo en la cima de la montaña. Contemplar la vida desde allí es algo impresionante y solemne. Nuestra visión de Dios y de su plan para nosotras conmueve nuestro corazón. Su diseño es tan puro, tan correcto, tan claro, ¡y tiene sentido! Ahora, una vez que hemos contemplado la belleza de la visión, sentimos que tenemos que avanzar y *hacer* la voluntad de Dios. Así que, respiramos profundamente y nos preparamos. Pero, ¿cómo comenzamos? ¿Dónde comenzamos? La mujer que escribió este poema después de llegar a la cima en la que usted y yo estamos ahora puede expresar lo que usted debe estar sintiendo.

> Tanto material,
> Tanto que aprender,
> Tanto que cambiar,
> Me preocupa a más no poder.

"Algo es mejor que nada",
Se nos dice.
Nuevamente, sabiduría y conocimiento
Más que el oro resplandecen.

¿Dónde comienzo? ¡Ni siquiera soy delgada!
Un paso hacia delante, dos de regreso,
Hay desorden en mis prioridades, confieso.
Quiero estar en la senda indicada.

Ora por mí, lo voy a necesitar,
Pues me queda mucho por andar.
Muchas cosas son obvias a esta hora,
La respuesta a este dilema: ¡ORA![1]

Si estas pudieran ser sus palabras, ¡no se desanime! Aún no hemos llegado al final. Dios tiene más pautas acerca de *cómo* vivir su voluntad. Además, Dios da a conocer su voluntad a medida que leemos su Palabra, oramos y buscamos consejo, y siempre nos permite hacer su voluntad. ¡La gracia de Dios es siempre suficiente para la tarea (2 Corintios 12:9-10)! De hecho, Él ya le ha dado todo lo que usted necesita para vivir su vida en completa piedad (2 Pedro 1:3), y puede hacer todas las cosas (puede ser una mujer conforme a su corazón) por medio del poder de Jesús (Filipenses 4:13). ¡Anímese a medida que miramos algunas formas de lograrlo!

Una palabra acerca de las prioridades

Puesto que nuestras vidas son complejas y demandan mucho, necesitamos un plan si es que hemos de vivir conforme a las prioridades de Dios y obedecer su llamado. El orden de Dios con respecto a las prioridades, hace que las decisiones que tomamos cada día y a cada momento, sean más fáciles y sencillas. ¡De todo corazón le puedo decir que el método para organizar nuestra vida que presenta en este libro funciona! Ha traído orden a mi vida desordenada y me ha permitido ver con más claridad cuando las tormentas de la vida comienzan a bramar. La Palabra de Dios, la cual no cambia, me ha dado una dirección segura cuando la tiranía de lo urgente golpea mi puerta, tratando de echar a un lado las pocas tareas *que en realidad* importan en mi vida, mis grandes tareas y mis principales objetivos:

- Amar a Dios y seguirle de todo corazón;
- Amar, ayudar y servir a mi esposo;
- Amar, enseñar y discipular a mis dos hijas;
- Amar y cuidar de un hogar para poder proveer una vida de calidad para mi familia;
- Desarrollarme a mí misma para poder tener algo para dar a otros; y
- Amar y servir al pueblo de Dios.

El poner en práctica estas prioridades implica que tengamos diferentes papeles, los cuales debemos cumplir en su totalidad, ¡pero uno a uno! El saber cuáles son sus prioridades, y escoger el papel indicado a la hora indicada, le mantendrá enfocada por completo en lo más importante en un momento determinado.

Recuerde también que estas prioridades se le ofrecen para ayudarle a tomar las decisiones en cuanto a cómo pasar su tiempo e invertir su energía. No se ofrecen como pautas rigurosas, sino más bien para ayudarle a obtener un mejor control de su vida. Esta lista de prioridades y profundizar en las mismas le sirve para darle conocimiento, habilidades, y motivación para seguir por los caminos de Dios. Por lo tanto, a medida que se esfuerza por vivir conforme a los principios de Dios, no se olvide del principio de la flexibilidad. Así como Jesús se detuvo en el camino cuando iba a resucitar a la hija de Jairo y ministró a la mujer con flujo de sangre (Lucas 8:41-56), nosotras tenemos que ser flexibles y evaluar cada nuevo acontecimiento, crisis o persona, a medida que caminamos, para ver cuál es la *verdadera* prioridad en ese momento.

Una palabra acerca de las decisiones

Usted lo ha leído muchas veces, pero aquí va de nuevo: Las decisiones que tomamos son fundamentales en cuanto a las prioridades que practicamos. Desde las primeras páginas de este libro hemos estado tratando de escoger entre lo bueno y lo malo, entre lo mejor y lo bueno, y entre lo óptimo y lo mejor. Jamás se podría resaltar demasiado la importancia de tales decisiones. Como todas hemos visto, si quiere saber cómo será en el futuro, sólo mire las decisiones que está tomando hoy. ¡Según es nuestro presente, así será nuestro futuro! Es como usar la lógica.

Y también es el caso de estos dos pensamientos: "Lo que usted es hoy (basado en las decisiones que está tomando) es aquello en lo que se está convirtiendo" y "hoy, usted es aquello en lo que se ha estado convirtiendo (basado en las decisiones que ya ha tomado)." Lo que escogemos y refleja nuestras prioridades, ha de determinar si cumplimos el plan de Dios para nuestras vidas o no. El hacer todas las cosas (o decidir qué no es necesario hacer), es un asunto de decisión. Ya sea que estemos hablando de los próximos cinco minutos, la próxima hora, mañana, o de la eternidad, ¡las decisiones que tome, marcarán la diferencia en su totalidad!

Una palabra sobre los demás

¿Se habrá dado cuenta de que aún no hemos llegado a ciertas áreas de la vida? Todavía no he mencionado a los padres, hermanos, hermanas, o los familiares lejanos; empleos o carreras; amigos, vecinos, pasatiempos, la vida social, o una miríada de otros ingredientes que hacen que su vida esté llena y sea única. Todos estos ingredientes tienen que ser tratados y manejados a medida que se vive una vida que complace a Dios,

¡y se debe disfrutar de todos ellos! La Biblia dice: "Dios... nos da todas las cosas en abundancia para que las disfrutemos" (1 Timoteo 6:17).

Para poder discutir en forma adecuada la larga lista de todas las demás personas y empresas que Dios ha puesto en su vida se necesitaría otro libro. Así que por ahora, sólo añada estas "otras" categorías al final de la lista de seis prioridades que acaba de ver, ya que esas seis no cambian. La Biblia trata en forma específica cada uno de estos seis aspectos, estos seis papeles que representamos. Hemos estado mirando el plan de *Dios* así como sus prioridades, y sus misiones. Las circunstancias de nuestra vida pueden cambiar, pero la Palabra de Dios jamás cambia. Como proclama el salmista: "¡Pero los planes del Señor quedan firmes para siempre; los designios de su mente son eternos!" (Salmo 33:11 NIV).

Por tanto, le dejaré como tarea que ordene las áreas restantes de su vida en términos de prioridad. Dios le revelará el orden cuando ore, escudriñe las Escrituras y busque consejo. ¡Él le mostrará cómo ser una mujer conforme a su corazón en cada detalle de su vida!

Un palabra en cuanto a esperar

Es imposible leer el libro de Proverbios y no ver el mensaje de que *la sabiduría espera*. Como principio general para practicar sus prioridades es bueno que sepa que es más seguro esperar y no hacer nada, que correr y hacer algo incorrecto. Uno de los tantos proverbios que expresan tal verdad bíblica dice: "Y aquel que se apresura con los pies, peca" (Proverbios 19:2).

Permítame compartir cómo nosotros, en nuestro hogar, un día caluroso de verano aplicamos este principio de que *la sabiduría espera*. El teléfono sonó, y era una llamada para mi hija Katherine de parte de una amiga que yo jamás había conocido ni nunca había oído mencionar. Esta joven adolescente estaba invitando a mi hija a ir a la playa de inmediato. Su mensaje fue: "¡Nos vamos ahora mismo y te recogeremos en quince minutos!"

Bueno, Katherine no fue a la playa aquel día. ¿Por qué? Primero que todo, nuestro día ya estaba planeado (uno de mis lemas es "el plan A es siempre mejor"), y no incluía que ella fuera a la playa. Otra cosa era que ni Jim ni yo conocíamos a este grupo de amigas (¿quién iba a manejar?, ¿irían varones?), y ni siquiera nos dejarían un número telefónico. Este plan era en definitiva algo a lo cual podíamos decir que no; podíamos e hicimos que esperara para una salida a la playa más adelante.

Una amiga mía también atravesó por una oportunidad en que debió esperar. Su suegra le demandaba una carta en la que se disculpara por una situación muy difícil, y la quería *¡ahora mismo! Tenía que salir en el correo de ese día para que así la recibiera al otro día, porque si no ¡tendría que atenerse a las consecuencias!* Mi amiga envió la carta, pero una semana más tarde. ¿Por qué? Porque quería orar, arreglar las cosas en su corazón, buscar consejo, y que alguien leyera la carta también, para ayudarla con la redacción, para que así realmente cumpliera los propósitos de Dios, los cuales en verdad se cumplen mejor si se espera.

Yo misma tuve la oportunidad de poner en práctica el principio de que *la sabiduría espera*, cuando un vendedor llamó y dijo: "Estoy llamando desde la esquina de su casa. Estamos en su vecindad hoy, y sólo hoy. Esta es una oportunidad única en su vida. Podemos limpiar todas sus alfombras *ahora mismo* por sólo $25, *¡pero tiene que ser ahora mismo!"* No acepté su oferta. ¿Por qué? Porque, repito, ya había hecho planes para el día y no incluía el limpiar todas mis alfombras. No incluía ese tipo de caos. (¡A nosotras nos gusta planear nuestros caos!) Tampoco había hablado con mi esposo acerca de limpiar las alfombras. No estoy muy segura de que él hubiera pensado que ese era el mejor uso de los $25 *"¡ahora mismo!"*. Tal vez hubiera sido bueno, pero ¿el mejor?

Como ilustra esa oferta de limpiar alfombras, el teléfono nos da a todos la oportunidad de practicar el principio de que *la sabiduría espera*. Siempre está sonando, demandando nuestra atención y presentando oportunidades para quitarnos de nuestro plan A. Pero usted y yo no tenemos que prestarle atención a esas oportunidades *¡ahora mismo!* En vez de eso, sólo tenemos que decidir quién está en control. Una forma de ganar o quedarse con el control es el escoger esperar en vez de actuar de forma impulsiva. Una cita que he escrito en mi libreta de oración me recuerda que "muy pocas cosas en la vida nos piden que tomemos una decisión instantánea... Mantenga la calma... Haga que la demora sea su primera estrategia para evitar [caos y crisis]... Una buena regla general para tener en cuenta es que la mayoría de las cosas parecen más importantes en el presente de lo que en realidad son".[2] La sabiduría espera. ¿Qué me dice usted?

Algunas mujeres que ajustaron sus prioridades

Una noche, mientras leía (mis "sólo cinco minutos"), me impresionó el relato de una mujer que realmente quería ser una mujer de Dios. Se llamaba Irene, y era una maestra de la Biblia muy solicitada. Sin embargo, su esposo Miguel era un cristiano nominal que iba a la iglesia pero no se involucraba más allá que eso. La lista de prioridades de Irene era algo así:

* Dios
* Dirigir estudios bíblicos para mujeres
* La familia

Un día el Señor le habló a través de un versículo en Efesios: "Las casadas estén sujetas (sean sumisas y ajústense) a sus propios maridos, como (un servicio) al Señor" (5:22).[3] Cuando leyó este conocido versículo en una traducción diferente, Irene se dio cuenta de que servir a su esposo era un ministerio, un servicio al Señor. Comenzó a evaluar seriamente su vida y sus prioridades.

¿En realidad amaba ella a Miguel? ¿Lo ponía a él primero? Ella lo era todo para la comunidad cristiana en la cual servía, pero no lo era todo para Miguel.

Fue así que Irene dejó sus actividades externas y comenzó a pasar más tiempo con Miguel. Cuando la iglesia le pidió que enseñara, rehusó. Cuando una amiga le pidió que dirigiera un estudio bíblico en el hogar, lo rechazó. Se quedó en casa con Miguel; veía televisión con él, corría con él, jugaba a los naipes con él, y hacía el amor con él. Irene dejó a un lado todo lo que sería un ministerio cristiano visible. Fue doloroso.

Los siguientes dos años fueron como si "caminara en un valle oscuro". Miguel seguía siendo un cristiano mediocre. Luego, a la mitad del tercer año, algo se conmovió dentro de Miguel. Comenzó a dirigir devocionales y a enseñar un poco. Su compromiso hacia Cristo se solidificó y Dios lo comenzó a desarrollar como líder cristiano. Irene se dio cuenta de que si ella hubiera quedado en primer plano, Miguel se habría sentido demasiado amenazado como para aventurarse. Hoy día, bajo la insistencia de Miguel, los dos enseñan juntos una clase para parejas. Tienen nuevas prioridades:

- Dios
- El uno al otro
- Dirigir estudios bíblicos

Irene tomó el paso significativo de la obediencia y reorganizó sus prioridades. ¿Tiene usted que hacer lo mismo? Si es así, ¿lo hará?

Otro caso es el de una mujer llamada Patricia, que nos contó de su ministerio con los muchachos de las zonas urbanas. Al mediodía, después de una sesión donde se programó una producción teatral que apuntaba a mantener los muchachos fuera de las calles aquel verano, Patricia fue rápidamente a su hogar para ver cómo estaban sus hijos.

Al llegar a la casa, un patrullero se estacionó detrás de ella. Sentados en el asiento de atrás se encontraban sus hijos de ocho y nueve años, muertos de miedo. Mientras ella no estaba, los dos niños habían tomado unos fósforos de la cocina y habían ido a un lote baldío para encender unos fuegos artificiales. El lote se incendió y los niños fueron detenidos por los vecinos.

Fue así que Patricia se dio cuenta inmediatamente de cuáles eran los chicos por los que ella debía ocuparse que estuvieran fuera de las calles. Llamó a la oficina de las zonas urbanas y ¡renunció!

Patricia reorganizó sus prioridades. Repito, ¿necesita usted hacer lo mismo? Si es así, ¿lo hará?

RESPUESTA del CORAZÓN

Realmente es fácil que nuestras prioridades se desordenen, ¡como lo decía mi amigo el poeta! ¡Y tomar las decisiones para ponerse en línea nuevamente puede ser bien trabajoso! Pero Irene y Patricia son como usted y como yo, personas que quieren cumplir toda la voluntad de Dios, y por lo tanto, ¡están dispuestas a tomar las decisiones correctas, aunque sean las decisiones difíciles!

¿Le está hablando Dios ahora mismo acerca de cómo está viviendo su vida? El tiempo con Él, ¿es lo primero que busca cada nuevo día? David clamó a Dios en el desierto:

Dios, Dios mío eres tú;
De madrugada te buscaré;
Mi alma tiene sed de ti;
Mi carne te anhela
En tierra seca y árida
Donde no hay aguas. (Salmo 63:1)

Sin un tiempo frecuente con Dios, la Prioridad Máxima, su vida será un desierto seco y árido, y todo aquello que esté en él, incluyéndola a usted, ¡sufrirá!

Recorra ahora la lista de prioridades y evalúe cómo le está yendo. ¿Está descuidando algunas de las personas que son prioritarias, su esposo o sus hijos? ¿Está su casa floreciendo en un remanso de descanso, refrigerio, belleza y orden para usted y sus amados? ¿Está usando las primicias de su tiempo para ser llena espiritualmente, para que pueda servir a Dios y a su pueblo? Finalmente, cuando está con otras personas, ¿se sienten reanimadas por su presencia, reciben del refrigerio desbordante que usted encuentra en el Señor? En pocas palabras, ¿está poniendo primero lo más importante, cada día?

❊ 22 ❊
Andemos conforme
al corazón de Dios

Está mi alma apegada a ti.
Salmo 63:8[1]

S i usted y yo nos estamos conociendo por medio de este libro, entonces aún no ha visitado el jardín de mi amiga Marta. Yo describí la planificación y las cosas que ella sembró en *Loving God with All Your Mind.*[2] Ahora, dos años más tarde, me gustaría que usted pudiese ver su hermoso y sereno jardín campestre. Marta le ha añadido cosas que hacen que los visitantes queden embelesados! Una de esas adiciones es una pérgola que sus rosas iceberg blancas se han adueñado de ella.

Siempre que me paro en el porche de Marta, mis ojos van primeramente hacia aquella dulce pérgola, un pintoresco recuerdo de tiempos pasados. ¡El impulso de caminar por el camino de grava prensada que atraviesa su abertura mágica es irresistible! Es un deleite para los sentidos, ya que la elegante pérgola de rosas provee una suave fragancia, sombra y belleza refrescante. Nunca estoy sola al acercarme. Los pájaros, mariposas y el gato del vecino también son atraídos hacia allí. A toda criatura, grande y pequeña, le gusta la pérgola de rosas de Marta.

De más está decirlo, algo tan precioso ciertamente no es un accidente, ni sucedió en forma instantánea. Crear este hermoso jardín de retiro implicó mucho tiempo y cuidado, y se sigue invirtiendo tiempo y esfuerzo. Marta trabajó duro en cuidar su pérgola, primero la alimentó, labró la tierra y la regó fielmente en la frescura y quietud de la mañana. Luego, tomando del cobertizo su afilada podadora, comenzó la laboriosa rutina de podar los brotes difíciles, recortar los retoños innecesarios y remover las flores muertas. El llevar a cabo esta cirugía, removiendo cualquier cosa que impida la formación y el desarrollo de sus rosas, es una tarea crucial. Aún nos falta la guía meticulosa, y Marta la forma clavando y sujetando sus rosas con alambre, entretejiendo las ramas sueltas y las flores, dirigiendo y redirigiendo sus brotes con sumo cuidado. Las personas disfrutan un lugar tan bello debido a la obra de amor de Marta.

Querida amiga que procura un corazón conforme al de Dios, las personas disfrutan la belleza en nuestra vida, en nuestra familia, y en nuestro hogar, cuando trabajamos en forma esmerada y deliberada, tal y como lo hace Marta. Cuando usted y yo tomamos en serio nuestra tarea de parte de Dios, Él bendice nuestra obediencia, y el brote que resulta es asombroso. Sí, existen tareas placenteras y momentos brillantes, pero también está el mismo trabajo duro de siempre, trabajo que quizás no sea emocionante, pero es el trabajo que da vida a las bendiciones de Dios.

Al finalizar este libro y estando comprometidas a seguir de cerca a Dios (como lo hizo David en el Salmo 63:8), haciendo su voluntad (Hechos 13:22), consideremos qué podemos hacer para nutrir, podar, y adiestrar nuestro corazón, para que podamos disfrutar del fruto maravilloso que Dios quiere que su pueblo conozca cuando ellos le honran a Él. ¿Qué podemos hacer nosotras para ponernos delante de Dios, para que podamos conocer su belleza y su serenidad en nuestro corazón y bajo nuestro techo?

Planifique su día

Lograr que el plan de Dios sea una realidad para nuestra vida implica planificación de parte nuestra. El primer desafío es tomar control de un día, el de hoy. Tenemos que enfrentar el día presente, y, como he dicho antes, me resulta útil considerar por lo menos dos veces la agenda de cada día.

Primero, cuando se acueste en su maravillosa y acogedora cama la noche anterior, tome su agenda (o una tarjeta de 3" x 5", o una lista "para hacer", o un libreta o lo que sea). Al estar así, descansando, anote en orden cronológico las actividades concretas del próximo día, cualquier cita, reunión, o clases; llevar los niños al colegio; horarios de escuela y trabajo; desayuno, almuerzo y cena. Ore a Dios pidiéndole que guíe y bendiga el próximo día, Su día, y entonces apague la luz. Encontrará que estos pocos minutos pueden reducir el número de sorpresas a la mañana siguiente, sorpresas tales como: "¡Caramba, olvidé que necesitabas el almuerzo!", "¿dónde está la ropa de la tintorería?", "¡no puedo creer que no cancelé la cita del dentista!", y "¡ay no, es el día que pasa el basurero y otra vez se me olvidó!"

En la mañana dele la bienvenida al día con las palabras de alabanza del salmista: "Este es el día en que el Señor actuó, regocijémonos y alegrémonos en él" (Salmo 118:24 NIV). Luego saque una hoja de papel y prepárese para crear un plan que ponga en práctica las prioridades de Dios a lo largo del día. (Yo uso una hoja de papel de 8 1/2" x 11" doblada a la mitad y a lo largo.) Comience con oración.

Ore por sus planes y sus prioridades

¿Por qué cosas debe orar exactamente? Permítame compartir algunas ideas en las que describo cómo yo elaboro un plan para practicar las prioridades de Dios.

Dios. Primero escribo la palabra "Dios" a un lado de mi papel doblado, y oro: "Señor, ¿qué puedo hacer hoy para vivir el hecho de que tú eres la Prioridad Máxima de mi vida?"

Por lo general, mientras oro, Dios me guía a anotar ciertas acciones tales como orar, leer su Palabra, memorizar versículos, caminar con Él, estar consciente de que Él está presente conmigo en cada minuto. Lo anoto todo.

Esposo. Luego escribo la palabra "Jim". De nuevo voy al Señor por ayuda: "Dios, ¿qué puedo hacer hoy para que Jim sepa que él es mi prioridad humana más importante?"

Por ejemplo, en ese momento, Dios me recuerda que podría escoger estar "levantada" cuando Jim llegue a casa al final del día y quedarme con él. Puedo escoger estar disponible para él en lo físico. Puedo hacer planes para tener una cita especial el viernes por la noche mientras los niños están ocupados con sus actividades. Y claro, ¡puedo coserle aquel botón!

Los niños. Ahora es tiempo de orar: "Señor, ¿qué puedo hacer por Katherine y Courtney hoy, para que sepan que después de Jim, ellas son más importantes que todas las demás personas en mi vida? ¿Qué puedo hacer para comunicarles a cada una por separado cuán especial es para mí? ¿Cómo le puedo demostrar a cada una mi amor?"

Muchas veces las respuestas a esta pregunta son "palabras dulces", "bondad", "un espíritu de sierva", y "¡no rezongar!" Cuando mis niñas eran pequeñas, yo planeaba cada día, ciertas horas en las que toda otra actividad era puesta a un lado y tomaba un tiempo especial para jugar o leer con ellas.

Al ir creciendo, seleccionaba una tarjeta especial para cada una y le escribía una nota de amor, o después del estudio bíblico traía a casa rosquillas frescas, o les preparaba su merienda favorita para después del colegio, o les daba una sorpresa recogiéndolas del colegio y llevándolas a tomar un refresco en lugar de regresar en el ómnibus escolar. La lista sigue y sigue.

Ahora que mis hijas están casadas, tengo planeado comunicarme con ellas cada día a través del correo electrónico, y de vez en cuando les regalo buenos libros que las ayuden a edificar sus propios hogares y las animan en su crecimiento e intereses personales. En realidad, ¡amar, orar y planear nunca cesan!

El hogar. Como les expliqué antes, el orar por las tareas del hogar produce que se las quite del mundo físico y se las transporte al espiritual. Por lo tanto oro: "Señor, ¿qué puedo hacer hoy en cuanto a mi hogar? ¿Qué puedo hacer hoy para que nuestro hogar sea un poco del cielo, nuestro 'hogar, dulce hogar'?"

Algo así como "sé fiel en las tareas diarias de limpieza" aparecerá en mi lista del hogar. "Termina por completo" aparece casi todos los días, porque es una cualidad y disciplina del carácter con la que estoy tratando ahora mismo, ¡especialmente en la noche, después de cenar, cuando estoy tan cansada! También anoto proyectos especiales como "arrancar las flores secas del verano para hacerle lugar a las del otoño".

Mi ser. Pongo mi vida delante de Dios y oro: "Señor, ¿qué puedo hacer hoy para crecer en lo espiritual? ¿En qué forma específica puedo prepararme para un ministerio futuro?"

La palabra *leer* siempre aparece. "Ejercicio" y "selección de comida" también aparecen a menudo. También tengo otros puntos como completar una lección por correspondencia, escribir a máquina las citas de libros que he leído, e ir a la cama a tiempo. En realidad y por necesidad, esta es una lista variada, que sugiere las actividades y diversos intereses de nuestra vida.

El ministerio. Señor, sigo orando: "¿qué puedo hacer hoy para ministrar a tu pueblo?"

Esta siempre es la lista más larga, porque escribo los nombres de las personas a las que debo llamar, los amigos y misioneros a los cuales escribir, las lecciones que tengo que planear, organizar, investigar, escribir, comprar las etiquetas de identificación, preparar la comida para eventos del ministerio o para los enfermos, y visitar enfermos en el hospital. ¡Siempre hay oportunidades a nuestro alrededor para ministrar!

Puesto que esta lista es tan larga, voy un paso más allá. Le pido a Dios que me ayude a poner las prioridades en orden, y oro: "Dios, si hoy sólo pudiera hacer una de estas obras de amor, ¿cuál sería la que tú quisieras? ¿Y si pudiera hacer dos...?"

Otras actividades. Como de continuo he dicho, este libro se concentra en nuestras prioridades más importantes, aquellas tareas dadas por Dios que se encuentran en su Palabra. Pero sé (y seguro que Dios también) que existen otras facetas de la vida. Por eso pienso que vivir nuestras prioridades es algo así como una pintura al óleo. El artista incluye los elementos de una pintura, el fondo, la composición, los objetos, el estilo. Sin embargo, los impresionistas descubrieron que al salpicar un lienzo entero con otro color después de terminado, le daba brillo al dibujo.

Lo mismo sucede con nuestra vida. Tenemos que seguir todas las reglas, las reglas de Dios, para que así contenga todos los elementos necesarios para la belleza. Pero Dios, "que nos da todas las cosas en abundancia para que las disfrutemos" (1 Timoteo 6:17), nos bendice con puntitos de color, con personas, acontecimientos, intereses, deseos, y desafíos que añaden un brillo único.

Por lo tanto, en esta lista me anoto ir de compras para la Navidad, visitar una librería o biblioteca, juntarme con una amiga, planificar otro viaje para visitar a Courtney (ahora en Colorado), reponer un par de zapatos. Repito, esta lista sigue y sigue, sus puntos son importantes, pero no son de urgencia.

Programe sus planes y prioridades

Ahora bien, ya tengo mi lista, la cual puedo llevar conmigo todo el día, o ponerla en la puerta de la heladera, o en el mostrador de la cocina. Pero los artículos en la lista sólo serán sueños, deseos y convicciones, hasta que finalmente sean puestos en práctica, y el programarlos nos ayuda a hacer precisamente eso. Por lo tanto, en ese momento me pongo a trabajar del otro lado de mi papel: Y se convierte en mi itinerario para practicar mis prioridades durante todo el día.

Comienzo orando: "Bien, Dios, ¿*cuándo* voy a tener mi tiempo de oración? ¿*Cuándo* me voy a encontrar contigo en nuestro lugar especial?" Escribo "tiempo de oración" en mi itinerario. "¿Cuándo voy a coserle el botón a Jim... y planear nuestra cita del viernes?" Apunto estas cosas en horas específicas. "¿Cuándo he de conseguir esas rosquillas de arándano para mi muchacha de arándano?... ¿Y aquellos buenos quehaceres diarios?... ¿Leer y hacer ejercicio, aunque sea por cinco minutos?" Le pregunto al Señor cuándo hacer todas aquellas cosas que Él y yo queremos que se hagan, y las anoto en mi calendario.

Cuando termina mi tiempo de oración y programación, tengo a mano un plan general para el día, un plan que refleja mis prioridades, ¡un plan que me permite ser la mujer conforme al corazón de Dios que deseo ser! ¡La sabiduría siempre tiene un plan! (Proverbios 21:5).

Si sigue este consejo de planear, orar, y programar, ¡pronto habrá de descubrir cuán estimulante es salir de este tiempo de oración con un plan claro para su día! Ese plan será más efectivo cuando es el resultado de mucho cuidado y oración, cuando es el resultado de entregar su día y sus actividades a Dios, para que sean para su gloria, cuando es el resultado de buscar a Dios para recibir dirección para lo bueno, lo mejor, y lo óptimo. Ahora, una vez hecho ese compromiso, decida atenerse a su plan, al plan de Dios.

Practique sus prioridades

Cada día se presentan muchas oportunidades y retos para practicar nuestras prioridades. Una manera de facilitar las decisiones que deba tomar en cada momento puede ser asignar estos números a sus prioridades:

#1 - Dios

#2 - Su esposo

#3 - Sus hijos

#4 - Su hogar

#5 - Su crecimiento espiritual

#6 - Sus actividades ministeriales

#7 - Otras actividades

Permítame enseñarle cómo funciona.

- Sus hijos (#3) acaban de llegar a casa del colegio y entonces dedican un tiempo para orar, comer una merienda y hablar sobre las cosas del día. Entonces, el teléfono suena. No es su esposo (#2), lo cual significa que habrá de ser algo ministerial (#6), una amiga (#7), o un vendedor (#¡*@!) La decisión es fácil: usted no abandona la prioridad #3 para poder atender la prioridad #6 o #7 (o menos).

- Su vecina (#6, ministerio) toca a la puerta e interrumpe su tiempo con sus hijos (#3). ¿Qué va a hacer? Aprendí a programar una visita posterior, para cuando mis hijas estuvieran ocupadas con sus tareas del colegio. Edith Schaeffer sugiere que diga algo así como:

> "Te veo más tarde; ahora mismo estoy pasando media hora (o una hora) con Noemí". Debe usar el nombre del niño. Cuando dice: "Estoy hablando

con Debby (su hija)", está diciéndole tanto a la
persona como a usted misma: "Este es un ser humano con quien tengo una cita importante". Su
hijo es una persona... y los niños necesitan crecer
sabiendo que son importantes para usted, que sus
vidas son valiosas para usted.[3]

- Su esposo (#2) está en casa y la casa está tranquila
  mientras comparten unos minutos juntos, entonces suena el teléfono. Es una mujer que necesita consejo (#6),
  una amiga que quiere charlar (#7), u otro vendedor
  (#¡*@!). La decisión es sencilla. Programe esa actividad para un tiempo cuando su esposo (#2) no esté en
  casa.

Estas acciones pueden parecer difíciles y crueles, como
Marta cuando corta y entrelaza su pérgola de rosas, pero el
llevar a cabo estas decisiones para poder vivir sus prioridades,
permite que Dios haga de su vida una obra de arte. Es difícil
tomar estas decisiones y a veces duele, pero son necesarias si
nuestra vida ha de ser lo que usted y yo, y Dios, deseamos que
sea.

Sin embargo, esta planificación, por importante que sea,
debe ser arrojada por la ventana frente a una emergencia. Por
ejemplo, cuando la mamá de Jim fue hospitalizada, *toda*
actividad se detuvo durante el tiempo en que Katherine, su
esposo Paul y yo estuvimos al lado de ella. Sin duda alguna,
usted puede considerar una necesidad real como ésta como un
plan nuevo de Dios para su día. Pero nuestra meta es ser
prudentes (Tito 2:5), ¡mujeres que están pensando las cosas y
demuestran buen juicio! Una mujer prudente piensa en sus
decisiones con detenimiento, y también en los mensajes que
da a su esposo, sus hijos o su vecina. Una mujer prudente
piensa en la situación con detenimiento y considera toda
consecuencia posible, ya sea buena o mala. Mide todo, y
después de pasar algún tiempo orando, esperando en Dios,

buscando su sabiduría, y recibiendo consejo de Dios, toma la decisión correcta. ¡Usted y yo podemos hacer lo mismo al ser conforme al corazón de Dios!

Adquiera la perspectiva de Dios para su día

Mientras pongo mis actividades en orden de prioridad por medio de la oración, Dios me concede una visión de su voluntad para todos los días de mi vida, pero en especial para el que estoy viviendo. El poner mis prioridades en orden también me brinda pasión por lo que estoy tratando de lograr con los esfuerzos de mi vida. Esa pasión también ha sido alimentada por medio de los siguientes comentarios que oí por primera vez 15 años atrás (o más) en uno de nuestros retiros para damas. ¡Desde el primer día que escuché estas frases, me han motivado a seguir con todo mi corazón, alma, mente y fuerza, el plan de Dios para mi vida! Quiero transmitirle las declaraciones de estas mujeres, con la esperanza de que le ayuden a alimentar su pasión y su visión por Dios y por su llamado para con su vida. Pero primero permítame preparar el escenario.

Un reportero entrevistó a cuatro mujeres y a cada una le preguntó qué pensaba acerca de los "años dorados", ese período en la vida "después de la mediana edad, caracterizado por la sabiduría, el contentamiento, y por disponer de un tiempo útil". Vea los pensamientos y los temores de las mismas:

Edad, 31 años: "¿Años dorados? Tengo tanto que hacer antes de eso que dudo siquiera que los vaya a vivir. Tengo que ayudar a mi esposo a triunfar. Quiero criar a nuestros hijos con decencia, preparándolos para enfrentar un mundo tan difícil. Y, claro, quiero tiempo para mí, para encontrarme, para ser yo misma".

Edad, 44 años: "¡Sólo 20 años más! Sólo espero que podamos llegar. Si sólo pudiéramos lograr que los muchachos pasen la universidad y se defiendan por sí mismos, si sólo pudiéramos mantener la presión sanguínea de mi esposo bajo control y que yo pasase la menopausia en mi sano juicio... sólo espero poder llegar a vivirlos".

Edad, 53 años: "Dubitativa. A veces pienso que nuestros años dorados jamás vendrán. Mis padres aún viven y necesitan atención constante. Nuestra hija se divorció el año pasado y vive de nuevo con nosotros. Como se imaginará, tuvo un bebé. Y claro, mi esposo y yo nos sentimos responsables por ella y por nuestro nieto".

Edad 63: "Se supone que nosotros estamos llegando a la cima, ¿verdad? Bueno, no lo estamos. Le seré sincera. Pensábamos que estábamos ahorrando lo suficiente para poder vivir cómodamente y para siempre, pero no es así. La inflación se ha devorado todo. Ahora mi esposo está hablando de postergar su jubilación. Si lo hace, yo también lo haré. Estamos manteniendo una casa demasiado grande para nosotros. Ambos estamos tristes de cómo resultaron las cosas".

Comentarios que lo hacen a uno pensar, ¿no? Al mirar usted y yo por el pasillo del tiempo, ¡la vida puede parecer tan depresiva, tan inútil, tan en vano! ¡Pero vayamos ahora a la visión de Dios, la perspectiva de Dios! Esto viene de parte de una amiga querida a la cual le envié una copia de lo que usted acaba de leer. He aquí su respuesta de inspiración: "¡Oh, Liz, debemos tratar cada día como si ese y *sólo ese fuese nuestro 'día dorado', qué bella cadena de días dorados convirtiéndose en años dorados tendríamos para devolverle al Señor!"*

¡Imagine ser una mujer que trata cada día como si ese, y sólo ese fuera su día dorado! ¡*Así* es una mujer conforme al corazón de Dios! Cuando pensé en esto, dije: "¡Eso es! Debemos tratar cada día como si ese y sólo ese fuera nuestro día dorado, ese es el *cómo* practicar nuestras prioridades, y también es el *porqué*, ¡la motivación y la perspectiva que necesitamos para practicarlas!"

Practique, practique, practique

Eso es lo que yo quiero para usted y para mí. ¡Quiero que enfrentemos cada día como si fuese nuestro día dorado! Cambiando de metáfora, ¡quiero que su vida y la mía sean como un hilo de perlas, en el cual colocamos día tras día una preciosa perla!

Si desea una buena vida, ¡concéntrese en tener un buen día hoy, un día de calidad! Después de todo, así como alguien dijo: "cada día es parte de la vida, y toda nuestra vida es una repetición de días". Así que manténgase concentrada en tener un buen día hoy, y al final del día, añada aquella perla a su collar. ¡Las perlas de su collar se sumarán, formando una hermosa vida!

¿Pero qué tal si su día estuviese lleno de fracasos? ¿Un día en el que sólo trató de sobrevivir? ¿Un día en el que tomó atajos? ¿Un día en el que descuidó las cosas en las cuales quería concentrarse? Tendremos días así. ¡Gracias a Dios que nos ayuda a olvidar el día que pasó, y a seguir adelante para alcanzar un nuevo amanecer, siguiendo hacia la meta (la perla), una y otra y otra vez (Filipenses 3:13-14)! En su poder y por su gracia, procuraremos ser conforme al corazón de Dios, ¡sin importar qué suceda!

Después de todo, cada mañana Él le brinda un día nuevo, el cual es un regalo, una oportunidad intacta de vivir de acuerdo a sus prioridades. Además, al ejercitar el privilegio de la confesión, y por el perdón que encontramos en Jesús, usted tiene un comienzo limpio en cada amanecer. ¡Las misericordias de Dios son nuevas cada día y su fidelidad es grande (Lamentaciones 3:22-23)! Por lo tanto, recuerde cada mañana que su meta es sencilla: Usted sólo quiere tener un buen día, viviendo sus prioridades. Manténgase, pues, concentrada en seguir el plan de Dios para su vida, únicamente durante ese día. Por sólo un día, trate de poner lo más importante primero.

Es probable que se encuentre cansada cuando caiga en la cama al final de un día de tanta concentración. ¡A mí me sucede! Pero también experimentará una paz incomparable en su corazón. Una paz que viene de descansar en el Señor y hacer las cosas a su manera. Una paz que viene de saber que todo está bien bajo su techo porque ha vivido las prioridades de Dios para su vida.

¿Por qué esta paz? ¡Porque ha buscado al Señor y ha permanecido cerca de Él el día entero! Las personas que le rodearon fueron amadas y servidas por el desborde de su corazón abundante. Cuidó de su hogar, y la belleza y el orden de Dios reinan en el refugio que ha creado ahí. Cuidó de sí misma y creció a medida que Dios le exigía en preparación para el servicio a Él. Usted sí fue útil, para todo aquel que se cruzó por su camino. Extendió la mano, cuidó, dio, y vivió las prioridades de Dios para una mujer conforme a su corazón.

Además estaban las otras cosas, quizás sus queridos padres, las almas necesitadas en su lugar de empleo, amigos especiales, el tiempo con una vecina herida, los trabajos manuales para regalarlos en el momento apropiado. Su día dorado siguió y siguió a medida que usted buscaba a Dios por su dirección, sabiduría, y fuerza, a medida que lo amaba con fidelidad, obedeciéndole, y a medida que se apoyaba en Él durante los desafíos y pruebas que el día presentó.

Realmente fue un día atareado, pero ¡qué día rico! Y sí, su cuerpo está cansado, pero ¡qué cansancio tan agradable! Sí, puede parecer que no ha hecho mucho (no se ha hecho mucho ruido, no hay noticias en la primera plana, nada para contarle a nadie), sin embargo, siente la profundidad de la llenura de su corazón cuando Dios le susurra: "¡Bien hecho!"

Al estirarse finalmente en la cama, exhausta, se cubre y pone la cabeza en la almohada que le está esperando, ¡usted puede saber que ha colocado otra perla en su collar! Esta perla costosa es el premio más maravilloso que le pueda esperar a una mujer conforme al corazón de Dios. ¡El premio de vivir la vida a la manera de Dios es enorme, inefable, indescriptiblemente maravilloso! ¡Estoy tratando de encontrar palabras para describirlo!

Por lo tanto, al final de su día, su corazón está satisfecho y contento. Ha dado, ha vivido, ha seguido y ha amado. A cambio, Dios "sacia tu alma menesterosa, y llena de bien tu alma hambrienta" (Salmo 107:9). La paz que siente es la satisfacción que viene por hacer la voluntad de Dios con gozo, por ser una mujer conforme al corazón de Dios, ¡sólo por un día!

Ahora... ¡permita que ese día, ese paso, le anime a colocar perlas *diariamente*, durante *toda la vida*, viviendo como una mujer conforme al corazón de Dios!

Acciones del corazón

Capítulo 1 - *Un corazón devoto a Dios*

- Lea Lucas 10:38-42. ¿Qué hizo Marta? ¿Y María? En general, ¿es usted más como Marta o como María? Respalde su respuesta con detalles específicos de su propia vida. Luego comparta con Dios los deseos de su corazón de ser una mujer devota a Dios, que escoge pasar tiempo con Él. También pídale al Señor que le ayude a detenerse para mirarlo y escucharlo a Él la próxima vez que se acumule la presión y la tensión.

- Considere la verdad de Proverbios 3:6. ¿Cómo es que consultar a Dios frente a cada nuevo desafío a lo largo del día marca una diferencia en su respuesta frente a los mismos? Piense en una ocasión en la que reconoció la presencia de Dios antes de actuar. ¿Qué sucedió en su corazón? ¿Y en la situación?

- Escriba una oración entregando todo lo que tiene y es a Dios. Ofrézcale esta oración con un corazón devoto. Luego guárdela, ¡y repítala una y otra vez!

- Imagínese un termómetro con tres marcas de medir: Frío, tibio y caliente, y que tuviera que marcar en el mismo el lugar que mejor describe el calor de su corazón. ¿Dónde estaría su marca? ¿Qué pasos específicos podría tomar para colocarse ante Dios, para que Él pueda calentar su corazón hacia Él? ¿Qué pasos habrá de tomar esta semana?

Capítulo 2 - *Un corazón que permanece en la Palabra de Dios*

- Lea el Salmo 1:1-3, Isaías 58:11, y Jeremías 17:7-8. Enumere las características de la mujer cuyo corazón está arraigado en la Palabra de Dios.

- ¿Qué enseña el Salmo 42:1-2 sobre el deseo que debemos tener por Dios?

- ¿Cuándo la verdad de 2 Corintios 4:16 ("Por tanto, no desmayamos; antes aunque este nuestro hombre exterior se va desgastando, el interior no obstante se renueva de día en día") se hizo realidad para usted? ¿Cuán importante cree que es el tiempo que pasa día tras día con Dios, a medida que enfrenta sus desafíos diarios?

- Hay tres etapas en la lectura de la Biblia: (1) La etapa del aceite de hígado de bacalao, cuando usted la toma como medicina; (2) la etapa del trigo desgranado, cuando es nutritiva pero seca; y (3) la etapa de los melocotones y las cremas, cuando se consume con pasión y placer .[1] ¿Cuál describe mejor sus momentos recientes en la Palabra de Dios? ¿Qué pasos puede tomar para alcanzar la etapa de los melocotones y las cremas, si es que no está allí ahora?

* Si no lo ha hecho aún, sueñe con su crecimiento espiritual. ¿Qué tipo de mujer desea ser de aquí a un año? ¿Diez años a partir de ahora? Sea específica. Entregue sus sueños a la oración (háblele a Dios sobre ellos con frecuencia); a la acción (¿qué pasos específicos tomará hacia este sueño de un año?); y a otra persona (permita que otra mujer de oración le llame para que tenga que rendirle cuentas con respecto al logro de su meta)

Capítulo 3 - *Un corazón comprometido a orar*

* Ore por cinco minutos ahora mismo. Siéntese e inclínese hacia atrás, cierre los ojos, ponga un reloj con alarma si eso le ayuda a relajarse, y hable con Dios con todo su corazón. Dígale cuánto desea acercarse a Él, cuánto añora estar más profundamente dedicada a Él, y cuánto desea cultivar un corazón de oración. Escriba el Salmo 42:1-2 para memorizar y meditar.

* Mire su itinerario para mañana y haga una cita para orar. Decida el momento y el lugar.

* Si aún no tiene una libreta o un diario para escribir sus motivos de oración, consiga uno hoy y tome la decisión seria de mejorar su vida de oración.

* Revise las bendiciones de orar (ver página 41-50). ¿Cuáles ya ha experimentado? ¿Cuáles le motivan más para proponerse mejorar su vida de oración con seriedad?

* Lea Mateo 26:36-46. ¿Qué nota aquí sobre la vida de oración de Jesús? ¿Qué detalles le impresionan más? ¿Qué aspectos le retan más? Y ¿qué puede hacer para cultivar un corazón de oración, como el que mostró Jesús?

Capítulo 4 - *Un corazón que obedece*

* No importa lo que nosotras estemos intentando desarrollar, ya sea una planta o un corazón completamente devoto a Dios, nuestro primer paso es cortar y eliminar cualquier cosa que está impidiendo el crecimiento. Lea 1 Pedro 2:1 y comience a elaborar una lista de actitudes y comportamientos que estorban el crecimiento de un corazón obediente. ¿Qué cosa, si es que hay alguna, está impidiendo el crecimiento de su corazón

* Lea Efesios 4:25-32 y Colosenses 3:5-9 y luego añada su propia lista de acciones y actitudes que necesitan ser podadas. De nuevo, ¿qué necesita podar de su corazón? Sea específica.

* ¡Ahora concéntrese en lo positivo y piense en cultivar lo que es necesario para el crecimiento! Lea 1 Pedro 2:2, Efesios 4:25-32, y Colosenses 3:1-17 y enumere esas actitudes del corazón y comportamientos que enriquecen su vida como cristiana. ¿Qué áreas le gustaría cultivar?

* En oración, presente su vida delante de Dios y ábrale su corazón. Pídale que le revele dónde han sido sembradas las semillas de desobediencia o dónde dan fruto. Pida perdón y luego, a medida que da pasos para adiestrar su corazón a responder y obedecer a Dios, pídale que le ayude.

Capítulo 5 - *Un corazón que sirve*

* Repase Génesis 2:18-25. ¿Cómo este pasaje le permite entender mejor la palabra "ayuda"?

- ¿Qué competencia existe, o ha existido, entre usted y su esposo? ¿Cómo les afectó a ambos en su caminar con el Señor y en su servicio?

- Se supone que el esposo debe ganar y que la esposa ayudará a que la victoria de él sea posible. ¿Qué está haciendo para ayudar a su esposo a ganar la medalla de oro? ¿En qué otra forma usted podría servirle?

- Tenga en cuenta Mateo 20:28. ¿Cuándo ha visto a Cristo en el servicio que alguien le ofreció a usted o a alguien más?

- Lea Gálatas 6:9-10. ¿Qué ha aprendido a medida que ha servido a Dios y a su pueblo? ¿Qué bendiciones ha recibido en su servicio?

Capítulo 6 - *Un corazón que se somete*

- A medida que lea cada uno de los siguientes pasajes, diga qué frase, idea, y/o mandamiento le impresiona.

  1 Corintios 11:3

  Efesios 5:22-24,33

  Colosenses 3:18

  Tito 2:5

  1 Pedro 3:1,6

- ¿Qué aspectos de la sumisión son nuevos para usted o le desafían a cambiar?

- ¿Qué cambios de corazón desea que Dios haga en usted, para que pueda someterse voluntariamente e incluso gustosamente?

- Con algo de práctica, la frase "¡Por supuesto!" se convirtió en una respuesta automática para las peticiones de mi esposo. Escoja su propia palabra o frase positiva para responder, y ¡póngala en práctica! Tenga por meta (y ore al respecto) el ser sabia de corazón y dulce en sus palabras (ver Proverbios 16:21-24).

- Si es soltera, considere las definiciones de sumisión. Decida cómo someterse y, por lo tanto, honrar a sus padres (Mateo 19:19), sus maestros, sus jefes, su pastor (Hebreos 13:17), y su líder de estudio bíblico.

Capítulo 7 y Capítulo 8 - *Un corazón que ama*

- Lea Tito 2:3-5. ¿Qué mensaje tiene Dios para las esposas aquí?

- ¿Ha decidido hacer que la relación con su esposo sea la número uno? Si es así, ¿qué acciones muestran que está escogiéndolo a él por encima de cualquier otra persona? Si es así, ¿por qué duda? Lleve su duda al Señor en oración.

- Miremos nuevamente las nueve maneras en que puede amar a su esposo. ¿En cuál de estas áreas necesita trabajar?

Considere las Escrituras:

Lucas 6:35

1 Corintios 7:3-5

Proverbios 5:18-20

Proverbios 10:12

Efesios 4:29

¿Cómo la animan en su papel de esposa estas instrucciones de parte de Dios?

Cuando Dios llama, Él nos capacita, así que pida su toque poderoso y transformador. También pídale que le dé ideas específicas en cada área. Escríbalas, planifique cómo introducirlas en su diario vivir, y luego dele seguimiento, confiando en Dios por su gracia (2 Corintios 12:9).

- Si es soltera, haga una lista de formas en las que puede amar y servir a aquellas personas que Dios ha puesto en su vida (hermanos, hermanas, padres, compañeras de cuarto, compañeras de trabajo, empleados, santos en la iglesia, amigas y vecinas). Sea creativa al enumerar formas prácticas en las que les puede ofrecer a sus amistades ayuda y amor.

Capítulo 9 - *Un corazón que valora el ser madre*

- ¿Qué le dice Dios a usted (una mujer conforme a su corazón), a través de las siguientes Escrituras?

    2 Timoteo 3:15

    Proverbios 1:8 y 31:1

Romanos 10:17

Isaías 55:11

- No podemos compartir lo que no tenemos. No podemos enseñar a los niños a aprender, leer, estudiar, discutir, memorizar o recitar la Biblia si nosotras no lo estamos haciendo. ¿Qué está haciendo o qué hará para llenar su corazón con la ley del Señor? Desarrolle un plan, paso a paso. Comience por lo pequeño, pero ¡comience! ¿Qué va a leer? ¿Qué va a memorizar? ¿Cuánto y cuán a menudo? ¿Cuándo y dónde?

- Considere leer un capítulo del libro de Proverbios cada día. (Escoja el capítulo que corresponde al día.) Tenga hijos o no, la sabiduría de Dios debería dirigir su propio corazón.

- Elabore un itinerario que ponga la Palabra de Dios en el centro de las actividades de la familia. ¿Qué puede hacer en la mañana, en el desayuno, o antes del colegio? ¿Y qué tal después del colegio o durante el receso de la merienda o el almuerzo para los pequeños que se quedan en casa? ¿Qué va a hacer antes de la siesta o de la hora de acostarse? La mayoría de nosotras no corremos el riesgo de estar haciendo demasiado, pero es muy fácil para todas el hacer muy poco. (Sólo una nota: Su meta no es tomar el papel de su esposo, sino el de asegurarse que cuando esté a solas con los niños usted le esté enseñando la Palabra de Dios en varias formas.)

- Tome la decisión de " "salir con el Evangelio" y hablar del Señor de continuo. David declaró: "Bendeciré al Señor en todo tiempo; mis labios siempre lo alabarán" (Salmo 34:1). Es difícil que se pueda hablar de más del Señor, ¡pero es fácil olvidar la sal!

Capítulo 10 - *Un corazón que es fiel en la oración*

- Lea Proverbios 31:2. ¿Qué significa este verso para usted después de leer este capítulo?

- Tenga una hoja de oración para cada uno de sus hijos y nietos, no importa su edad. Enumere las cualidades santas que desea ver desarrolladas en sus vidas. Piense en las Escrituras que va a usar mientras ora por estas cualidades, tanto en sus hijos como en su propio corazón.

- Lo próximo, pregúntele a cada persona si tiene peticiones específicas de oración, y comience a orar a diario usando estas páginas.

- Si es soltera, tenga páginas de oración para sus hermanos y hermanas, sobrinos y sobrinas. ¿Qué bendición para ellos, tenerla a usted, una mujer conforme al corazón de Dios, ¡orando por ellos!

- ¡Vigile su caminar! Salde su cuenta con Dios de cualquier pecado no confesado. "Quien encubre su pecado jamás prospera; quien lo confiesa y lo deja, halla perdón" (Proverbios 28:13). Cuando surjan tentaciones, proceda a la manera de Dios. Tiene su Palabra como guía, y si no está segura de qué debe hacer, pregúntese: "¿Qué haría Jesús?" ¡No olvide apoyarse en Dios (1 Corintios 10:13)!

Capítulos 11 y 12 - *Un corazón que se desborda con cariño maternal*

- Preste atención a las diez marcas de afecto maternal de las Escrituras que se mencionan. Permita que le sirvan como espejo para su vida. ¿Cómo está su corazón?

- ¿Ha decidido ser "feliz"? ¿Cuáles son los momentos difíciles de su día? ¿Cómo le dará seguimiento a sus decisiones de ser feliz aun en esos momentos?

- ¿Cómo cree que se sienten los miembros de su familia en cuanto a vivir con usted? ¿Se están divirtiendo? ¿Qué hará para añadir más diversión a su hogar esta semana?

- ¿Cómo caminará su "milla extra "hoy?

- Enumere tres maneras en las que pueda comunicar a sus hijos la alta prioridad que ellos tienen en su corazón. ¿Qué le enseñará a sus hijos que ellos son más importantes para usted que las otras personas?

- Añada "afecto maternal" a su lista de oración. Pídale a Dios que llene su corazón con afecto maternal para sus hijos.

- Si es soltera, ¿cómo puede poner estas características de un corazón afectuoso en acción en sus relaciones cercanas? Enumere maneras específicas para cada una de las diez categorías. ¡Puede que necesite otra hoja de papel!

Capítulo 13 - *Un corazón que hace de la casa un hogar*

* ¿Qué pasos específicos puede dar para hacer de su casa un paraíso, un refugio, un lugar de retiro, un hospital para sus seres amados, para hacer de su casa lo que Dios desea que esta sea? Considere Proverbios 9:1-2 y Proverbios 24:3-4 a medida que responda. ¿Qué pasos dará esta semana?

* Lea de nuevo Proverbios 14:1 y piense en el contraste que se muestra aquí. ¿Qué tres cosas negativas comenzará a eliminar para que pueda edificar su hogar, y que éste se transforme en todo lo que Dios desea del mismo?

* "Cristo es la cabeza de este hogar, el invitado invisible en cada mesa, el que escucha en silencio cada conversación". ¿Qué hará para vivir en su casa siendo consciente de esto? Sea creativa.

* "Pon en manos del Señor todas tus obras, y tus proyectos se cumplirán" (Proverbios 16:3). ¡Tómese tiempo para orar ahora mismo, para entregar sus obras, pensamientos, planes y sueños sobre su hogar a Dios, porque Él ya tiene un lugar y un hogar preparado y edificado en el cielo para usted (Juan 14:2-3).

Capítulo 14 - *Un corazón que cuida del hogar*

* Lea Proverbios 31:10-31. Ahora, al verlo en este contexto, ¿qué es lo que Dios le dice por medio de Proverbios 31:27?

- A medida que considera nuevamente los varios aspectos de cuidar de su hogar, lea el Salmo 5:3 y 1 Reyes 18:42-44. ¿Qué aspectos acerca del cuidado le desafían más y por qué?

- ¿Qué puede y va a hacer para asumir más responsabilidades para el funcionamiento de su casa? Sea específica.

- Lea estas cuatro referencias sobre la mujer virtuosa y excelente:
    Rut 3:11

    Proverbios 12:4

    Proverbios 31:10

    Proverbios 31:29

- ¿Qué hará para alimentar su carácter moral? ¿Para desarrollar una fuerte ética de trabajo?

- Escriba nuevamente Proverbios 14:23 en sus propias palabras.

- Mire nuevamente la lista de "robatiempo". Comience con las áreas que piensa trabajar. ¿Qué pasos tomará en cada una? ¿Qué áreas comenzará a trabajar esta semana?

- Pase algunos minutos en oración. Comparta con Dios su deseo de cuidar su casa y pídale ayuda en esa desafiante faena.

Capítulo 15 - *Un corazón que transforma el caos en orden*

- Lea 1 Timoteo 5:3-16. Haga una lista de lo que Dios valora en sus mujeres.

- ¿Cómo es posible que vivir de acuerdo a los valores de Dios nos aparte del mundo? ¿Cómo es posible que seguir los caminos de Dios afecte a aquellos que nos están observando y que no son creyentes?

- Examine Tito 2:3-5. ¿Qué tarea tiene Dios para las mujeres?

- Lea los 12 consejos diarios para administrar el tiempo durante una semana. Comience con tres, y trabaje en ellos cada día. También comience a buscar un libro para leer sobre la administración del tiempo. Pídale ayuda a otros.

- ¿Cuán ordenada está su casa? Califique el orden de su casa del 1 al 10, siendo el 10 el mejor puntaje. Ahora escriba tres pasos específicos que pueda dar esta semana para mejorar su organización, y superar así su calificación en uno o dos puntos.

Capítulo 16 - *Un corazón que teje un hermoso tapiz*

- Vaya de nuevo a Tito 2:3-5 y luego enumere las cualidades que Dios desea en sus mujeres "mayores". ¿Qué habilidades hay allí para enseñar a las mujeres más jóvenes?

- ¿Cuál es su actitud hacia los quehaceres del hogar? Lea en Proverbios 31:13 y Colosenses 3:23. Sea específica y ore por nuevas actitudes.

- ¿Cómo se asemejan los quehaceres del hogar a un tapiz? ¿Qué tipo de belleza desea en su hogar? ¿Qué hace para añadir esa belleza? ¿Qué papel representa Dios?

- ¿Qué le dice Proverbios 17:24 sobre los quehaceres del hogar?

- Piense en sus propios quehaceres domésticos. ¿Qué lección(es) (si es que alguna) le gustaría aprender de una mujer mayor? Si usted trabaja fuera del hogar, ¿quién podría darle algunos puntos de referencia sobre nuevas habilidades para manejar mejor el hogar? Pídale a Dios que le guíe a la mujer correcta, y que le capacite para hacer lo que aprenda.

- Si usted es un ama de casa con experiencia, pregúntele a Dios si El le está llamando a un nuevo ministerio, el de pasarle a otras sus invaluables experiencias. Póngase a disposición para hacerlo y espere a ver qué hace Dios.

- ¿Qué tres decisiones tomará esta semana para pasar más tiempo en casa?

- Escriba las cosas que hará para tejer su propio y hermoso tapiz en casa, y luego presénteselo a Dios en oración.

Capítulo 17 - *Un corazón fortalecido por el crecimiento espiritual*

- Lea 2 Timoteo 1:9. ¿Qué significa para usted la frase "salva para servir"? ¿Qué impacto tiene esta verdad en sus decisiones diarias? ¿En sus aspiraciones personales? ¿En el uso de su tiempo?

- Vaya nuevamente a Proverbios 15:14. Ahora evalúe las decisiones que tomó sobre qué poner en su mente. Considere nuestro lema de *bueno, mejor, y óptimo.* ¿Qué decisiones puede tomar para dirigirse hacia lo mejor y lo óptimo?

- Comience el proceso de escoger los temas de sus cinco archivos gordos. Ore pidiendo la dirección de Dios. Escuche los deseos de su propio corazón. Preste atención a las cosas que usted disfruta. Escriba tantas cosas como pueda ahora mismo. Sueñe y ¡reduzca su lista más tarde!

- ¿Qué nuevos hábitos podría mejorar en las siguientes áreas? ¿Qué nuevos hábitos comenzaría a forjar esta semana en cada área?

Su vida física: Mayordomía de su cuerpo
(1 Corintios 9:27)

Su vida mental: La búsqueda del conocimiento
(Colosenses 1:10; 2 Pedro 3:18)

Su vida social: Disfrutar el don del compañerismo
(Hebreos 10:24-25)

Su vida espiritual: Parecerse más a Jesús
(Efesios 5:1-2)

- Invierta algún tiempo en oración. Pídale a Dios que le dirija y le dé poder para su crecimiento espiritual. ¡Comparta los deseos de su corazón y sus sueños del futuro ministerio con Dios, que fue quien los puso allí!

Capítulo 18 - *Un corazón enriquecido por el gozo del Señor*

- Mire nuevamente la lista de opciones de discipulado disponibles a toda mujer cristiana (ver páginas 183-185). ¿En cuáles está usted activamente involucrada, y de cuáles sacaría ventaja? Escriba un momento de su vida que ilustre que fue bendecida por cada opción.

- Escriba tres metas para su crecimiento espiritual a las que pueda apuntar cada día. Asegúrese de que sean específicas. Comience orando cada día como dice Proverbios 16:3 ("Pon en manos del Señor todas tus obras, y tus proyectos se cumplirán") a medida que entrega estas metas al Señor.

- Sólo por un día analice su uso del tiempo. Busque en forma específica esos minutos libres que usted controla. ¿Cómo podría recordar usarlos para el crecimiento espiritual? ¿Qué podría hacer para redimirlos (Colosenses 4:5) para un mayor crecimiento? ¿Cómo puede prepararse para esos momentos? (¿Comprando un libro para llevar con usted en todo tiempo? ¿Pidiendo prestadas algunas cintas de grabación para escuchar? ¿Escribiendo versos para memorizar en tarjetas de 3" x 5"?)

- Sea previsor y averigüe si habrá conferencias, cursos, talleres, o retiros próximamente, los cuales enriquecerían su crecimiento espiritual. Recuerde, ¡la reina de Sabó viajó 1200 millas para crecer! (Ver 1 Reyes 10:1-3 y Mateo 12:42.)

- Cree una página de oración titulada "Crecimiento espiritual" para sus metas, proyectos, sueños, y eventos que se avecinan que habrán de edificarle. ¡Pídale a Dios que le dirija a medida que usted enriquece su alma y espíritu!

Capítulo 19 - *Un corazón que muestra compasión*

* Tome un minuto para considerar su vida escondida. Medite en Colosenses 3:1-3. ¿Qué cambios diarios, sencillos o significativos, de estilo de vida haría para poder pasar más tiempo siendo llena de la bondad de Dios?

* ¿Cómo se califica a usted misma en cuanto a alcanzar a otros? ¿En cuanto a cuidar? ¿Se considera una persona dadivosa, o tacaña? Lea Proverbios 3:27. ¿Qué bienes está almacenando para los demás? Defina un plan claro de acción para abrir su mano y hacer el bien, y haga de esto un importante proceso de aprendizaje, un asunto de oración.

* ¿Qué hará exactamente para "dar" la próxima vez que vaya al servicio de adoración o a una actividad de la iglesia? Planifique con anticipación cada ocasión, para que pueda tener ese comportamiento como parte de su estilo de vida.

* ¡Regresamos a la oración! Lea Efesios 6:18. ¿Cree que la oración es un ministerio para los demás? ¿Por qué o por qué no? ¿Cuándo fue bendecida por un ministerio de oración? ¿Cuándo sirvió a Dios y a su pueblo por medio del ministerio de oración? Ahora escriba su tiempo, lugar y plan para orar. Antes que cierre este libro, pase un momento orando con todo su corazón, y comprométase a seguir su plan de oración mañana.

Capítulo 20 - *Un corazón que anima*

- ¿Cuál consideraría que es una debilidad primordial en su vida, que le estorba cuando se trata de ministrar a los demás? Ya vimos la historia de dos mujeres que sufrieron de timidez. ¿De qué sufre usted que contribuye a que fracase al ministrar a los demas? Menció-nelo y luego enumere los pasos que puede dar esta semana para para fortalecer esta debilidad y seguir adelante, venciéndola por completo. Cree un plan de acción.

- Califíquese en el área de memorizar Escrituras: *¿Con frecuencia, a menudo, por lo general, en ocasiones, o nunca* pone su mente a trabajar guardando la Palabra de Dios en su corazón? Lea y considere el Salmo 119:11.

- ¿Qué le impide memorizar las Escrituras? ¿Qué le ayudaría a memorizarlas? ¿Una compañera a quien rendir cuentas? ¿Selec-cionar cinco versos para memorizar? ¿Apartar a diario el tiempo para memorizar? ¿Decidirse a memorizar mientras hace alguna otra cosa (planchar, caminar, manejar, sembrar, limpiar)? ¡Sea lo que sea que le motiva y ayuda, planéelo y póngalo en acción!

- Lea Isaías 50:4, Efesios 4:29, y Colosenses 4:6, y fíjese el ministerio que sus palabras pueden lograr. ¿Quién necesita una llamada, o nota de ánimo de usted? Haga esa llamada y escriba esa nota hoy.

- Lea nuevamente la descripción del ministerio de la mujer de Proverbios 31. He aquí alguien que dominó sus prioridades y las vivió para nosotras por toda la eternidad. ¿Qué aprende usted de ella? ¿Cómo puede vivir sus prioridades, transformándose en una mujer conforme al corazón de Dios, para que otras puedan beneficiarse de su ejemplo?

Capítulo 21 - *Un corazón que busca primero lo más importante*

- ¿Qué muestra su vida, su calendario, su lista diaria de "cosas que hacer", sus compromisos semanales, su registro de la chequera, etc., sobre sus prioridades? Enumere sus prioridades basadas en la realidad de su vida, no los deseos de su corazón. Luego, en oración considere qué cambios necesita hacer para vivir las prioridades de su corazón. Haga que el Salmo 90:12 sea parte de sus oraciones.

- ¿Qué decisiones toma8, que dan como resultado que se desordenen sus prioridades? ¿Qué nuevas decisiones, tan sólo por hoy, le ayudarían a hacer algunos ajustes necesarios? ¿Qué nuevas decisiones le gustaría mantener para siempre?

- Enumere las personas y aspiraciones de su vida que no están en la lista de los seis puntos presentados en este capítulo. Después de orar y leer las Escrituras, coloque a esas personas y aspiraciones en el orden que honre a Dios y refleje sus valores. Seguidamente, haga una hoja de oración para cada cosa, ponga esas hojas en su libreta de oración en el orden que ha determinado, ¡y luego ore!

- Piense en la verdad de Proverbios 19:2b. ¿Qué tan bien sabe esperar? Recuerde una ocasión en la que supo esperar y otra en la que no, y recuerde el resultado de ambas. ¿Qué hace que esperar sea algo tan difícil? ¿Qué versículos o ejemplos de la Biblia pudieran ayudarle a desarrollar el hábito de esperar en el Señor?

- Considere los principios encontrados en Proverbios 19:2, Efesios 5:15, y Colosenses 4:5. ¿Qué le dicen estos principios sobre el poner primero lo más importante?

Capítulo 22 - *Andemos conforme al corazón de Dios*

- Comience ahora mismo a planear lo que resta del día de hoy. Escriba en su itinerario esos eventos que ya están señalados, comidas, citas, responsabilidades. Si está leyendo este libro de noche, comience a planificar el día de mañana.

- Ahora pase algún tiempo orando por sus prioridades. Si tiene una familia, considere a cada persona y responsabilidad. Si es una madre soltera, ore con diligencia por los hijos. Si no está casada en este momento, hable con Dios sobre su lugar de trabajo, su universidad, su familia y sus amistades. Pídale a Dios que le dé formas específicas de hacer su voluntad en cada categoría.

- Confiando en que por la oración se gana más información, ore por cada una de las actividades de mañana.

- Determine de antemano cómo va a poner en práctica sus prioridades por sólo un día. ¿Qué actividades o placeres podará para servir mejor a Dios? ¿Qué va a hacer para adiestrar su corazón y mente para seguir con su plan? Planifique de antemano cómo enfrentará los impulsos y tentaciones que surjan en su camino.

- ¿Cuál es la visión que tiene para su vida? ¿Para su familia? ¿Para su hogar? Entregue estos deseos de su corazón a Dios y revíselos a menudo, ¡para que Él y usted puedan trabajar juntos y cumplirlos!

Notas

Una palabra de bienvenida

1. Richard Foster, "And We Can Live By It: Discipline", *Decision Magazine,* septiembre 1982, p.11.
2. Ibid.

Capítulo Uno

1. Ray y Anne Ortlund, *The Best Half of Life* (Glendale, CA: Regal Books, 1976), p. 88.
2. Carole Mayhall, *From the Heart of a Woman* (Colorado Springs: NavPress, 1976), pp. 10-11.
3. Oswald J. Smith, *The Man God Uses* (London: Marshall, Morgan & Scott, 1925), pp. 52-57.
4. Andrew Murray, señalador.
5. Ray y Anne Ortlund, *The Best Half of Life,* pp. 24-25.
6. Betty Scott Stam, fuente desconocida.

Capítulo dos

1. Ray y Anne Ortlund, (The Best Half of Life (Glendale, CA: Regal Books, 1976), p. 79.
2. C.A. Stoddards, fuente desconocida.
3. Henry Drummond, *The Greatest Thing in the World* (Old Tappan, NJ: Compañía Fleming H. Revell, 1977), p. 42.
4. Jim Downing, *Meditation, The Bible Tells You How* (Colorado Springs: NavPress, 1976), pp. 15-16.
5. Robert D. Foster, *The Navigator* (Colorado Springs: NavPress, 1983), pp. 110-11.
6. J.C. Pollock, *Hudson Taylor and Maria* (Grand Rapids, MI: Zondervan Publishing House, 1975), p. 169.
7. J.C. Pollock, *Hudson Taylor and Maria,* p. 169
8. Anne Ortlund, *The Disciplines of the Beautiful Woman* (Waco, TX: Word, Incorporated, 1977), p. 103.

9. Mrs. Charles E. Cowman, *Streams in the Desert*, Vol. 1 (Grand Rapids, MI: Zondervan Publishing House, 1965), p. 330.

10. Robert D. Foster, *The Navigator,* pp. 64-65.

11. *Los Angeles Times,* obituario de William Schuman, febrero 17, 1992.

Capítulo tres

1. Corrie Ten Boom, *Don't Wrestle, Just Nestle* (Old Tappan, NJ: Revell, 1978), p. 79.

2. Oswald Chambers, *Christian Disciplines* (Grand Rapids, MI: Discovery House Publishers, 1995), p. 117.

3. James Dobson, *What Wives Wish Their Husbands Knew About Women* (Wheaton, IL: Tyndale House Publishers, Inc., 1977), p. 22.

4. Edith Schaeffer, *Common Sense Christian Living* (Nashville: Thomas Nelson Publishers, 1983), pp. 212-15.

5. Edith Schaeffer, *Common Sense Christian Living,* pp. 212-15.

Capítulo cuatro

1. Curtis Vaughan, ed., *The Old Testament Books of Poetry from 26 Translations* (Grand Rapids, MI: Zondervan Bibles Publishers, 1973), pp. 478-79

2. Curtis Vaughan, ed., *The Old Testament Books of Poetry from 26 Translations, p. 277.*

Capítulo cinco

1. Charles F. Pfeiffer y Everett F. Harrison, eds., *The Wycliffe Bible Commentary* (Chicago: Moody Press, 1973), p. 5.

2. Ray y Anne Ortlund, *The Best Half of Life* (Glendale, CA: Regal Books, 1976), p. 97.

3. Julie Nixon Eisenhower, *Special People* (New York: Ballantine Books, 177), p. 199.

4. Julie Nixon Eisenhower, *Special People* , p. 80.

Capítulo seis

1. W. E. Vine, *An Expository Dictionary of New Testament Words* (Old Tappan, NJ: Fleming H. Revell Company, 1966), p. 86.

2. *Webster's New Collegiate Dictionary* (Springfield, MA: G. & C. Merriam Co., Publishers, 1961), p. 845.

3. Elisabeth Elliot, *The Shaping of a Christian Family* (Nashville: Thomas Nelson Publishers, 1992), p. 75.

4. Curtis Vaughan, ed., *The New Testament from 26 Translations* (Grand Rapids, MI: Zondervan Publishing House, 1967), p. 888.

5. Sheldon Vanauken, *Under the Mercy* (San Francisco: Ignatius Pres, 1985), pp. 194-95.

Capítulo siete

1. Gene Getz, *The Measure of a Woman* (Glendale, CA: Gospel Light Publications, 1977), pp. 75-76.

2. Jill Briscoe, *Space to Breathe, Room to Grow* (Wheaton, IL: Victor Books, 1985), pp. 184-187.

3. Anne Ortlund, *Building a Great Marriage* (Old Tappan, NJ: Fleming H. Revell Company, 1984), p. 146.

4. Anne Ortlund, *Building a Great Marriage* citando a Howard y Charlotte Clinebell, p. 170.

5. Charlie Shedd, *Talk to Me* (Old Tappan, NJ: Fleming H. Revell Company, 1976), pp. 65-66.

6. Curtus Vaughan, ed., *The Old Testament Books of Poetry from 26 Translations* (Grand Rapids, MI: Zondervan Bibles Publishers, 1973), p. 572.

Capítulo ocho

1. Edith Schaeffer, *What Is a Family?* (Old Tappan, NJ: Fleming H. Revell Company, 1975), p. 87.

2. Jack y Carole Mayhall, *Marriage Takes More Than Love* (Colorado Springs: NavPress, 1978), p. 154. Citando Kay K. Arvin, *One Plus One Equals One* (Nashville: Broadman Press, 1969), pp. 37-38.

3. Anne Ortlund, *Building a Great Marriage* (Old Tappan, NJ: Fleming H. Revell Company, 1984), p. 157.

4. Julie Nixon Eisenhower, *Special People* (Nueva York: Ballantine Books, 1977), pp. 52-53.

5. Betty Frist, *My Neighbors, The Billy Grahams* (Nashville: Broadman Press, 1983), p. 31.

6. William MacDonald, *Enjoying the Proverbs* (Kansas City, KS: Walterick Publishers, 1982), p. 56.

Capítulo nueve

1. Phil Whisenhunt, *Good News Broadcaster,* mayo 1971, p. 20.

2. Stanley High, *Billy Graham* (Nueva York: McGraw Hill, 1956), p. 28.

3. Abigail Van Buren, *Dear Abby, Los Angeles Times,* fecha desconocida.

4. Stanley High, *Billy Graham,* p. 126.

5. Carole C. Carlson, *Corrie Ten Boom: Her Life, Her Faith* (Old Tappan, NJ: F. H. Revell Co., 1983), p. 33.

6. Elisabeth Elliot, *The Shaping of a Christian Family* (Nashville: Thomas Nelson Publishers, 1992), p. 58.

7. Sra. Howard Taylor, *John and Betty Stam: A Story of Triumph,* edición revisada (Chicago: Moody Press, 1982), p. 15.

8. Elisabeth Elliot, *The Shaping of a Christian Family,* pp. 205-06.

Capítulo diez

1. H. D. M. Spence y Joseph S. Exell, eds., *The Pulpit Commentary, Volumen 9* (Grand Rapids, MI: Wm. B. Eerdmans Publishing Company, 1978), p. 595.

2. Charles Bridges, *A Modern Study in the Book of Proverbs,* revisado por George F. Santa (Milford, MI: Mott Media, 1978), p. 728.

3. H.D.M. Spence y Joseph S. Exell, eds., *The Pulpit Commentary, Volumen 9,* p. 607.

4. Stanley High, *Billy Graham* (Nueva York: McGwaw Hill, 1956), p. 71.

5. Linda Raney Wright, *Raising Children* (Wheaton, IL: Tyndale House Publishers, Inc., 1975), p. 50.

6. E. Schuyler English, *Ordained of the Lord* (Neptune, NJ: Loizeaux Brothers, 1976), p. 35.

7. Marilee Pierce Dunker, *Man of Vision: Woman of Prayer* (Nashville: Thomas Nelson Publishers, 1980), p. 166.

Capítulo once

1. Marvin R. Vincent, *Word Studies in the New Testament,* Vol. IV (Grand Rapids, MI: Wm. B. Eerdmans, Publishing Co., 1973), p. 341.

2. Dwight Spotts, "What is Child Abuse?" in *Parents & Teenagers,* Jay Kesler, ed. (Wheaton, IL: Victor Books, 1984), p. 426.

3. Curtis Vaughan, ed., *The Old Testament Books of Poetry from 26 Translations* (Grand Rapids, MI: Zondervan bible Publishers, 1973), p. 399.

4. Gary Smalley, *For Better or for Best* (Grand Rapids, MI: Zondervan Publishing House, 1988), p. 95.

5. Edith Schaeffer, *What Is a Family?* (Old Tappan, NJ: Fleming H. Revell Company, 1975).

6. Abigail Van Buren, *Dear Abby, Los Angeles Times,* fecha desconocida.

Capítulo doce

1. Julie Nixon Eisenhower, *Special People* (Nueva York: Ballantine Books, 1977), p. 69.

2. Linda Dillow, *Creative Counterpart* (Nashville: Thomas Nelson Publishers, 1977), p. 24.

Capítulo trece

1. Catherine Marshall, *A Man Called Peter* (Nueva York: McGraw-Hill, 1961), p. 65.

2. James Strong, *Strong's Exhaustive Concordance of the Bible* (Nashville: Abingdon Press, 1973), p. 22.

3. Robert Alden, *Proverbs* (Grand Rapids, MI: Baker Book House, 1983), p. 110.

4. Edith Schaeffer, *What Is a Family?* (Old Tappan, NJ: Fleming H. Revell Company, 1975).

5. Julie Nixon Eisenhower, *Special People* (Nueva York: Ballantine Books, 1977), p. 209.

6. Jim Conway, *Men in Mid-Life Crisis* (Elgin, IL: David C. Cook Publishing Company, 1987), pp. 250-52.

7. Edith Schaeffer, *Tapestry* (Waco, TX: Word Books, 1981), p. 616.

8. James strong, *Strong's Exhaustive Concordance of the Bible,* p. 34.

9. William J. Peterson, *Martin Luther Had a Wife* (Wheaton, IL: Tyndale House Publishers, Inc., 1983), p. 67.

10. Bonnie McCullough, *Los Angeles Times,* fecha desconocida.

Capítulo catorce

1. Jo Berry, *The Happy Home Handbook* (Old Tappan, NJ: Fleming H. Revell Co., 1976), pp. 41-56.

2. James Strong, *Strong's Exhaustive Concordance of the Biblia* (Nashville: Abingdon Press, 1973), p. 118.

3. H. D. M. Spence y Joseph S. Exell, *Pulpit Commentary, Vol. 8* (Grand Rapids, MI: Wm. B. Eerdmans Publishing Company, 1978), p. 30.

4. Derek Kidner, *Psalm 1-72* (Downers Gove, IL: InterVarsity Press, 1973), p. 48.

5. William Peterson, *Martin Luther Had a Wife* (Wheaton, IL: Tyndale House Publishers, Inc., 1983), p. 81.

Capítulo quince

1. Curtis Vaughan, ed., *The New Testament from 26 Translations* (Grand Rapids, MI: Zondervan Publishing House, 1967), p. 981.

2. James Strong, *Strong's Exhaustive Concordance of the Bible* (Nashville: Abingdon Press, 1973), p. 51.

3. William Peterson, *Martin Luther Had a Wife* (Wheaton, IL: Tyndale House Publishers, Inc., 1983), p. 27.

4. Alan Lakein, *How to Control Your Time and Your Life* (Nueva York: Signet Books, 1974), p. 48.

Capítulo dieciséis

1. H. D.M. Spence y Joseph S. Exell, *Pulpit Commentary, Vol. 21* (Grand Rapids, MI: Casa Publicadora Wm. B. Eerdmans, 1978), p. 36.

2. James Strong, *Strong's Exhaustive Concordance of the Bible* (Nashville: Abingdon Press, 1973), p. 51.

3. Donald Guthrie, *Tyndale New Testament Commentaries, The Pastoral Epistles* (Grand Rapids, MI: Wm. B. Eerdmans Publishing House, 1976), p. 194.

4. Robert Jamieson, A. R. Fausset, y David Brown, *Commentary on the Whole Bible* (Grand Rapids, MI: Zondervan Publishing House, 1973), p. 1387.

5. Curtis Vaughan, ed., *The New Testament from 26 Translations* (Grand Rapids, MI: Zondervan Publishing House, 1967), p. 1017.

6. Anne Ortlund, *Love Me with Tough Love* (Waco, TX: Word, Incorporated, 1979), página desconcida.

Capítulo diecisiete

1. Ted. W. Engstrom, *The Pursuit of Excellence* (Grand Rapids, MI: Zondervan Publishing House, 1982), pp. 30-31.

2. Anne Ortlund, *The Disciplines of the Beautiful Woman* (Waco, Tx: Word, Incorporated, 1977), pp. 96,98.

Capítulo dieciocho

1. Moody Correspondence School, 820 North LaSalle Street, Chicago, IL 60610, 1-800-621-7105.

2. Jim George, *Friendship Evangelism* (Christian Development Ministries, P O Box 33166, Granada Hills, CA 91344, 1-800-542-4611), 1984.

3. *Discipleship Evangelism* (Grace Bookdshack, 13248 Roscoe Boulevard, Sun Valley, CA 91352, 1-800-472-2315).

4. Elizabeth George, *Learning to Lead: Ministry Skills for Women* (Christian Development Ministries, P O Box 33166, Granada Hills, CA 91344, 1-800-542-4611), 1991.

5. Elizabeth George, *Loving God with All Your Mind* (1994) y *God's Garden of Grace: Growing in the Fruit of the Spirit* (1995) (Eugene, OR: Harvest House Publishers).

6. Jack y Carole Mayhall, *Marriage Takes More Than Love* (Colorado Springs: NavPress, 1978), p. 157.

7. Betty Frist *My Neighbors, The Billy Grahams* (Nashville: Broadman Press, 1983), 143.

8. Michael LeBoeuf, *Working Smart* (Nueva York: Warner Books, 1979), p. 182.

9. Ted W. Engstrom, *The Pursuit of Excellence* (Grand Rapids, MI: Zondervan Publishing House, 1982), página desconocida.

10. Michael LeBoeuf, *Working Smart,* p. 182.

11. Denis Waitley, *Seeds of Greatness* (Old Tappan, NJ: Flemingt H. Revell Co. 1983), p. 95.

Una mujer conforme al corazón de Dios

12. Gigi Tchividjian, *In Search of Serenity* (Portland, OR: Multnomah, 1990), página desconocida.

Capítulo diecinueve

1. Elisabeth Elliot, *Through Gates of Splendor* (Old Tappan, NJ: Fleming H. Revell Co., 1957), página desconocida.
2. Anne Ortlund, *The Disciplines of the Beautiful Woman* (Waco, TX: Word, Inc. , 1977), p. 35.
3. J. Sidlow Baxter, "Will and Emotions," *Alliance Life Magazine* (antes *Alliance Witness*), noviembre 1970. Usado con permiso.
4. Elizabeth George, *Woman of Excellence* (Christian Development Ministries, P. O. Box 33166, Granada Hills CA 91394, 1-800-542-4611), 1987.

Capítulo veinte

1. Charles Caldwell Ryrie, *Balancing the Christian Life* , (Chicago: Moody Press, 1969), pp. 96-97.
2. Charles Caldwell Ryrie, *Balancing the Christian Life*, pp. 96-97.
3. C. A. Stoddards, fuente desconocida.

Capítulo veintiuno

1. Janice Ericson. Usado con permiso del autor.
2. Michael DeBoeuf, *Working Smart* (Nueva York: Warner Books, 1979), pp. 129, 249.
3. *The Amplified Bible* (Grand Rapids , MI: Zondervan Bible Publishers, 1965), p. 302).
4. Pat King, *How Do You Find the Time?* (Edmonds, WA: Aglow Publications, 1975), página desconocida.
5. Pat King, *How Do You Find the Time?*, página desconocida.

Capítulo veintidós

1. Curtis Vaughan, ed., *The Old Testament Books of Poetry from 26 Translations* (Grand Rapids, MI: Zondervan Bible Publishing, 1973), p. 276.

286

2. Elizabeth George, *Loving God with All Your Mind* (Eugene, OR: Harvest House Publishers, 1994).

3. Edith Schaeffer, *Common Sense Christian Living* (Nashville: Thomas Nelson Publishers, 1983), p. 196.

Acciones del corazón

1. lbert M. Wells, Jr., ed., *Inspiring Quotations* (Nashville: Thomas Nelson Publishers, 1988), p. 17.

Una invitación a escribir

Elizabeth George y su esposo Jim, son fundadores del Christian Development Ministries, el cual tiene una repercusión internacional a través de materiales de estudio de la Biblia, talleres, y cintas diseñadas para alimentar el crecimiento en áreas vitales de la vida cristiana. A través de su extenso ministerio de enseñanza, ellos han desarrollado recursos relacionados con el estudio de la Biblia, liderazgo, discipulado, crecimiento espiritual, matrimonio y familia.

Si usted quisiera más información sobre estas ayudas de estudio, o le gustaría que Elizabeth hablara a su grupo, o quisiera compartir con ella cómo Dios ha usado *Una mujer conforme al corazón de Dios* en su vida, escriba:

Christian Development Ministries
P. O. Box 33166
Granada Hills, CA 91394
Fax: (818) 831-0582
Llamada gratis 1-800-542-4611
www.elizabethgeorge.com